Matemáticas en Mano

Guía de matemáticas

GReaT SouRCe

EDUCATION GROUP
A Houghton Mifflin Company

Reconocimientos

Agradecemos a los siguientes maestros, maestras y supervisores de matemáticas que hicieron posible *Matemáticas en Mano*.

Sandra P. Alley
Coordinadora de matemáticas de escuela elemental
Escuelas Públicas de Virginia Beach City, Virginia Beach, VA

Robert Fair
Coordinador de Distrito de matemáticas, K–12
Escuelas de Cherry Creek Greenwood Village, CO

Thérèse R. Horn
Maestra de tercer grado
Escuela Charter Oak West Hartford, CT

Matt Larson
Asesor de matemáticas, K–12
Escuelas Públicas de Lincoln Lincoln, NE

Marilyn LeRud
Maestra jubilada, K–8
Distrito Escolar Unificado Tucson, AZ

Carole M. McKittrick
Maestra de quinto grado
Escuelas Públicas de Great Falls Great Falls, MT

Lance Menster
Especialista en matemáticas
Alief ISD Houston, TX

Marni Napierala
Maestra de quinto grado
Escuelas Públicas de Great Falls Great Falls, MT

Roberta M. Treinavicz
Especialista en recursos institucionales
Escuela Hancock Brockton, MA

Asesora principal:
Dra. Marsha W. Lilly
Coordinadora de matemáticas de secundaria
Alief ISD
Alief, TX

Redacción/Edición: Carol DeBold; Justine Dunn; Edward Manfre; Ann Petroni-McMullen, Kane Publishing Services, Inc.; Susan Rogalski
Jefe de diseño: Richard Spencer
Jefa de producción: Evelyn Curley
Diseño y producción: Bill SMITH STUDIO
Mercadeo: Lisa Bingen
Créditos de las ilustraciones: Ver 548

Impreso en los Estados Unidos de Norteamérica

ISBN-13: 978-0-669-53960-9

ISBN-10: 0-669-53960-0

2 3 4 5 6 7 8 9 0 VHP 10 09 08 07

Tabla de contenido

Cálculos con fracciones — **156**

Razón, proporción y porcentaje — **177**

Pre-Álgebra — **198**

Gráficas, estadística y probabilidad — **247**

Medición 293

Geometría 333

Solución de problemas 393

Almanaque $\quad$ 419

Páginas amarillas $\quad$ 507

Índice $\quad$ 539

Cómo está organizado este libro

Matemáticas en mano es un libro de consulta. Eso significa que no tienes leerlo de principio a fin. Más bien puedes tenerlo a la mano cuando encuentres algún tema de matemáticas que no entiendas bien y necesites buscar definiciones, procedimientos, explicaciones o reglas.

Por tratarse de un libro de referencia que tiene más de un tema en cada página, le hemos puesto un número a cada tema 326. Así, cuando quieras buscar un tema específico, lo puedes hacer con solo buscar el número.

números de los temas

número de tema

número de tema

más ayuda

respuesta

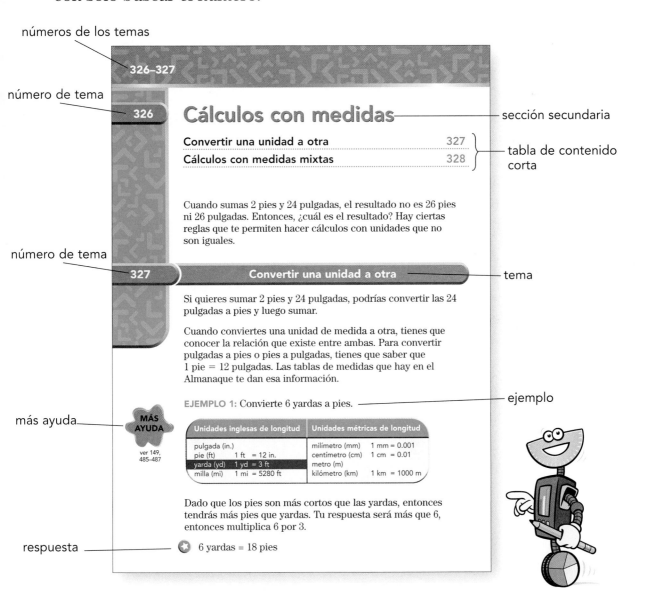

326–327

326 Cálculos con medidas

— sección secundaria

— tabla de contenido corta

Cuando sumas 2 pies y 24 pulgadas, el resultado no es 26 pies ni 26 pulgadas. Entonces, ¿cuál es el resultado? Hay ciertas reglas que te permiten hacer cálculos con unidades que no son iguales.

327 Convertir una unidad a otra

— tema

Si quieres sumar 2 pies y 24 pulgadas, podrías convertir las 24 pulgadas a pies y luego sumar.

Cuando conviertes una unidad de medida a otra, tienes que conocer la relación que existe entre ambas. Para convertir pulgadas a pies o pies a pulgadas, tienes que saber que 1 pie = 12 pulgadas. Las tablas de medidas que hay en el Almanaque te dan esa información.

EJEMPLO 1: Convierte 6 yardas a pies. — ejemplo

MÁS AYUDA

ver 149, 485–487

Unidades inglesas de longitud		Unidades métricas de longitud	
pulgada (in.)		milímetro (mm)	1 mm = 0.001
pie (ft)	1 ft = 12 in.	centímetro (cm)	1 cm = 0.01
yarda (yd)	1 yd = 3 ft	metro (m)	
milla (mi)	1 mi = 5280 ft	kilómetro (km)	1 km = 1000 m

Dado que los pies son más cortos que las yardas, entonces tendrás más pies que yardas. Tu respuesta será más que 6, entonces multiplica 6 por 3.

⭐ 6 yardas = 18 pies

Una buena forma de empezar el libro es ojear las páginas. Busca estas partes:

- **Tabla de contenido**
  La tabla de contenido presenta las secciones principales y las secciones secundarias del libro.

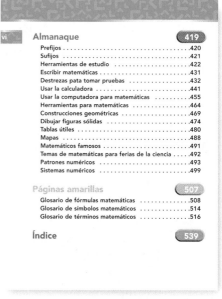

- **Secciones principales y secciones secundarias**
  Cada sección principal de la guía tiene una tabla de contenido corta. Así puedes leer qué contiene cada sección. Las secciones principales tienen varias secciones secundarias, cada una con su tabla de contenido corta. Fíjate en la franjas de color en el borde superior de las páginas. Cada sección principal tiene un color diferente para facilitar su identificación.

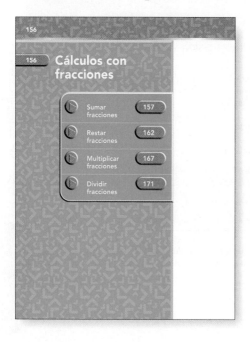

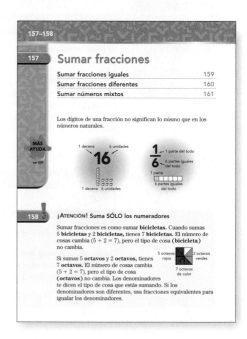

Almanaque

El almanaque contiene tablas y listas útiles. También te ofrece consejos de cómo estudiar, cómo presentar un examen y cómo usar una calculadora. Revisa todas las entradas del almanaque. Las tendrás que consultar a menudo.

Páginas amarillas

Esta parte de la guía contiene tres glosarios. Si te olvidas de alguna fórmula, búscala en el glosario de términos matemáticos. También hay un glosario de signos matemáticos. En el glosario de términos matemáticos encontrarás los términos que usan tus maestros, tus padres y tu libro de texto.

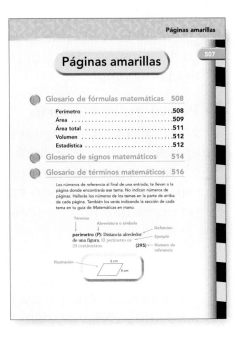

Índice

El índice está al final del libro

Cómo usar este libro

Hay tres maneras de buscar información sobre los temas que te interesan:

❶ Busca en el índice

Los temas están organizados en el índice según las palabras que usarías para describirlos. Por ejemplo, "volumen de un prisma" está bajo "Volumen" y bajo "Prismas".

Recuerda que los números corresponden a temas, no a páginas. Usa los números de los temas que aparecen en la parte superior de cada página para encontrar el tema que estás buscando.

❷ Busca en el glosario

Las matemáticas tienen su propio idioma. Una vez que lo aprendas, lo demás será mucho más fácil. Piensa que este glosario es tu intérprete. Usa esta parte del libro cuando encuentres palabras que no conoces.

Casi todas las entradas del glosario tienen un número de tema si necesitas más información.

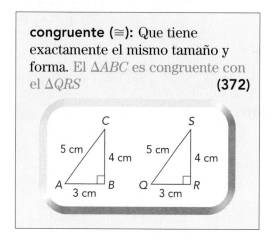

congruente ($\cong$): Que tiene exactamente el mismo tamaño y forma. El $\triangle ABC$ es congruente con el $\triangle QRS$ **(372)**

3 **Busca en la tabla de contenido**
Todos los temas principales de este libro están en la tabla
de contenido. Si estás buscando un tema general, por
ejemplo figuras planas, puedes encontrarlo rápidamente
en esta tabla.

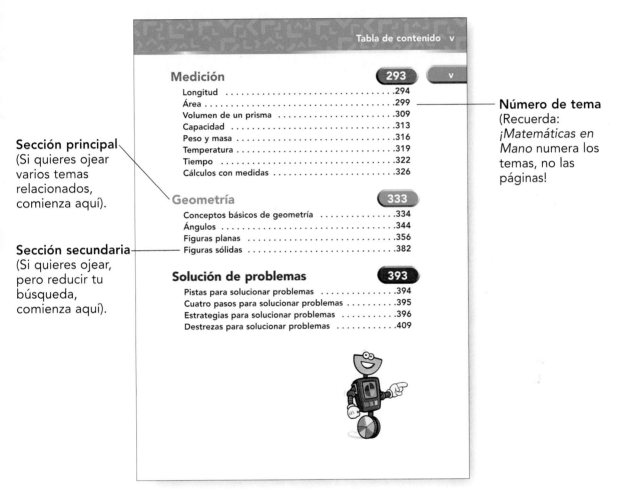

Sección principal
(Si quieres ojear
varios temas
relacionados,
comienza aquí).

Sección secundaria
(Si quieres ojear,
pero reducir tu
búsqueda,
comienza aquí).

Número de tema
(Recuerda:
¡*Matemáticas en
Mano* numera los
temas, no las
páginas!

Numeración

Antes de la invención de los números, los niños se salían con la suya.

Los números están en todas partes

002 El sistema de base diez

El sistema numérico que usamos a diario se basa en 10. Usamos diez símbolos —0, 1, 2, 3, 4, 5, 6, 7, 8, 9— llamados **dígitos.** Si les agregas puntuación (una coma, un punto decimal y otros más), puedes escribir números para lo que quieras.

Con unos pocos símbolos, puedes escribir cantidades más grandes que todas las conchas que hay en mar y más pequeñas que el grosor de un pelo de tu cabeza.

¿Te imaginas si tuvieras que aprender un símbolo diferente por cada número? Nuestro sistema nos permite escribir todos los números imaginables con pocos símbolos.

003 Números naturales

¿Qué son los **números naturales**? Son los números 0, 1, 2, 3, 4, 5, 6 y sucesivos. Si el número tiene una parte decimal, una parte fraccionaria, o un signo negativo, entonces no es un número natural.

Números naturales	No son naturales

¡El númerO 0 es un númerO natural!

Números naturales: 11, 36, 0, 8, 100, 47,915, 4.0

No son naturales: 0.35, $25\frac{1}{2}$, $\frac{4}{5}$, 3.84, ⁻23, 100.67

Números naturales: Valor de posición

Nuestro sistema numérico se basa en un patrón simple de diez. Cada posición vale diez veces más que la posición a su derecha.

El **valor de posición** te dice cuánto vale cada dígito.

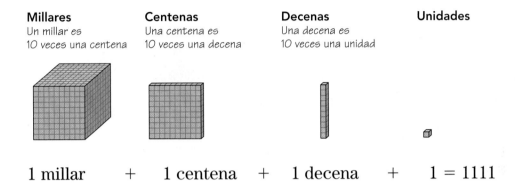

Millares
Un millar es
10 veces una centena

Centenas
Una centena es
10 veces una decena

Decenas
Una decena es
10 veces una unidad

Unidades

1 millar + 1 centena + 1 decena + 1 = 1111

A veces los números con cuatro dígitos se escriben con coma. 2437 es lo mismo que 2,437.

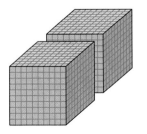

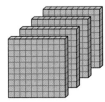

2437 = 2,437

Leer y escribir números grandes

Los números están organizados en grupos que tienen tres posiciones. A esos grupos los llamamos **períodos.** Las posiciones se repiten en los períodos (centenas, decenas, unidades; centenas, decenas, unidades; así sucesivamente). En los Estados Unidos, usamos comas para separar períodos.

EJEMPLO 1: ¿Cuánto vale el dígito **3** en 905,346,521?

Período de millones			Período de millares			Período de unidades		
Centenas	Decenas	Unidades	Centenas	Decenas	Unidades	Centenas	Decenas	Unidades
9	0	5,	**3**	4	6,	5	2	1

 El dígito 3 está en la posición de las centenas de millar. Su valor es trescientos mil, es decir, 300,000.

EJEMPLO 2: ¿Cómo leerías 905,346,521?

Para leer un número natural:

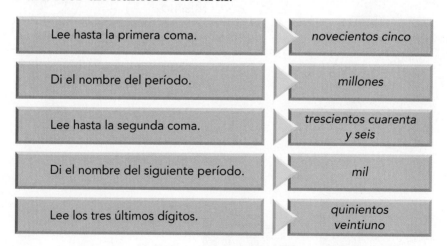

Lee hasta la primera coma.	*novecientos cinco*
Di el nombre del período.	*millones*
Lee hasta la segunda coma.	*trescientos cuarenta y seis*
Di el nombre del siguiente período.	*mil*
Lee los tres últimos dígitos.	*quinientos veintiuno*

No es necesario que digas el nombre del período de las unidades.

 Di: *novecientos cinco millones, trescientos cuarenta y seis mil quinientos veintiuno*

Formas de escribir números naturales

Hay muchas formas de escribir el mismo número natural.

Forma	Ejemplo
Estándar	546,872
En palabras	quinientos cuarenta y seis mil ochocientos setenta y dos
Desarrollada	$(5 \times 100,000) + (4 \times 10,000) + (6 \times 1000) + (8 \times 100) + (7 \times 10) + (2 \times 1)$
Exponencial	$(5 \times 10^5) + (4 \times 10^4) + (6 \times 10^3) + (8 \times 10^2) + (7 \times 10^1) + (2 \times 10^0)$

Potencias de 10

Cuando multiplicas varios 10, el producto se llama **potencia de 10.** Los números 10, 100, 1000 y 10,000 son potencias de 10. Puedes usar un **exponente** para indicar una potencia de 10. El exponente indica el número de veces que se usa 10 como factor.

$10^2 = 10 \times 10$

EJEMPLO: Hay más de 100,000,000,000 de estrellas en nuestra galaxia, la Vía Láctea. ¿Cómo podrías escribir este número de una forma más corta? *(Fuente: World Book Encyclopedia)*

MÁS AYUDA

ver 051, 065

Forma	Ejemplo
Estándar	100,000,000,000
En palabras	cien mil millones
En factores	$10 \times 10 \times 10 \times 10 \times 10 \times 10 \times 10 \times 10 \times 10 \times 10 \times 10$
Exponencial	Escribe: 10^{11} Di: *diez a la onceava potencia, o diez a la once*

 ¡Hay más de 10^{11} estrellas en nuestra galaxia!

Comparar números naturales

¿Cómo puedes comparar dos números naturales?

EJEMPLO 1: Compara 76 con 67

Escribe: Di:

$67 < 76$ *67 **es menor que** 76*

$76 > 67$ *76 **es mayor que** 67*

Recuerda: la abertura del signo (> ó <) siempre apunta hacia el número más grande.

Puedes usar lo que ya sabes sobre valor de posición para comparar los dos números.

EJEMPLO 2: La altura del monte Blanca es 14,345 pies sobre el nivel del mar. La altura del monte Crestone es 14,294 pies sobre el nivel del mar. ¿Cuál de los dos es más alto? *(Fuente: Servicio Geológico de EE.UU)*

❶ Ordena los valores de posición alineando las unidades.	❷ Comienza por la izquierda. Busca la primera posición donde los dígitos son diferentes.	❸ Compara el valor de los dígitos.
14,345 14,294	14,345 14,294 ↑↑ ↑ —diferentes iguales	300 > 200 Entonces, 14,345 > 14,294.

Escribe: 14,345 > 14,294 o 14,294 < 14,345

 De cualquier forma, el monte Blanca es más alto.

¡ATENCIÓN! Ordenar según el valor de posición

Asegúrate de alinear los dígitos según su valor de posición cuando hagas cálculos o comparaciones.

EJEMPLO: Anotaste 108,464 puntos. Tu amigo anotó 97,996 puntos. El puntaje más alto gana. ¿Quién ganó?

Alineación incorrecta

108,464
97,996

Alineación por valor de posición

108,464
 97,996

Cuando un número natural tiene más dígitos que otro, es mayor.

Escribe: 108,464 > 97,996 o 97,996 < 108,464

De cualquier forma, tú ganas.

010 Ordenar los números naturales

Si sabes comparar dos números naturales, también sabes cómo ordenar grupos de números.

MÁS AYUDA

ver 008, 009

EJEMPLO: Ordena el número de equipos de mayor a menor.

Equipos de gimnasia de EE.UU	
Años	Número de equipos
1995	61,565
1998	71,649
2001	75,367

(Fuente: www.usa—gymnastics.org)

❶ Ordena los números alineando las unidades.	❷ Comienza a comparar por la izquierda.	❸ Continúa. Busca la primera posición donde los dígitos son diferentes.
61,565 71,649 75,367	61,565 70,000 > 60,000 71,649 Entonces, 61,565 es 75,367 el menor.	71,649 5000 > 1000 75,367 Entonces, 75,367 > 71,649.

⭐ Estos son los números de mayor a menor.
75,367 > 71,649 > 61,565

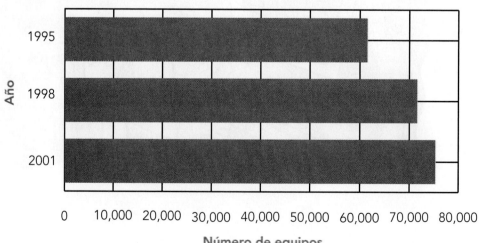

Equipos de gimnasia de EE.UU.

Decimales

Números decimales son aquellos que se escriben usando valor de posición. Escribimos un **punto decimal** para separar la posición de los números naturales de la posición que ocupan los números menores que uno.

mayores que uno ⟶ 6.95 ⟵ menores que uno

↑

punto decimal

MÁS AYUDA

ver 019, 043

Forma decimal

20,100.4

1.$\overline{3}$ 5.2

37.621

43.0

No están en forma decimal

$\frac{1}{3}$ $\frac{54}{100}$

$25\frac{3}{4}$ $\frac{96}{20}$

Toda fracción se puede escribir en forma decimal. Mira en 043 para que veas cómo se hace.

Decimales: Valor de posición

ver 006

UNA FORMA Piensa en dinero. Te ayudará a entender los decimales y su valor de posición.

1 dólar + 0.1 dólar + 0.01 dólar = $1.11

OTRA FORMA Los decimales siguen el patrón de valor de posición. Cada posición vale 10 veces más que la posición a su derecha.

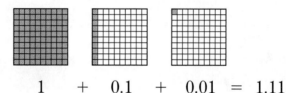

1 + 0.1 + 0.01 = 1.11

EJEMPLO: ¿Cuánto vale el dígito **4** en 12.54?

UNA FORMA

Decenas	Unidades		Décimo	Centésimo
1	2	.	5	**4**

El dígito 4 está en la posición de los centésimos. Tiene un valor de 0.04, ó 4 centésimos.

OTRA FORMA También puedes buscar el valor usando dinero.

 Dado que los centavos son centésimos de dólar, el **4** en 12.54 vale 4 centésimos.

Leer y escribir decimales

EJEMPLO: Amy Modglin y Sandra Silva compitieron en la carrera de larga distancia, 1000 yardas estilo libre para niñas de 10 años, durante el Evento Postal 2001–2002. El tiempo de Amy fue 45.38 segundos más rápido que Sandra. ¿Cómo leerías 45.38? *(Fuente: www.usswim.org)*

Decenas	Unidades		Décimos	Centésimos
4	5	.	3	8

> Cuando hablas de una posición decimal, la palabra termina en *ésimos*

Para leer un decimal:

Lee el número natural, si lo hay.	*cuarenta y cinco*
Lee el punto decimal como *y*.	*y*
Has de cuenta que los otros dígitos forman un número natural.	*treinta y ocho*
Di el valor de posición del último dígito.	*centésimos*

⭐ Di: *cuarenta y cinco y treinta y ocho centésimos*

Hay muchas formas de escribir el mismo decimal.

Forma	Ejemplo
Estándar	45.38
En palabras	cuarenta y cinco y treinta y ocho centésimos
Desarrollada	$(4 \times 10) + (5 \times 1) + (3 \times 0.1) + (8 \times 0.01)$

¡ATENCIÓN! Interpretar la y en los números decimales

Cuando leas un número, NO digas *y* en cualquier posición. Si lo haces, tendrás problemas cuando necesites leer el punto decimal como *y*.

A veces suceden errores muy graciosos.

EJEMPLO: Cuál de los dos pesa doscientas libras y veinticinco milésimos de libra: ¿un elefante bebé o un hámster bebé?

Doscientos y veinticinco milésimos

SON:	NO:
200.025	0.225

Si quieres decir 0.225 di: doscientos veinticinco milésimos

⭐ Un elefante bebé podría pesar doscientas libras y veinticinco milésimos de libra.

Debes decir *y* sólo cuando llegues al punto decimal.

Decimales equivalentes

Los decimales que indican la misma cantidad se llaman **decimales equivalentes**.

MÁS AYUDA

ver 125–126, 135

0.4 (cuatro décimos) del cuadrado están en rojo.

0.40 (cuarenta centésimos) del cuadrado están en rojo.

La recta numérica muestra 0.4

La recta numérica muestra 0.40

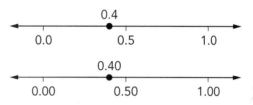

Escribe: $0.4 = 0.40$
Di: *cuatro décimos igual a cuarenta centésimos*

Un atajo

Un atajo para escribir decimales equivalentes es escribir ceros en las posiciones a la derecha del decimal.

$$0.3 = 0.30 = 0.300 = 0.3000$$

Decenas	Unidades	Décimos	Centésimos	Milésimos	Diezmilésimos
	0.	3			
	0.	3	0		
	0.	3	0	0	
	0.	3	0	0	0

¡No hagas esto con números naturales! Si escribes ceros en el extremo de un número natural, cambiarás su valor de posición. Cambiarás el número. ¡3 no es igual a 30!

Escribir ceros a la derecha de un número decimal mixto no cambia su valor.

016

Comparar decimales

Comparar decimales es como comparar números naturales.

EJEMPLO: El Monumento Nacional Castillo de San Marcos en Florida, tiene 20.51 acres. El Cementerio Nacional de Gettysburg en Pennsylvania, tiene 20.58 acres. ¿Cual de estos dos sitios históricos tiene más terreno? *(Fuente: Information Please Almanac)*

❶ Alinea los puntos decimales	❷ Comienza por la izquierda. Busca la primera posición donde los dígitos son diferentes.	❸ Compara el valor de los dígitos.
20.51 20.58	20.51 20.58	0.08 > 0.01 Entonces, 20.58 > 20.51.

 El Cementerio Nacional de Gettysburg tiene más terreno.

017

¡ATENCIÓN! ¡Lo más grande no siempre es mejor!

Ten mucho cuidado cuando compares tiempo y puntaje. En el golf, el menor puntaje gana. En una carrera, el menor tiempo gana.

EJEMPLO: En el año 2000, Marion Jones de los Estados Unidos corrió la competencia olímpica de 200 metros en 21.84 segundos. En 1992, Gwen Torrence de los Estados Unidos corrió 200 metros en 21.81 segundos. ¿Quién logró el tiempo más rápido? *(Fuente: World Almanac)*

❶ Alinea los puntos decimales	❷ Comienza por la izquierda. Busca la primera posición donde los dígitos son diferentes.	❸ Compara el valor de los dígitos.
21.84 21.81	21.84 21.81	0.01 < 0.04 Entonces, 21.81 < 21.84.

 Gwen Torrence logró el tiempo más rápido.

Ordenar decimales

018

Si sabes comparar dos decimales, también sabes ordenar un grupo de decimales.

EJEMPLO: Durante la temporada de sóftbol, el promedio de bateo de Leah fue 0.322, el de Emily 0.224 y el de Erika 0.314. Ordena los promedios de mayor a menor.

MÁS AYUDA

ver 010, 016

❶ Alinea los puntos decimales	❷ Comienza por la izquierda. Busca la primera posición donde los dígitos son diferentes.		❸ Compara los dígitos restantes.	
0.322	0.322	0.3 > 0.2, entonces 0.224 es el menor.	0.322	0.02 > 0.01 Entonces, 0.322 > 0.314.
0.224	0.224		0.314	
0.314	0.314			

 Estos son los promedios de bateo de mayor a menor.
0.322 > 0.314 > 0.224

Relacionar decimales con fracciones

019

¿En qué se parecen los decimales a las fracciones?

Di el decimal en voz alta. Verás que suena como una fracción.

MÁS AYUDA

ver 037

Escribe: 0.50

Di: *cincuenta centésimos*

Escribe: $\frac{50}{100}$

Di: *cincuenta centésimos*

Cuando escribes un decimal como fracción, puedes simplificarlo como lo harías con cualquier fracción.

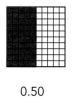   =   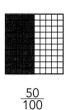   =   =

0.50   = $\frac{50}{100}$ = $\frac{5}{10}$ = $\frac{1}{2}$

020

Relacionar decimales con porcentajes

La palabra **porcentaje** significa *por cien*. Puedes usar centésimos o porcentajes para decir el mismo número.

ver 178–180, 189–190

51 de 100 cuadrados son rojos

0.51 de los cuadrados son rojos

51% de los cuadrados son rojos

$$\frac{51}{100} \quad = \quad 0.51 \quad = \quad 51\%$$

> El signo de porcentaje está formado por los dígitos del número 100.

021

¡ATENCIÓN! Decimales periódicos

¡A veces cuando divides, podrías continuar dividiendo por siempre! Un decimal periódico tiene uno o más dígitos que se repiten en un patrón.

ver 148, 153–154

EJEMPLO: Divide 20 por 3

```
    6.66 ...  ← El dígito 6 siempre se repite
  3)20.00
  −18 00      Escribe el punto decimal y
    2 00      los ceros
  −1 80
     20
    −18       Se repite siempre el mismo
      2       residuo. Entonces, el decimal
              6.66 es un decimal periódico.
```

Puedes usar una barra para mostrar los dígitos que se repiten.

$$6.66 \ldots = 6.\overline{6}$$

$$20 \div 3 = 6.\overline{6}$$

> Los tres puntos "..." indican que el decimal continúa sin fin.

 Escribe: $6.\overline{6}$

Di: 6 *punto* 6 *se repite*

Decimales infinitos no-periódicos

022

Algunos decimales continúan y nunca terminan, pero no tienen un patrón que se repite. Estos decimales se llaman **decimales infinitos no-periódicos.**

MÁS AYUDA

ver 069

- La diagonal de un cuadrado de lado 1 es $\sqrt{2} \approx 1.414$.

- La razón de la circunferencia de un círculo a su diámetro es $\pi = 3.14$.

Escribe: $\pi = 3.14$.

Di: *pi es aproximadamente igual a tres y catorce centésimos*

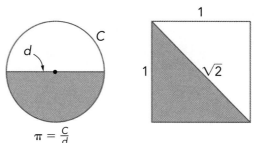

$$\pi = \frac{C}{d}$$

Un decimal que no se repite y que no termina se puede escribir como fracción. Estos decimales se llaman números irracionales.

023
Dinero

La Ley de Acuñamiento de 1792 creó el primer sistema monetario nacional de los Estados Unidos. El dólar es la unidad básica de la moneda estadounidense.

024
Monedas y billetes de los Estados Unidos

Nuestras monedas y billetes se basan en uno, cinco y diez. Así es más fácil contar el dinero.

1¢	5¢	10¢	25¢	50¢
un centavo	cinco centavos	diez centavos	veinticinco centavos	medio dólar

billete de $1 dólar	billete de $5 dólares	billete de $10 dólares	billete de $20 dólares

025
Contar dinero

La forma más común de contar dinero es contar de seguido. Empieza con el valor más alto y sigue contando.

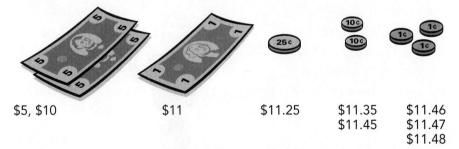

$5, $10	$11	$11.25	$11.35 $11.45	$11.46 $11.47 $11.48

También puedes contar el dinero agrupando las monedas y los billetes.

EJEMPLO: Jacob tenía cuatro billetes de 1 dólar, un billete de 5 dólares, nueve monedas de diez centavos, cinco de un centavo, tres de veinticinco centavos y cinco de cinco centavos. ¿Cuánto dinero tenía en total?

Puedes agrupar los billetes y las monedas según su valor. Luego suma.

❶ Junta todos los billetes de 1 dólar. Luego junta todas las monedas de veinticinco y así sucesivamente.	
❷ Cuenta los billetes empezando por el valor más alto hasta el más bajo. Luego cuenta las monedas en orden, del valor más alto al más bajo.	$5 + $4 + $0.75 + $0.90 + $0.25 + 0.05 = $10.95

Junta las monedas en grupos de un dólar. Luego cuenta.

❶ Agrupa el dinero en unidades que sean fáciles de contar. Por ejemplo, agrupa los billetes según su valor; luego junta las monedas en grupos de un dólar.	
❷ Cuenta los billetes empezando por el valor más alto hasta el más bajo. Luego cuenta en orden los grupos de $1 dólar en monedas. Luego cuenta las monedas sobrantes.	5 6, 7, 8, 9, 10 10.10, ..., 10.91, ..., 10.90 10.95

De cualquier forma, Jacob tenía $10.95.

Escribe: $10.95
Di: *diez dólares y noventa y cinco centavos*

¿SABÍAS QUE...

el primer dinero de papel fue hecho en la China? Los chinos no tenían suficiente metal para hacer monedas. Por eso se inventaron el dinero de papel.

MÁS AYUDA

ver 081

El cambio

La forma más rápida de calcular el cambio es contar hacia arriba.

EJEMPLO 1: Kayla compró un CD. Le costó $15.98, más el impuesto. El total fue $16,78. Pagó con un billete de 20 dólares. ¿Cuánto recibió de cambio?

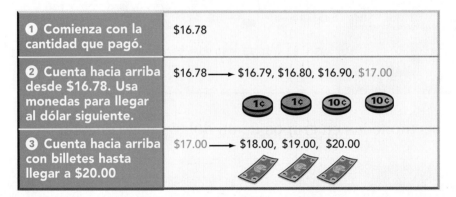

❶ Comienza con la cantidad que pagó.	$16.78
❷ Cuenta hacia arriba desde $16.78. Usa monedas para llegar al dólar siguiente.	$16.78 ⟶ $16.79, $16.80, $16.90, $17.00
❸ Cuenta hacia arriba con billetes hasta llegar a $20.00	$17.00 ⟶ $18.00, $19.00, $20.00

⭐ Kayla recibió $3.22 de cambio.

EJEMPLO 2: Mateo gastó $6.47 en el almuerzo. Le pagó al cajero con $10.00 y recibió $3.43 de cambio. ¿Recibió Mateo el cambio correcto?

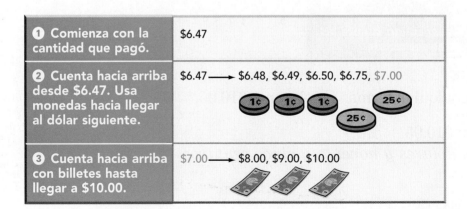

❶ Comienza con la cantidad que pagó.	$6.47
❷ Cuenta hacia arriba desde $6.47. Usa monedas hacia llegar al dólar siguiente.	$6.47 ⟶ $6.48, $6.49, $6.50, $6.75, $7.00
❸ Cuenta hacia arriba con billetes hasta llegar a $10.00.	$7.00 ⟶ $8.00, $9.00, $10.00

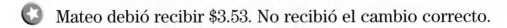

⭐ Mateo debió recibir $3.53. No recibió el cambio correcto.

Cambio de moneda

027

Cuando viajas a otro país, debes cambiar los dólares de Estados Unidos por el dinero de ese país —yenes japoneses, pesos mexicanos, euros europeos, o cualquier moneda que se use en el país donde vas a viajar.

MÁS AYUDA

ver 035, 142–143, 185

Cuando cambias dinero, usas una tasa de cambio para calcular cuánto dinero extranjero recibirás a cambio de tus dólares. Estas tasas cambian todos los días.

La siguiente tabla muestra algunas tasas de cambio el jueves 13 de marzo de 2003.

Recibes 118.57 yenes por 1 dólar

TASA DE CAMBIO

MONEDA	TASA
Libra británica (en dólares de EE.UU)	1.6015
Euro (en dólares de EE.UU)	1.0813
Dólar canadiense (por dólar de EE.UU)	1.4847
Yen japonés (por dólar de EE.UU)	118.57
Franco suizo (por dólar de EE.UU)	1.3569
Dólar australiano (por dólar de EE.UU)	1.6822

(Fuente: Departamento del Tesoro de EE.UU)

EJEMPLO: Imagina que cambiaste $1000 dólares por yenes japoneses el 13 de marzo de 2003. ¿Cuántos yenes recibiste?

Cuando uses una **tasa de cambio**, multiplica la **tasa** por el número de dólares que vas a **cambiar**.

Tiene sentido. Cada dólar vale 118.57 yenes. Entonces, mil dólares valen mil veces más yenes.

tasa	×	dólares cambiados	=	yenes recibidos
118.57	×	1000	=	118,570

 Recibiste 118,570 yenes por 1000 dólares de EE.UU.

Fracciones

Una **fracción** es un número que representa una parte de algo. El **denominador** te indica cuántas partes iguales tiene el todo, o conjunto. El **numerador** te indica de cuántas partes estás hablando.

$\frac{3}{8}$ ◀—— numerador (partes de las que estás hablando)

◀—— denominador (partes iguales de un todo, o conjunto)

¿Para qué necesitas las fracciones? Existen dos razones principales.

CASO 1 Puedes usar una fracción para indicar una parte de una cosa.

$\frac{3}{8}$ ◀—— tajadas de pizza que ya se comieron

◀—— tajadas de pizza en toda la pizza

Ya se comieron $\frac{3}{8}$ de la pizza.

CASO 2 Puedes usar una fracción para nombrar una parte de una colección de cosas.

$\frac{3}{8}$ ◄—— perros en el grupo
◄—— animales en el grupo

$\frac{3}{8}$ de los animales del grupo son perros.

Leer y escribir fracciones

029

Leer una fracción es diferente que leer un número natural. El numerador es fácil: sólo di el número. Para leer el denominador, usa palabras como *tercios*, *cuartos*, *veintidosavos*, etc.

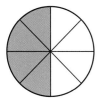

Escribe: $\frac{4}{8}$

Di: *cuatro octavos*

Escribe: $\frac{9}{15}$

Di: *Nueve quinceavos*

A veces necesitas buscar una fracción de un área o de una cosa. Estas son fracciones de un todo.

$\frac{1}{2}$ de una pizza

$1\frac{1}{4}$ acres

$2\frac{3}{8}$ yardas de tela

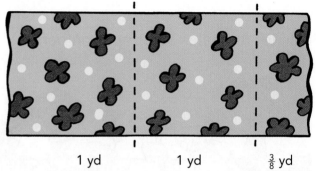

1 yd　　　　1 yd　　　　$\frac{3}{8}$ yd

031 Fracciones en una recta numérica

Una recta numérica te ayuda a entender fracciones.

EJEMPLO: Indica $\frac{3}{5}$ en una recta numérica.

$\frac{3}{5}$ es menos que 1. Dibuja una recta numérica de 0 a 1.

Mira el denominador. El denominador es 5. Divide la recta en 5 partes iguales.

Para dividir el segmento en 5 partes iguales, tienes que añadir 4 marcas en el espacio que hay entre los 2 puntos extremos.

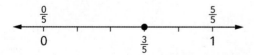

Mira el numerador. El numerador es 3. Escribe $\frac{3}{5}$ en el tercer punto desde cero.

Fracciones en medidas

A menudo usamos fracciones en nuestros sistemas de medidas.

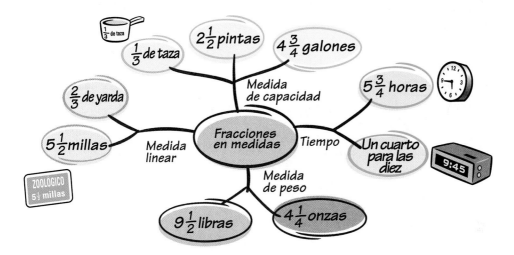

Fracción de un conjunto

A veces tienes que hablar de una fracción de un grupo de objetos. Es una fracción de un conjunto.

EJEMPLO: ¿Qué fracción de esta docena de rosquillas tiene semillas de amapola?

MÁS AYUDA

ver 035

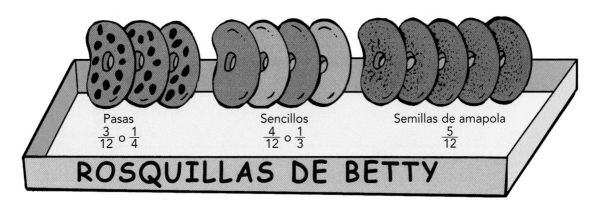

Pasas	Sencillos	Semillas de amapola
$\frac{3}{12}$ o $\frac{1}{4}$	$\frac{4}{12}$ o $\frac{1}{3}$	$\frac{5}{12}$

ROSQUILLAS DE BETTY

 $\frac{5}{12}$ de las rosquillas tienen semillas de amapola.

Puedes usar fracciones para los números mayores que uno. Un número mixto está formado por un número natural y una fracción.

Una fracción que tiene el numerador mayor que el denominador vale más que uno.

$$\frac{7}{4} = 1\frac{3}{4}$$ $7 > 4$, entonces $\frac{7}{4} > 1$

$$\frac{4}{4} = \blacksquare$$ $4 = 4$, entonces $\frac{4}{4} = 1$

CASO 1 Puedes volver a escribir una fracción mayor que 1 como número mixto o como número natural.

EJEMPLO 1: Escribe $\frac{9}{4}$ como número mixto.

❶ Divide el numerador por el denominador.		❷ Usa el residuo para escribir la parte fraccionaria del cociente.	
$\begin{array}{r} 2 \\ 4\overline{)9} \\ -8 \\ \hline 1 \end{array}$	Hay suficientes cuartos para dos todos.	$\begin{array}{r} 2\frac{1}{4} \\ 4\overline{)9} \\ -8 \\ \hline 1 \end{array}$	Sobra un cuarto.

⭐ $\frac{9}{4}$ puede escribirse como $2\frac{1}{4}$.

CASO 2 Puedes escribir un número mixto o un número natural como fracción.

EJEMPLO 2: Escribe $1\frac{1}{2}$ como fracción.

UNA FORMA Puedes usar un diagrama para entender el problema.

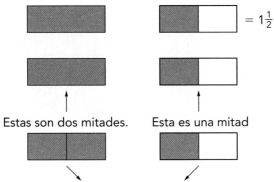

$= 1\frac{1}{2}$

Estas son dos mitades.   Esta es una mitad

Todas juntas son tres mitades.

OTRA FORMA Mira primero el número natural.

❶ Escribe el número natural como fracción.	❷ Suma las fracciones.
$1\frac{1}{2}$ $\downarrow$ $\frac{2}{2}$	$\frac{2}{2} + \frac{1}{2} = \frac{3}{2}$

OTRA FORMA Multiplica el denominador por el número natural. Luego súmale el numerador.

$$1 \,\frac{1}{2} = \frac{(2 \times 1) + 1}{2} = \frac{3}{2}$$

Una fracción con un numerador mayor que (o igual a) su denominador, se llama a veces fracción impropia. Esto no significa que la fracción esté mal.

 De cualquier forma, $1\frac{1}{2}$ puede escribirse como $\frac{3}{2}$.

Las fracciones equivalentes indican la misma cantidad. Puedes usar fracciones equivalentes para sumar, restar y comparar fracciones.

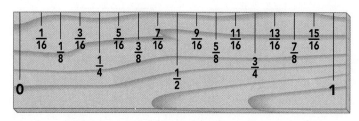

MÁS AYUDA

ver 160, 165, 167–170, 227

$$\frac{1}{2} = \frac{2}{4} = \frac{4}{8} = \frac{8}{16}$$

Para hallar fracciones equivalentes, puedes multiplicar o dividir el numerador y el denominador por el mismo número diferente de cero.

Esto no cambia el valor de la fracción, porque en realidad sólo estás multiplicando (o dividiendo) por 1.

$$\frac{1}{2} = \frac{1 \times 4}{2 \times 4} = \frac{4}{8} \qquad\qquad \frac{2}{4} = \frac{2 \div 2}{4 \div 2} = \frac{1}{2}$$

La misma área sombreada, pero 4 veces más partes; entonces 4 veces más partes están sombreadas.

La misma área sombreada, pero sólo la mitad de partes sombreadas.

A veces necesitas hallar un numerador o un denominador que falta en fracciones equivalentes.

EJEMPLO 1: Halla el numerador que falta.

$$\frac{3}{4} = \frac{\blacksquare}{24}$$

Multiplicar el numerador y el denominador por el mismo número es como multiplicar por 1. Entonces, halla el factor que falta, $4 \times ? = 24$, y usa ese factor para hallar el numerador que falta.

$$\frac{3 \times ? = \blacksquare}{4 \times ? = 24}$$

$$\frac{3 \times 6 = 18}{4 \times 6 = 24}$$

⭐ $\blacksquare = 18$

$\times$	1	2	3	4	5	6
1	1	2	3	4	5	6
2	2	4	6	8	10	12
3	3	6	9	12	15	18
4	4	8	12	16	20	24
5	5	10	15	20	25	30
6	6	12	18	24	30	36

EJEMPLO 2:

Halla el denominador que falta.

$$\frac{2}{5} = \frac{10}{\blacksquare}$$

$$\frac{2 \times ? = 10}{5 \times ? = \blacksquare}$$

$$\frac{2 \times 5 = 10}{5 \times 5 = 25}$$

⭐ $\blacksquare = 25$

2	2	4	6	8	10	12
5	5	10	15	20	25	30

Mínimo común denominador

Cuando las fracciones tienen el mismo denominador, se dice que tienen un **denominador común.**

MÁS AYUDA

ver 035, 059, 061

Cuando sumas, restas o comparas fracciones, ayuda mucho buscar el **mínimo común denominador.** El mínimo común denominador de dos o más fracciones es el mínimo común múltiplo (MCM) de los denominadores de las fracciones.

También puedes decir que tienen **denominadores iguales.**

EJEMPLO: Halla fracciones equivalentes con mínimo común denominador para $\frac{1}{8}$ y $\frac{7}{12}$.

❶ Busca el **mínimo común múltiplo** de ambos denominadores.	❷ Vuelve a escribir cada fracción como fracción equivalente con el **MCM** como denominador.
múltiplos de 8 ⟶ 8, 16, 24, . . . múltiplos de 12 ⟶ 12, 24, . . . El MCM de 8 y 12 es 24.	$\frac{1 \times 3}{8 \times 3} = \frac{3}{24}$ $\frac{7 \times 2}{12 \times 2} = \frac{14}{24}$

⭐ Las fracciones equivalentes con mínimo común denominador para $\frac{1}{8}$ y $\frac{7}{12}$ son $\frac{3}{24}$ y $\frac{14}{24}$.

1	2	3	4	5	6	7	8	9	10
11	12	13	14	15	16	17	18	19	20
21	22	23	24	25	26	27	28	29	30

Los múltiplos de 8 están resaltados en amarillo.
Los múltiplos de 12 están resaltados en rosado.
El primer amarillo y rosado es el MCM.

Mínima expresión

Una fracción está en su **mínima expresión** cuando el numerador y el denominador no tienen otro factor común diferente de 1.

MÁS AYUDA

ver 057–058, 061

EJEMPLO: Halla la mínima expresión de $\frac{12}{18}$.

 UNA FORMA Puedes dividir el numerador y el denominador por factores comunes hasta que el único factor común sea 1.

$$\frac{12}{18} = \frac{12 \div 2}{18 \div 2} = \frac{6}{9} \qquad \frac{6 \div 3}{9 \div 3} = \frac{2}{3}$$

2 y 3 no tienen factor común mayor que 1.

2 es factor común de 12 y 18.

3 es factor común de 6 y 9.

 OTRA FORMA Puedes dividir el numerador y el denominador por el máximo común divisor (MCD).

Factores de 12: 2, 3, 4, 6

Factores de 18: 2, 3, 6, 9

$$\frac{12}{18} = \frac{12 \div 6}{18 \div 6} = \frac{2}{3}$$

6 es el MCD de 12 y 18.

 De cualquier forma, $\frac{12}{18}$ en mínima expresión es $\frac{2}{3}$.

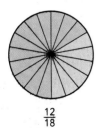

$\frac{12}{18}$

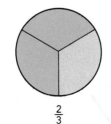

$\frac{2}{3}$

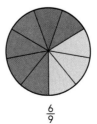

$\frac{6}{9}$

La fracción en su mínima expresión tiene la menor cantidad posible de partes.

A veces puedes comparar fracciones con sólo mirarlas.

Escribe: $\frac{1}{4} > \frac{1}{6}$
Di: *un cuarto es mayor que un sexto.*

Si sabes comparar dos o más fracciones, también puedes
ordenar fracciones.

039 Comparar fracciones con denominadores iguales

Comparar fracciones con denominadores iguales es parecido a
comparar números naturales.

EJEMPLO: George camina $\frac{5}{10}$ de milla hasta la escuela. Susan
camina $\frac{7}{10}$ de milla. ¿Quién camina mayor distancia?

Cuando las fracciones tienen denominadores iguales, compara
los numeradores.

$7 > 5$, entonces $\frac{7}{10} > \frac{5}{10}$

 Susan camina mayor distancia.

> Esto tiene sentido, porque 7
> de una cosa es más que 5
> de la misma cosa.
>
> 7 horas > 5 horas
> 7 décimos > 5 décimos

Comparar fracciones con denominadores diferentes

040

Estas son dos formas de comparar fracciones con denominadores diferentes.

ver 008, 043, 098

EJEMPLO: Adriana corre $\frac{3}{10}$ de milla y Eric corre $\frac{3}{4}$ de milla. ¿Quién recorrió más distancia?

  Compara las fracciones con tus referencias preferidas.

$\frac{3}{10} < \frac{1}{2}$ porque 3 es menos que la mitad de 10.

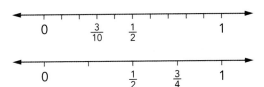

$\frac{3}{4} > \frac{1}{2}$ porque 3 es más que la mitad de 4.

  Halla fracciones equivalentes con denominadores iguales.

ver 035

❶ Halla fracciones equivalentes con denominadores iguales.	❷ Compara los numeradores.
$\frac{3 \times 2}{10 \times 2} = \frac{6}{20}$ $\frac{3 \times 5}{4 \times 5} = \frac{15}{20}$ denominadores iguales	$15 > 6$ $\frac{15}{20} > \frac{6}{20}$, entonces $\frac{3}{4} > \frac{3}{10}$.

⭐ De cualquier forma, $\frac{3}{4} > \frac{3}{10}$. Eric recorrió más distancia.

 041

¡ATENCIÓN! No todas las mitades son iguales

Cuando compares dos fracciones, asegúrate de que los todos sean iguales.

¿Qué sucede si Ben pide una pizza pequeña y Spencer una grande? No podrías comparar fracciones de las pizzas porque los todos no son iguales.

Ordenar fracciones y números mixtos

MÁS AYUDA

ver 036

CASO 1 Si sabes comparar dos fracciones, también sabes cómo ordenar un grupo de fracciones.

EJEMPLO 1: Samantha midió la lluvia durante tres semanas para su proyecto de ciencias sobre el estado del tiempo. ¿En qué semana llovió menos?

LLUVIA
Primera semana $\frac{11}{16}$ in.
Segunda semana $\frac{5}{8}$ in.
Tercera semana $\frac{3}{4}$ in.

❶ Vuelve a escribir las fracciones de igual denominador.	❷ Compara los numeradores.
Múltiplos de 4 ⟶ 4, 8, 12, 16, ... Múltiplos de 8 ⟶ 8, 16, ... Múltiplos de 16 ⟶ 16, 32, ... El mínimo común denominador es 16. $\frac{11}{16} = \frac{11}{16}$ $\frac{5}{8} = \frac{10}{16}$ $\frac{3}{4} = \frac{12}{16}$	12 > 11 > 10 $\frac{12}{16} > \frac{11}{16} > \frac{10}{16}$, entonces $\frac{3}{4} > \frac{11}{16} > \frac{5}{8}$.

⭐ Llovió menos la segunda semana.

CASO 2 Para ordenar números mixtos, primero compara y ordena los números naturales. Luego, si los números naturales son iguales, compara y ordena las partes fraccionarias.

EJEMPLO 2: Ordena de menor a mayor: $3\frac{11}{16}$, $2\frac{5}{8}$, $2\frac{3}{4}$.

❶ Mira los números naturales.	❷ Compara las fracciones restantes.
$3\frac{11}{16}$ $2\frac{5}{8}$ $2\frac{3}{4}$ 3 > 2, entonces $3\frac{11}{16}$ es mayor.	$\frac{5}{8} = \frac{5}{8}$ $\frac{3}{4} = \frac{6}{8}$ $\frac{5}{8} < \frac{6}{8}$, entonces $2\frac{5}{8} < 2\frac{3}{4}$.

⭐ Estos son los números mixtos de menor a mayor: $2\frac{5}{8}$, $2\frac{3}{4}$, $3\frac{11}{16}$.

Relacionar fracciones con decimales

Para escribir una fracción en forma decimal, puedes dividir el numerador por el denominador.

Esto funciona, porque una fracción es una forma de indicar una división. La línea que separa el numerador del denominador en una fracción significa *dividido por*.

MÁS AYUDA

ver 021, 154–155

EJEMPLO: Escribe $\frac{1}{8}$ como decimal.

Piensa: $\frac{1}{8} = 1 \div 8$

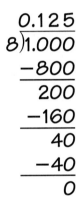

$$
\begin{array}{r}
0.125 \\
8)\overline{1.000} \\
-800 \\
\hline
200 \\
-160 \\
\hline
40 \\
-40 \\
\hline
0
\end{array}
$$

 $0.125 = \frac{1}{8}$

¡Recuerda este dato útil! Si sabes que $\frac{1}{8} = 0.125$, puedes hallar decimales para todos los otros octavos.

$\frac{2}{8} = 2 \times 0.125 = 0.250 = 0.25$

$\frac{3}{8} = 3 \times 0.125 = 0.375$

$\frac{4}{8} = 4 \times 0.125 = 0.500 = 0.5$

$\frac{5}{8} = 5 \times 0.125 = 0.625$

$\frac{6}{8} = 6 \times 0.125 = 0.750 = 0.75$

$\frac{7}{8} = 7 \times 0.125 = 0.875$

$\frac{8}{8} = 8 \times 0.125 = 1.000 = 1$

MÁS AYUDA

ver 035, 099, 043

En realidad, los porcentajes son fracciones con denominador 100. Por ejemplo, 52% significa 52 *de cien*, ó $\frac{52}{100}$.

EJEMPLO 1: Escribe $\frac{1}{4}$ como porcentaje.

Para escribir $\frac{1}{4}$ como porcentaje, halla primero la fracción equivalente con denominador 100.

$$\frac{1}{4} = \frac{\blacksquare}{100}$$

$$\frac{1 \times 25}{4 \times 25} = \frac{25}{100}$$

Multiplicar el numerador por 25 y el denominador por 25, es lo mismo que multiplicar la fracción por $\frac{25}{25}$ ó 1.

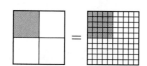

⭐ $\frac{1}{4} = 25\%$.

EJEMPLO 2: Escribe $\frac{2}{5}$ como porcentaje.

Para escribir $\frac{2}{5}$ como porcentaje, halla primero la fracción equivalente con denominador 100.

$$\frac{2}{5} = \frac{\blacksquare}{100}$$

$$\frac{2 \times 20}{5 \times 20} = \frac{40}{100}$$

⭐ $\frac{40}{100} = 40\%$

EJEMPLO 3: Escribe 75% como fracción.

Dado que 75% significa 75 *de cien*, $75\% = \frac{75}{100}$

⭐ $\frac{75}{100} = \frac{3}{4}$, entonces en su mínima expresión, $75\% = \frac{3}{4}$.

Números positivos y negativos

Enteros

046

Números positivos son aquellos números mayores que cero.

Números negativos son aquellos números menores que cero.

El cero no es positivo ni negativo. Los números positivos y negativos se pueden indicar en una recta numérica.

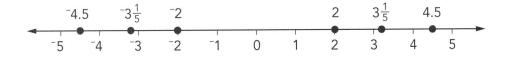

negativo   cero   positivo

$$^-5 \quad ^-4 \quad ^-3 \quad ^-2 \quad ^-1 \quad 0 \quad 1 \quad 2 \quad 3 \quad 4 \quad 5$$

Los números opuestos están a la misma distancia de cero pero en direcciones contrarias. Todo número entero, fraccionario y decimal tiene su opuesto.

2 y $^-2$ son opuestos.   4.5 y $^-4.5$ son opuestos.

$3\frac{1}{5}$ y $^-3\frac{1}{5}$ son opuestos.   Cero es opuesto de sí mismo.

$$^-4.5 \quad ^-3\tfrac{1}{5} \quad ^-2 \qquad\qquad 2 \quad 3\tfrac{1}{5} \quad 4.5$$
$$^-5 \quad ^-4 \quad ^-3 \quad ^-2 \quad ^-1 \quad 0 \quad 1 \quad 2 \quad 3 \quad 4 \quad 5$$

¡La suma de opuestos es cero!

$2 + {}^-2 = 0$

$0 + 0 + 0$

Los **enteros** son el conjunto de los números naturales y sus opuestos: ⁻5, ⁻4, ⁻3, ⁻2, ⁻1, 0, 1, 2, 3, 4, 5, . . .

Tal vez has visto usar los números enteros de esta forma.

047

Comparar enteros

Puedes usar una recta numérica para comparar dos enteros.

MÁS
AYUDA

ver 008

EJEMPLO 1: Cuál es mayor: ¿⁻2 ó 1?

Un número negativo es menor que un número positivo.

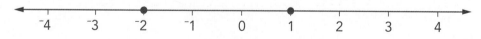

 ⁻2 < 1

> Esto tiene sentido, porque la cima de una montaña que está 1 milla *sobre* el nivel del mar, es más alta que el suelo marino 2 millas *bajo* el nivel del mar.

EJEMPLO 2: Cuál es mayor: ¿⁻1 ó ⁻4?

El número negativo más cercano a cero es mayor.

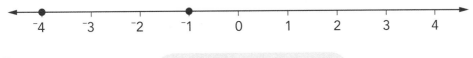

⭐ ⁻4 < ⁻1

Esto tiene sentido, porque ⁻4°F es más frío que ⁻1°F.

Ordenar enteros

048

Si sabes comparar enteros, también sabes cómo comparar un grupo de enteros.

EJEMPLO: Para un proyecto de ciencias, anotaste la temperatura exterior todos los días a las 7:00 A.M. durante una semana. ¿Cuáles fueron las temperaturas diarias, de la más fría a la más caliente?

MÁS AYUDA

ver 010

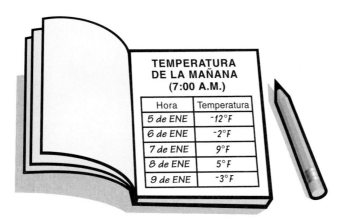

TEMPERATURA DE LA MAÑANA (7:00 A.M.)

Hora	Temperatura
5 de ENE	⁻12°F
6 de ENE	⁻2°F
7 de ENE	9°F
8 de ENE	5°F
9 de ENE	⁻3°F

Puedes usar una recta numérica para solucionar el problema. Los números aumentan a medida que avanzas de izquierda a derecha en la recta.

⭐ Estas son las temperaturas, de la más fría a la más caliente. ⁻12°F, ⁻3°F, ⁻2°F, 5°F, 9°F.

Teoría de los números

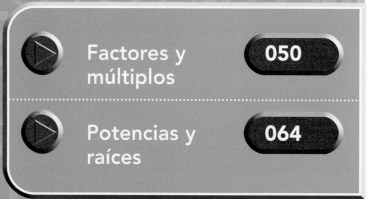

Para Norah, cuando la teoría de los números tiene que ver con pastelillos, 2 siempre son mejor que 1.

La **teoría de los números** es una parte de las matemáticas que busca patrones numéricos y observa cómo trabajan juntos los números.

La teoría de los números suena como algo sólo para matemáticos. Sin embargo, las cosas que aprendes con ella te pueden ahorrar tiempo cuando haces cálculos.

050

Factores y múltiplos

¿Cuál es tu número preferido?

Piensa en dos números que al multiplicarlos den tu número. Tu número es un **múltiplo** de los dos números que pensaste. Y los dos números son **factores** de tu número.

Si ya sabes contar saltado, entonces ya sabes bastante sobre factores y múltiplos. Es útil que los conozcas, pues te facilitan los cálculos con fracciones y otros números.

051

Factores

Si puedes hallar los factores de un número, también puedes hacer estas cosas.

- Puedes hallar el máximo común divisor de dos números.
- Puedes escribir fracciones en su mínima expresión.
- Puedes saber si un número es divisible por otro.

Escoge un número entero.   18

Ahora, busca dos números
naturales que multiplicados den
tu número.

$3 \times 6 = 18$
$1 \times 18 = 18$ ó
$2 \times 9 = 18$

Un par de factores de 18 son 3 y 6. Otro par de factores
son 1 y 18. Otro par son 2 y 9. Podemos decir que $1, 2, 3, 6, 9$
y 18 son **factores** de 18.

EJEMPLO: Busca todos los factores de 36.

Piensa en todas las parejas de números que multiplicadas
den 36.

Cuando la pareja de
factores sean el
mismo número o muy
cercanos, entonces ya
no puedes seguir más.

$36 = 1 \times 36$
$36 = 2 \times 18$
$36 = 3 \times 12$
$36 = 4 \times 9$
$36 = 6 \times 6$

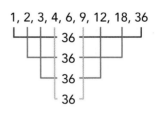

★ Los factores de 36 son 1, 2, 3, 4, 6, 9, 12, 18, y 36.

052

Factoriales

Escoge cualquier número entero.   4

Multiplica todos los números de conteo
hacia atrás hasta 1.

$4 \times 3 \times 2 \times 1$

Ese producto se llama **factorial.**

Escribe: 4!
Di: *cuatro factorial*

EJEMPLO: Busca 10!

$10! = 10 \times 9 \times 8 \times 7 \times 6 \times 5 \times 4 \times 3 \times 2 \times 1$

★ $10! = 3,628,800$

Números primos

Si estás hablando de números naturales mayores que cero, un número primo tiene exactamente dos factores diferentes: uno y él mismo.

$13 = 1 \times 13$

> Dado que no hay otros factores de 13 que sean números naturales, 13 es un número primo.

Todos los números primos de 1 a 100 están en color.

> Si no crees que son números primos, trata de encontrar más de dos factores que sean números naturales para cualquiera de esos números. ¡Verás que no puedes!

1	2	3	4	5	6	7	8	9	10
11	12	13	14	15	16	17	18	19	20
21	22	23	24	25	26	27	28	29	30
31	32	33	34	35	36	37	38	39	40
41	42	43	44	45	46	47	48	49	50
51	52	53	54	55	56	57	58	59	60
61	62	63	64	65	66	67	68	69	70
71	72	73	74	75	76	77	78	79	80
81	82	83	84	85	86	87	88	89	90
91	92	93	94	95	96	97	98	99	100

¿SABÍAS QUE...

todo número par mayor que 2 puede escribirse como la suma de dos números primos?

4 = 2 + 2   26 = 13 + 13
10 = 3 + 7   48 = 11 + 37

A esto se le llama **conjetura de Goldbach,** en honor al matemático Christian Goldbach.

¡ATENCIÓN! Uno no es primo

A veces, la gente piensa que uno es un número primo. Pero no es. En realidad, es un número solitario porque no es primo ni compuesto. No es primo porque no tiene *exactamente* dos factores diferentes. No es compuesto porque no tiene *más de* dos factores.

MÁS AYUDA

ver 055

Números compuestos 055

Piensa en números naturales mayores que cero. Cada uno de estos números, excepto 1, es un número compuesto o un número primo. En la tabla de números primos en 053, los números en negro de 4 hasta 100 son números **compuestos.** Cada uno tiene más de dos factores diferentes.

MÁS AYUDA

ver 053

EJEMPLO: Di si los siguientes números son compuestos o primos: 16, 24, 89.

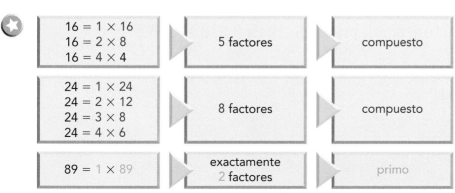

16 = 1 × 16 16 = 2 × 8 16 = 4 × 4	5 factores	compuesto
24 = 1 × 24 24 = 2 × 12 24 = 3 × 8 24 = 4 × 6	8 factores	compuesto
89 = 1 × 89	exactamente 2 factores	primo

Factorización prima

Un número compuesto puede escribirse como producto de números primos. Esto se llama **factorización prima** del número.

Puedes hallar la factorización prima haciendo un **árbol de factores.** Primero, busca cualquier pareja de factores. Luego busca parejas de factores para los factores. Sigue así hasta que no puedas continuar.

EJEMPLO 1: Halla la factorización prima de 12.

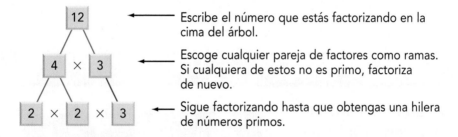

Escribe el número que estás factorizando en la cima del árbol.

Escoge cualquier pareja de factores como ramas. Si cualquiera de estos no es primo, factoriza de nuevo.

Sigue factorizando hasta que obtengas una hilera de números primos.

MÁS AYUDA

ver 065–066

Halla la factorización prima de 12 de otra forma.

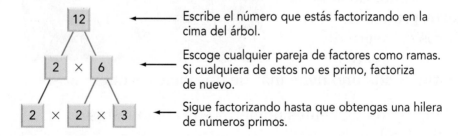

Escribe el número que estás factorizando en la cima del árbol.

Escoge cualquier pareja de factores como ramas. Si cualquiera de estos no es primo, factoriza de nuevo.

Sigue factorizando hasta que obtengas una hilera de números primos.

⭐ La factorización prima de 12 es $2 \times 2 \times 3$, ó $2^2 \times 3$.

Puedes hallar la factorización prima usando división.

MÁS AYUDA

ver 144

EJEMPLO 2: Halla la factorización prima de 112,

2. Sigue dividiendo cada cociente por un número primo hasta que el cociente sea 1.

1. Divide 112 por un número primo.

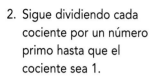

Si ensayas un número primo y te queda residuo, quiere decir que el dividendo no es divisible por ese primo. Ensaya otro número primo.

⭐ La factorización prima de 112 es el producto de los divisores $2 \times 2 \times 2 \times 2 \times 7$, ó $2^4 \times 7$

EJEMPLO 3: Halla la factorización prima de 87.

MÁS AYUDA

ver 054, 062

2. Divide cada cociente por un número primo hasta que el cociente sea 1.

1. Divide 87 por un número primo.

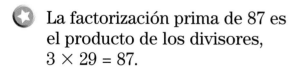

Recuerda: Uno no está incluido en la factorización prima porque no es primo.

 La factorización prima de 87 es el producto de los divisores, $3 \times 29 = 87$.

Factores comunes

Un grupo de dos o más números naturales puede tener algunos factores iguales. Estos se llaman **factores comunes.**

EJEMPLO 1: Halla los factores comunes de 16 y 24.

$16 = 1 \times 16$
$16 = 2 \times 8$
$16 = 4 \times 4$

$24 = 1 \times 24$
$24 = 2 \times 12$
$24 = 3 \times 8$
$24 = 4 \times 6$

Factores de 16 · Factores de 24

16 · 1 2 4 8 · 24 · 3 · 6 · 12

Los factores comunes son factores de ambos números.

 Los factores comunes de 16 y 24 son 1, 2, 4 y 8.

EJEMPLO 2: Halla los factores comunes de 9, 18 y 81.

Factores de 9:   1, 3, 9
Factores de 18:   1, 2, 3, 6, 9, 18
Factores de 81:   1, 3, 9, 27, 81

 Los factores comunes de 9, 18 y 81 son 1, 3 y 9.

Máximo común divisor

Para hallar los factores comunes de un grupo de números, haz una lista de todos los factores de cada número. Los factores que aparecen en todas tus listas son **factores comunes.**

Halla el mayor de esos **factores comunes.** Este es el **máximo común divisor (MCD)** de los números.

EJEMPLO 1: Halla el máximo común divisor de 6 y 12.

$6 = 1 \times 6$
$6 = 2 \times 3$

Factores de 6   Factores de 12

$12 = 1 \times 12$
$12 = 2 \times 6$
$12 = 3 \times 4$

1
2
3
6

4
12

El número más grande que aparece en *ambas* listas es 6.

⭐ El máximo común divisor (MCD) de 6 y 12 es 6.

EJEMPLO 2: Halla el máximo común divisor (MCD) de 14 y 21.

Factores de 14: 1, 2, 7, 14
Factores de 21: 1, 3, 7, 21

El número más grande que aparece en ambas listas es 7.

⭐ El máximo común divisor (MCD) de 14 y 21 es 7.

EJEMPLO 3: Halla el máximo común divisor (MCD) de 18 y 25.

Factores de 18: 1, 2, 3, 6, 9, 18
Factores de 25: 1, 5, 25

⭐ El máximo común divisor (MCD) de 18 y 25 es 1.

Dos números que tienen 1 como máximo común divisor son **primos relativos.** 18 y 25 son primos relativos.

059 Múltiplos

Cuando cuentas saltado, dices los múltiplos de un número. Los **múltiplos** de cualquier número son los productos de ese número con cualquier número natural.

EJEMPLO: Halla 8 múltiplos de 5 comenzando con 5.

 Cuenta saltado de 5 en 5 comenzando con 5.
5, 10, 15, 20, 25, 30, 35 y 40

 Multiplica para hallar múltiplos.

Primer factor	×	Segundo factor	=	Múltiplo
5	×	1	=	5
5	×	2	=	10
5	×	3	=	15
5	×	4	=	20
5	×	5	=	25
5	×	6	=	30
5	×	7	=	35
5	×	8	=	40

⭐ De cualquier forma, los 8 primeros múltiplos de 5 son 5, 10, 15, 20, 25, 30, 35 y 40

060 ¡ATENCIÓN! Cero es un múltiplo, pero no es un factor de todos los números

- Puedes multiplicar cualquier número por cero. Al hacerlo, el producto es cero. Entonces, $5 \times 0 = 0$ y $500 \times 0 = 0$. Podrías decir que cero es múltiplo de cualquier número. Normalmente, cuando escribimos los múltiplos de un número, no acostumbramos escribir el cero.

- Puesto que $0 \times$ cualquier número $= 0$, cero *no* es factor de cualquier número, excepto de sí mismo.

Mínimo común múltiplo

Para hacer una lista de múltiplos, multiplica tu número por números naturales. Para hallar los **múltiplos comunes** de varios números, busca los múltiplos que aparecen en todas las listas.

Halla el mínimo de esos múltiplos comunes (diferentes de cero). Este es el mínimo común múltiplo (MCM) de los números.

EJEMPLO 1: Halla el MCM de 6 y 9.

En esta tabla, todos los múltiplos de 6 están en un cuadrado rojo. Todos los múltiplos de 9 están en círculos azules.

```
 1    2    3    4    5   [6]   7    8   (9)  10
11  [12]  13   14   15   16   17  (18) 19   20
21   22   23  [24]  25   26  (27) 28   29  [30]
31   32   33   34   35  (36) 37   38   39   40
41  [42]  43   44  (45) 46   47  [48] 49   50
51   52   53  (54) 55   56   57   58   59  [60]
61   62  (63) 64   65  [66] 67   68   69   70
71  [72]  73   74   75   76   77  [78] 79   80
(81) 82   83  [84] 85   86   87   88   89  [90]
91   92   93   94   95   96   97   98   99  100
```

El primer número que aparece en un cuadrado rojo y un círculo azul es 18.

  El mínimo común múltiplo (MCM) de 6 y 9 es 18.

EJEMPLO 2: Halla el MCM de 3 y 12.

Algunos múltiplos de 3:   3, 6, 9, 12, 15, . . .
Algunos múltiplos de 12: 12, . . .

Cuando uno de los números es múltiplo del otro, el número mayor será el mínimo común múltiplo.

> Puedes parar de buscar múltiplos cuando halles el primero que concuerde: ese es el mínimo común múltiplo.

  El mínimo común múltiplo (MCM) de 3 y 12 es 12.

Divisibilidad

Un número natural es **divisible** por otro número natural si al dividirlos el residuo es cero.

Los matemáticos han descubierto patrones que hacen más fácil saber si un número es divisible por otro.

Ensaya estas reglas con tus propios números.

Divisor	Regla	Ensaya con 324
2	El dígito de las unidades es 0, 2, 4, 6 u 8. (El número es par).	324: el dígito de las unidades es 4. Cuatro es un número par. Entonces, 324 es divisible por 2.
3	La suma de los dígitos es divisible por 3.	324: 3 + 2 + 4 = 9. Nueve es divisible por 3. Entonces, 324 es divisible por 3.
4	El número formado por los dos últimos dígitos es divisible por 4.	324: los últimos dos dígitos son 24. Veinticuatro es divisible por 4. Entonces, 324 es divisible por 4.
5	El dígito de las unidades es 0 ó 5.	324: el dígito de las unidades no es 0 ó 5. Entonces, 324 no es divisible por 5.
6	El número es divisible por 2 y por 3.	324: el dígito de las unidades es par y la suma de los dígitos es 9. Entonces, 324 es divisible por 2 y por 3. Entonces, 324 es divisible por 6.
9	La suma de los dígitos es divisible por 9.	324: 3 + 2 + 4 = 9. Nueve es divisible por 9. Entonces, 324 es divisible por 9.
10	El dígito de las unidades es 0.	324: el dígito de las unidades no es 0. Entonces, 324 no es divisible por 10.

Las pruebas de divisibilidad para 7 y 8 no son tan sencillas como las pruebas para los demás números de 1 a 10. Sólo haz la división.

EJEMPLO 1: ¿Pueden 6 personas repartirse exactamente 354 discos compactos?

Para responder esta pregunta, piensa: *¿354 es divisible por 6?* Un número divisible por 6 debe ser divisible por 2 y por 3.

La regla de divisibilidad para el 2 dice que el dígito de las unidades debe ser par.	El dígito de las unidades es 4, y 4 es par. Entonces, 354 es divisible por 2.
La regla de divisibilidad para el 3 dice que la suma de los dígitos debe ser divisible por 3.	Los dígitos de 354 son 3, 5 y 4. La suma de los dígitos es $3 + 5 + 4 = 12$. Doce es divisible por 3. Entonces, 354 es divisible por 3.

Puesto que 354 es divisible por 2 y por 3, debe ser divisible por 6.

⭐ Si. 6 personas pueden repartirse exactamente 354 discos compactos.

EJEMPLO 2: En una fiesta habrá 127 personas. En cada mesa caben 5 personas. ¿Se llenarán todas las mesas?

Para responder esta pregunta, piensa: *¿127 es divisible por 5?* Mira la regla de divisibilidad del 5.

Un número es divisible por 5 si el dígito de las unidades es 0 ó 5. El dígito de las unidades es 7. Entonces, 127 no es divisible por 5.

⭐ No todas las mesas estarán llenas.

Números pares e impares

Si un número natural es divisible por 2, el número es un **número par.**

- Cualquier número par de cosas se puede dividir en dos grupos de igual tamaño.

- Cualquier número par de cosas se puede organizar en parejas.

- Todo número par tiene 0, 2, 4, 6 u 8 en la posición de las unidades.

Las 12 flores pueden dividirse en dos grupos de igual tamaño. El número de flores es par.

Las 12 flores están en parejas. El número de flores es par.

Los **números impares** *no* son divisibles por 2.

- Si tratas de poner un número impar de cosas en dos grupos de igual tamaño, siempre te sobrará 1 cosa.

- Si tratas de formar parejas con un número impar de cosas, siempre te sobrará 1 cosa.

- Todo número impar tiene 1, 3, 5, 7 ó 9 en la posición de las unidades.

Las 11 flores no se pueden dividir en dos grupos de igual tamaño. El número de flores es impar.

Puedes usar los patrones de los números pares e impares para verificar tus cálculos.

¿Hay patrones parecidos para la resta, la multiplicación y la división?

- La suma de dos números pares siempre es par.

- La suma de dos números impares siempre es par.

- La suma de un número par con un número impar siempre es impar.

EJEMPLO: Armida sumó 469 y 357 y obtuvo 827. ¿Es correcto?

Dado que 469 es impar y 357 es impar, la suma debe ser par.

⭐ La suma no puede ser 827, porque es impar.

Potencias y raíces

Los matemáticos siempre buscan formas más simples de escribir y pensar. Así como usamos el atajo 7×8 para expresar $8 + 8 + 8 + 8 + 8 + 8 + 8$, también podemos usar un atajo para expresar $6 \times 6 \times 6 \times 6 \times 6 \times 6 \times 6$.

065 Exponentes positivos

Supongamos que quieres multiplicar el mismo factor más de una vez. Puedes usar exponentes para expresar lo que quieres hacer.

En **forma exponencial,** la **base** es el factor que se repite. El **exponente** es el número de veces que se repite el factor.

EJEMPLO 1: Usa la forma exponencial para expresar 3 como factor 5 veces.

$3 \times 3 \times 3 \times 3 \times 3 = 3^5$ ←—— **exponente**

⌐——— **base**

La **potencia** de un número indica el número de veces que ese número se usa como factor.

⭐ Escribe: 3^5
Di: *tres a la quinta potencia,* o *tres a la quinta*

┌─ **¿SABÍAS QUE...**

el número más grande que puedes escribir con dos nueves es 9^9?

EJEMPLO 2: Escoge el premio que más te gustaría ganar.

● $100 dólares diarios durante 30 días

● 2¢ el primer día, 4¢ el segundo, 8¢ el tercero y así sucesivamente durante 30 días.

Dado que el patrón comienza con 2¢ y se duplica diariamente, puedes usar una base 2 y un exponente para indicar el día. Tal vez no parezca mucho dinero, pero la cantidad aumenta rápidamente. Haz el cálculo día por día y verás.

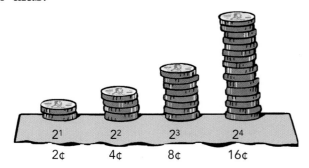

| 2^1 | 2^2 | 2^3 | 2^4 |
| 2¢ | 4¢ | 8¢ | 16¢ |

Esta tabla te muestra cómo leer y escribir exponentes positivos.

Factores que se repiten	Escribe	Di	Forma estándar
2×2	2^2	dos a la segunda potencia o dos al cuadrado	4
$2 \times 2 \times 2$	2^3	dos a la tercera potencia o dos al cubo	8
$2 \times 2 \times 2 \times 2$	2^4	dos a la cuarta potencia	16
$2 \times 2 \times 3 \times 3 \times 3$	$2^2 \times 3^3$	dos al cuadrado por tres al cubo	108

MÁS AYUDA

ver 067–069

¡ATENCIÓN! Cero como exponente

Cualquier número a la potencia cero es uno. Entonces, $4^0 = 1$ y $64^0 = 1$

MÁS AYUDA

ver 069

Mira estas figuras. ¿Qué forma tiene cada diseño?

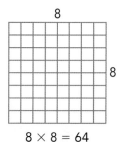

$8 \times 8 = 64$

$3 \times 3 = 9$

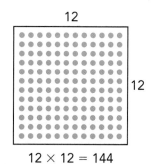

$12 \times 12 = 144$

¿Puedes ver por qué decimos que el producto de un número multiplicado por sí mismo es el **cuadrado** del número? El cuadrado de 8 es 64.

Escribe: $8^2 = 64$
Di: *ocho al cuadrado es 64, ó 64 es el cuadrado de 8.*

Cuando buscamos un número que podemos multiplicar por sí mismo para obtener otro número, estamos buscando la **raíz cuadrada.** La raíz cuadrada de 64 es 8.

Escribe: $\sqrt{64} = 8$
Di: *la raíz cuadrada de 64 es 8*

MÁS AYUDA

ver 210

Si multiplicas dos números positivos, el producto es positivo. Dos factores negativos también dan un producto positivo.

$6 \times 6 = 36$ $^-6 \times {}^-6 = 36$

Eso significa que $^-6$ también es la raíz cuadrada de 36. Sin embargo, $\sqrt{}$ significa la raíz cuadrada principal, es decir, la raíz positiva. Por ejemplo, $\sqrt{25} = 5$, y $\sqrt{100} = 10$.

Usar la tabla de raíces cuadradas

MÁS AYUDA

ver 012–013, 096

La tabla muestra los cuadrados y las raíces cuadradas de los números 1 a 10.

Para hallar el cuadrado de un número, busca el número en la primera columna (*n*). Luego, muévete hacia la derecha por la hilera hasta la columna marcada *n²*.

Para hallar la raíz cuadrada de un número, busca el número en la primera columna (*n*). Luego, muévete hacia la derecha por la hilera hasta la columna marcada $\sqrt{n}$.

n	*n²*	$\sqrt{n}$ redondeada al milésimo más cercano.
1	1	1
2	4	1.414
3	9	1.732
4	16	2
5	25	2.236
6	36	2.449
7	49	2.646
8	64	2.828
9	81	3
10	100	3.162

Potencias perfectas

070

Si un número es la potencia de un número natural, el número es una **potencia perfecta.** Puesto que 36 es 6^2, 36 es un cuadrado perfecto.

Si un número natural es potencia de un número entre números naturales, entonces no es una potencia perfecta. Puesto que 37 está entre 6^2 (36) y 7^2 (49), no es un cuadrado perfecto.

Cuadrados perfectos

4 1
100 9
25

No son cuadrados perfectos

27
15 30
2 11

Matemáticas mentales y estimación

¿ Qué las son matemáticas mentales?
Son las matemáticas que haces en la cabeza.

La estimación es una forma de matemáticas mentales. Cuando haces una estimación, buscas un número que se acerca a la respuesta exacta. Esto lo haces cuando no necesitas saber la respuesta exacta.

Hay otras matemáticas mentales que puedes usar cuando necesitas saber la respuesta exacta.

Matemáticas mentales

Las calculadoras son herramientas muy buenas, pero a veces no las necesitas para solucionar problemas.

No necesitas calculadora para sumar $10 + 10$, restar $101 - 1$, ó multiplicar 3000×20. Esto lo puedes calcular en la cabeza. Son **matemáticas mentales.**

073   Sumar mentalmente

Todos los días haces sumas con matemáticas mentales.

A veces puedes sumar los números en la cabeza porque son fáciles. O tal vez no tienes papel ni calculadora.

$999 + 1 = \blacksquare$
¿Por qué es más fácil
sumar esto mentalmente
que con una calculadora?

Formar decenas para sumar

Puedes sumar mentalmente formando grupos de números que suman diez.

Pedidos de leche, salón 222 Semana del 10 de mayo					
	Lun.	Mar.	Mie.	Jue.	Vie.	Total
Corriente	22	18	0	9	0	
Sin grasa	4	3	7	6	8	
Con chocolate	4	6	9	8	2	

EJEMPLO 1: ¿Cuántos cartones de leche sin grasa pidieron los estudiantes durante esa semana?

MÁS
AYUDA

ver 221

Para solucionar el problema puedes sumar.

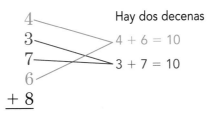

Hay dos decenas

$4 + 6 = 10$

$3 + 7 = 10$

$\begin{array}{r} 4 \\ 3 \\ 7 \\ 6 \\ + 8 \end{array}$

2 decenas + 8 ⟶ 20 + 8 = 28

 Los estudiantes pidieron 28 cartones de leche sin grasa.

EJEMPLO 2: ¿Cuántos cartones de leche corriente pidieron los estudiantes durante esa semana?

Decenas   Unidades

Hay 3 decenas.
$\begin{array}{cc} 2 & 2 \\ 1 & 8 \\ + & 9 \end{array}$

$2 + 8 = 10$

(Aquí hay otra decena.)

3 decenas + 1 decena + 9 ⟶ 30 + 10 + 9 = 49

 Los estudiantes pidieron 49 cartones de leche corriente.

Sumar 9

Es muy fácil sumarle 10 a un número. ¿Cuánto es 27 + 10?

Ahora, ¿cuánto es 27 + 9? Si piensas así, te demoras más sumando estos números mentalmente.

$$\begin{array}{r} 27 \\ + 9 \\ \hline \end{array}$$

$7 + 9 = 16$

Escribe 6 y guarda el diez para después: Dos decenas mas una decena son 3 decenas. La suma es 36.

$27 + 9 = \blacksquare$

$27 + 10 = 37$

$37 - 1 = 36$

27 mas 10 es 37, menos 1 da 36. La suma es 36

Una forma más fácil de sumar 9 es pensar que 9 es lo mismo que $10 - 1$

Sumas 10 y le restas 1.

Quitar y poner para sumar

A veces puedes quitarle una cantidad a un número y agregarle la misma cantidad a otro. Así es más fácil sumar.

EJEMPLO: Iván compró estos dos juegos para computadora. ¿Cuánto dinero gastó en los dos?

MÁS AYUDA

ver 075

Para solucionar el problema puedes sumar 19 y 75.

 UNA FORMA Puedes convertir el segundo sumando en una decena par.

> Es más fácil sumar 80 que 75. Quítale 5 a 19 y úsalo para convertir 75 en 80.

$$
\begin{array}{ccc}
19 & + & 75 \\
| & & | \\
-5 & & +5 \\
\downarrow & & \downarrow \\
14 & + & 80 = 94
\end{array}
$$

Dado que $19 + 75 = 14 + 80$, entonces $19 + 75 = 94$.

 OTRA FORMA Puedes convertir el primer sumando en una decena par.

> Es más fácil sumar 20 que 19. Quítale 1 a 75 y úsalo para convertir 19 en 20.

$$
\begin{array}{ccc}
19 & + & 75 \\
| & & | \\
+1 & & -1 \\
\downarrow & & \downarrow \\
20 & + & 74 = 94
\end{array}
$$

Dado que $19 + 75 = 20 + 74$, entonces $19 + 75 = 94$.

 De cualquier forma, Iván gastó $94.

Agrupar para sumar en columna

MÁS AYUDA

ver 105, 217, 221

Supongamos que vas sumar unos números mentalmente. Puedes agruparlos de modo que te resulte más fácil sumarlos.

EJEMPLO: Estás de viaje por Arizona y quieres tomar la carretera panorámica que te muestra el mapa. ¿Cuántas millas recorrerás?

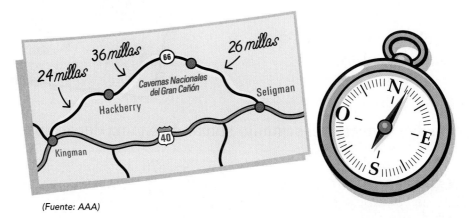

(Fuente: AAA)

Agrupa los números de modo que te resulte más fácil sumarlos.

 Primero puedes sumar 26 y 24.

```
  26        36        36
  36        26
+ 24      + 24  ⟶  + 50
                      86
```

No tienes que empezar con 26 y 36 solo porque son los primeros sumandos. ¡Si piensas que es más fácil sumar 24 y 26, súmalos primero!

 Primero puedes sumar 36 y 24.

```
  26        26
  36
+ 24  ⟶  + 60
             86
```

⭐ De cualquier forma, recorrerás 86 millas.

Restar mentalmente 078

Siempre estás restando en la cabeza con matemáticas mentales. Cada vez que piensas cuánto dinero te sobrará después de comprar algo, estás restando mentalmente.

Restar 9

079

Es fácil restarle 10 a un número. ¿Cuánto es $24 - 10$?

Ahora, ¿cuánto es $24 - 9$? Restar mentalmente es difícil si piensas así:

$$\begin{array}{r} 1 \ \ 14 \\ \cancel{24} \\ -\ \ 9 \\ \hline \end{array}$$

No puedes restarle 9 a 4. Reagrupa una decena para convertirla en 14.

$14 - 9$ es 5.

$10 - 0$ es 10.

Entonces, $24 - 9$ es 15.

Una forma más fácil de restar 9 es restar 10 y luego sumar 1.

$24 - 9 = \blacksquare$

24 menos 10 es 14.

Si le sumo 1, da 15.

Entonces, $24 - 9$ es 15.

Restar por partes

Puedes restar mentalmente restando un número por partes.
Descompone el número en partes fáciles de restar.

MÁS AYUDA

ver 105

EJEMPLO: Tienes 64¢. Quieres comprar una manzana por 26¢.
¿Cuánto dinero te sobra?

Para solucionar el problema, puedes restarle 26 a 64.

UNA FORMA Piensa que 26 es 24 + 2. Luego resta 24 y 2 por separado.

$$64 - 24 = 40$$
$$\downarrow$$
$$40 - 2 = 38$$

OTRA FORMA Descompone 26 dos veces.

$$64 - 20 = 44 \quad \text{Piensa que 26 es 20 + 6.}$$
$$\downarrow$$
$$44 - 4 = 40 \quad \text{Piensa que 6 es 4 + 2.}$$
$$\downarrow$$
$$40 - 2 = 38$$

Piensa en las monedas.

	64¢
	Quita dos monedas de diez. Quedan 44¢
	Quita 4 monedas de un centavo. Quedan 40¢
40¢ − 2¢ = 38¢	Piensa en quitar 2¢ más. Quedan 38¢

 No importa qué método uses, te sobran 38¢.

Sumar hacia arriba para restar

A veces es más fácil sumar hacia arriba desde el número que estás restando hasta el número con el que empezaste.

EJEMPLO: Tu hermana alquiló una película muy aburrida que dura 126 minutos, pero ya has visto 60 minutos de película. ¿Cuánto tiempo falta para que termine?

$60 + 40 = 100$ 40 minutos para llegar a 100

$100 + 26 = 126$ Otros 26 minutos para llegar a 126

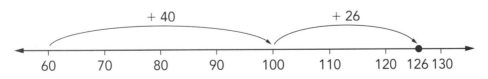

 Todavía faltan 66 minutos más.

082

Buscar números más fáciles de restar.

El siguiente patrón te enseña una forma más fácil de restar mentalmente.

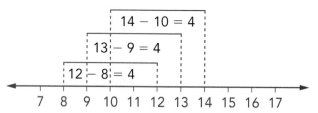

$$14 - 10 = 4$$
$$13 - 9 = 4$$
$$12 - 8 = 4$$

7 8 9 10 11 12 13 14 15 16 17

¡Tiene sentido! Si mueves los extremos de la barra la misma distancia en la misma dirección, ¡la barra sigue teniendo de la misma longitud!

EJEMPLO: El club de teatro imprimió 150 copias del programa para la función. En la primera función repartieron 98 copias. ¿Cuántos programas les quedaron para la segunda función?

Para solucionar este problema, puedes restarle 98 a 150.

$$150 - 98$$
$$+ 2 \qquad + 2$$
$$152 - 100 = 52$$

Restar 98 mentalmente es difícil. Si le agregas 2 a cada número, puedes restar 100. Es lo mismo que mover la barra dos unidades hacia la derecha.

 Sólo quedan 52 programas para la segunda función.

083

Multiplicar mentalmente

A menudo multiplicas mentalmente. Cuando piensas cuántas monedas de veinticinco recibirás al meter $10 en una máquina de cambio, puedes multiplicar 4 por 10 mentalmente.

Multiplicar números fáciles

084

Multiplicar por 2 es como sumar un número con sí mismo.

EJEMPLO 1: Multiplica $2 \times 44 = \blacksquare$
$$44 + 44 = 88$$

MÁS AYUDA

ver 224–226

⭐ $2 \times 44 = 88$

Multiplicar por 5 Para multiplicar por 5, piensa que 5 es $10 \div 2$. Multiplica por 10 y luego divide por 2.

EJEMPLO 2: Multiplica $5 \times 12 = \blacksquare$

$10 \times 12 = 120$ ⎧ | 12 | 12 | 12 | 12 | 12 | ⎫ — 5×12 es la mitad de 10×12.
⎩ | 12 | 12 | 12 | 12 | 12 | ⎭

⭐ $5 \times 12 = 60.$

Multiplicar por 9 Cuando multiplicas por 9, piensa que 9 es $10 - 1$. Multiplica por 10 y luego resta el 1 por el factor original

EJEMPLO 3: $9 \times 15 = \blacksquare$

| 15 | | 15 | | 15 | | 15 | | 15 | | 15 | | 15 | | 15 | | 15 | ⎤ — 9×15

| 15 | | 15 | | 15 | | 15 | | 15 | | 15 | | 15 | | 15 | | 15 | | 15 | ⎤ — 10×15

$$9 \times 15 = (10 \times 15) - (1 \times 15)$$
$$\quad\quad\quad\quad\quad\downarrow\quad\quad\quad\quad\downarrow$$
$$\quad\quad\quad\quad 150 \quad - \quad 15 \quad = \quad 135$$

⭐ $9 \times 15 = 135$

Multiplicar por 10, 100 y 1000

Cuando multiplicas potencias de 10 (como 10, 100 ó 1000), puedes hacerlo mentalmente. Busca patrones en la siguiente tabla.

Número	Número × 10	Número × 100	Número × 1000
6	60	600	6000
64	640	6400	64,000
648	6480	64,800	648,000
6.486	64.86	648.6	6486
64.86	648.6	6486	64,860

ATAJO

- Para multiplicar un número natural por 10, añade 1 cero a la derecha.

  $8 \times 10 = 80$ $\qquad$ $567 \times 10 = 5670$

- Para multiplicar un número natural por 100, añade 2 ceros a la derecha.

  $8 \times 100 = 800$ $\qquad$ $567 \times 100 = 56,700$

- Para multiplicar un número natural por 1000, añade 3 ceros a la derecha.

  $8 \times 1000 = 8000$ $\qquad$ $567 \times 1000 = 567,000$

- Para multiplicar un número decimal por 10, mueve el punto decimal 1 lugar a la derecha.

  $6.782 \times 10 = 67.82$ $\qquad$ $0.8 \times 10 = 8$

- Para multiplicar un número decimal por 100, mueve el punto decimal 2 lugares a la derecha.

  $6.782 \times 100 = 678.2$

  $0.8 \times 100 = 80$

  A veces tienes que añadir ceros para mover el punto decimal.

- Para multiplicar un número decimal por 1000, mueve el punto decimal 3 lugares a la derecha.

  $6.782 \times 1000 = 6782$ $\qquad$ $0.8 \times 1000 = 800$

Multiplicar múltiplos de 10

Cuando uno o ambos factores son múltiplos de 10 (por ejemplo, 40, 400 ó 4000), puedes multiplicar mentalmente. Mira estos patrones y lo verás.

MÁS AYUDA

ver 059–061

$$8 \times 3 = 24$$
$$8 \times 30 = 240$$
$$8 \times 300 = 2400$$
$$8 \times 3000 = 24{,}000$$
$$80 \times 300 = 24{,}000$$
$$800 \times 300 = 240{,}000$$

$$5 \times 4 = 20$$
$$5 \times 40 = 200$$
$$5 \times 400 = 2000$$
$$5 \times 4000 = 20{,}000$$
$$50 \times 400 = 20{,}000$$
$$500 \times 400 = 200{,}000$$

Tiene sentido, porque 8 × 3 decenas = 24 decenas y 8 × 3 centenas = 24 centenas.

ATAJO

Para multiplicar múltiplos de 10, busca primero el producto de los dígitos iniciales diferentes de cero. Luego añade los ceros de ambos factores.

EJEMPLO: Unos sombreros de festejo vienen en cajas de 200 sombreros. El estadio hizo un pedido de de 60 cajas. ¿Cuántos sombreros hay en 60 cajas?

Puedes multiplicar 200 por 60 mentalmente.

60 × 200 = ■

Piensa:
6 × 2 = 12   6 y 2 son los dígitos iniciales diferentes de cero.

MÁS AYUDA

ver 136

60 × 200   60 tiene 1 cero. 200 tiene 2 ceros.

12 000 = 12,000   Añade 3 ceros a 12.

⭐ Hay 12,000 sombreros en 60 cajas.

Dobles repetidos

A veces puedes hallar un producto mentalmente con dobles.

EJEMPLO: Cada minibus de la Academia Concord transporta 12 pasajeros. ¿Cuántos pasajeros pueden transportar dos minibuses? ¿Cuántos pueden transportar 4 minibuses? ¿Cuántos pueden transportar 8 minibuses?

2 × 12 es 12 + 12
12 + 12 = 24

⭐ 2 minibuses transportan 2 × 12, ó 24 pasajeros.

4 × 12 es el doble que 2 × 12.
24 + 24 = 48

⭐ 4 minibuses transportan 4 × 12, ó 48 pasajeros.

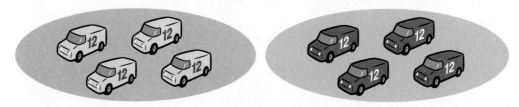

8 × 12 es el doble que 4 × 12
48 + 48 = 96

⭐ 8 minibuses de la Academia Concord pueden transportar 96 pasajeros.

Descomponer y unir números para multiplicar

Una forma de multiplicar mentalmente es descomponer los factores en partes y luego multiplicar las partes.

MÁS AYUDA

ver 224–225

EJEMPLO: La tienda de la escuela pidió 15 cajas de lápices. Cada caja trae 12 lápices. ¿Cuántos lápices pidió la tienda?

Para solucionar el problema, puedes multiplicar 12 por 15. Piensa que 15 es 10 + 5.

Puedo descomponer 15 en 10 + 5.

decenas	unidades
1	5

12	12	12	12	12	12	12	12	12	12	12	12	12	12	12

$$10 \times 12 = 120 \qquad\qquad 5 \times 12 = 60$$

$$120 + 60 = 180$$

$$15 \times 12 = (10 + 5) \times 12$$

$$(10 \times 12) + (5 \times 12)$$

$$120 \quad + \quad 60 \quad = \quad 180$$

⭐ La tienda pidió 180 lápices.

089 Dividir mentalmente

A menudo haces divisiones en la cabeza. Si formas equipos con tus amigos, a lo mejor divides mentalmente para calcular cuántos jugadores tendrá cada equipo o cuántos equipos puedes formar.

090 Dividir por 2 ó por 5

Algunos números son fáciles de dividir mentalmente.

MÁS AYUDA

ver 224–226

Dividir por 2

EJEMPLO 1: Divide. $86 \div 2 = \blacksquare$
Piensa que 86 es $80 + 6$.

Divide 80 por 2. ────────────▶ $80 \div 2 = 40$

Divide 6 por 2. ────────────▶ $6 \div 2 = 3$

Luego, suma ambos resultados. ──────▶ $40 + 3 = 43$

 $80 \div 2 = 43$

Dividir por 5

EJEMPLO 2: Divide. $80 \div 5 = \blacksquare$
Piensa que 5 es $10 \div 2$.

 Si divides primero por 10, el cociente será la mitad de lo que debería ser.

Divide por 10. ────────▶ $80 \div 10 = 8$

Luego, multiplica por 2. ──────▶ $8 \times 2 = 16$

 Si multiplicas primero por 2, luego puedes dividir por 10 para obtener el cociente.

Multiplica por 2. ────────▶ $80 \times 2 = 160$

Luego, divide por 10. ──────▶ $160 \div 10 = 16$

 De cualquier forma, $80 \div 5 = 16$

Dividir por 10, 100 y 1000

Cuando divides potencias de 10 (como 10, 100 ó 1000), puedes dividir mentalmente. Busca patrones en esta tabla.

Número	Número ÷ 10	Número ÷ 100	Número ÷ 1000
4000	400	40	4
43,000	4300	430	43
56,700	5670	567	56.7
82	8.2	0.82	0.082
8.36	0.836	0.0836	0.00836

MÁS AYUDA

ver 015

ATAJO

MÁS AYUDA

ver 144, 153–154

- A veces puedes dividir por 10, 100 ó 1000 con sólo tachar ceros. Tacha el mismo número de ceros en el dividendo y el divisor.

  $600 ÷ 10 \longrightarrow 60\not0 ÷ 1\not0 \longrightarrow 60 ÷ 1 = 60$

  $45,000 ÷ 100 \longrightarrow 45,0\not0\not0 ÷ 1\not0\not0 \longrightarrow 450 ÷ 1 = 450$

- A veces es necesario mover el punto decimal del dividendo.

  Para dividir por 10, mueve el punto decimal del dividendo 1 posición hacia la izquierda.

  $567 ÷ 10 = 56.7$ $8.9 ÷ 10 = 0.89$

  Para dividir por 100, mueve el punto decimal del dividendo 2 posiciones hacia la izquierda.

  $567 ÷ 100 = 5.67$ $8.9 ÷ 100 = 0.089$

  > A veces necesitas añadir ceros para que tengas suficientes posiciones.

  Para dividir por 1000, mueve el punto decimal del dividendo 3 posiciones hacia la izquierda.

  $567 ÷ 1000 = 0.567$ $8.9 ÷ 1000 = 0.0089$

Dividir múltiplos de 10

Cuando estás dividiendo decenas o múltiplos de 10, puedes dividir mentalmente.

Mira este patrón. Te muestra que una operación básica (por ejemplo 24 ÷ 4 = 6) te ayuda a dividir múltiplos de 10.

$$240{,}000 \div 4 = 60{,}000$$
$$240{,}000 \div 40 = 6000$$
$$240{,}000 \div 400 = 600$$
$$240{,}000 \div 4000 = 60$$
$$240{,}000 \div 40{,}000 = 6$$

ATAJO

- Haz la división básica. Luego, cuenta los ceros al final del dividendo. Resta ese número de ceros al final del divisor. La diferencia te indica cuántos ceros debes añadir al final del cociente.

EJEMPLO: Si tú y 29 amigos se ganan una lotería de $24,000,000, ¿cuánto le corresponde a cada uno?

Para solucionar este problema puedes dividir:
24,000,000 ÷ 30 = ■

dividendo	÷	divisor	=	cociente
24,000,000	÷	30	=	800,000
↓		↓		↓
6 ceros	−	1 cero	=	5 ceros

$24 \div 3 = 8$

 ¡A cada uno le corresponden $800,000!

Solo tengo que tachar el mismo número de ceros en el dividendo y el divisor.

24,000,00̸0̸ ÷ 3̸0̸ = 800,000

Estimación

Muchas personas hacen estimativos a diario cuando no necesitan una respuesta exacta. Por ejemplo, los clientes estiman qué productos son mejores, los carpinteros estiman cuánto pueden cobrar por un trabajo y los estudiantes estiman el tiempo que necesitan para alistarse todas las mañanas antes de salir a la escuela.

Redondear

Redondear es una forma de estimar. Cuando redondeas un número, lo cambias por un número que esté cerca y que puede tener uno o varios ceros al final.

Redondear números naturales

Un número redondeado te da una idea aproximada de cantidad.

MÁS AYUDA

ver 004

UNA FORMA Puedes redondear números con una recta numérica.

EJEMPLO 1: Redondea 273 a la centena más cercana.

200 es la centena más cercana hacia abajo de 273.
300 es la centena más cercana hacia arriba de 273.

⭐ 273 está más cerca de 300 que de 200. Entonces, 273 se puede redondear a 300.

OTRA FORMA También puedes redondear números usando su valor de posición.

EJEMPLO 2: Redondea 361 a la centena más cercana.

- Busca la posición de las centenas.   361
- Mira el dígito que está una posición a la derecha.   361

Si el dígito es 5 o mayor, redondea   6 > 5   Redondeo hacia arriba.
hacia arriba.
Si el dígito es menor que 5, redondea hacia abajo.

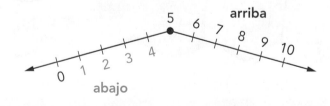

⭐ 361 redondeado a la centena más cercana es 400.

EJEMPLO 3: Redondea 361 a la decena más cercana.

- Busca la posición de las decenas.   361

- Mira el dígito una posición a la derecha.   361

  Si el dígito es 5 o mayor, redondea
  hacia arriba.

  Si el dígito es menor que 5, $1 < 5$ Redondeo hacia abajo.
  redondea hacia abajo.

⭐   361 redondeado a la decena más cercana es 360.

> Cuando redondeas hacia abajo, el dígito en la posición de redondeo permanece igual.

Redondear decimales

Redondear decimales es como redondear números naturales.

096

EJEMPLO 1: El 13 de marzo de 2003, una libra británica valía 1.6015 dólares americanos. Redondea el número de dólares al centavo más cercano. *(Fuente: Bloomberg Financial Markets)*

MÁS AYUDA

ver 012, 095

- Busca la posición de las centenas.   1.6015

- Mira el dígito una posición a la derecha.   1.6015

Si es 5 o mayor, redondea hacia arriba.

Si es menor que 5, redondea $1 < 5$ Redondeo hacia abajo.
hacia abajo.

⭐ $1.6015 redondeado al centavo más cercano es $1.60.

> Cuando redondeas un decimal, le quitas los dígitos a la derecha de la posición que estás redondeando.

EJEMPLO 2: Un centímetro es aproximadamente 0.3937 pulgadas. Redondea este número a la decena más cercana.

- Busca la posición de las decenas.   0.3937

- Mira el dígito una posición a la derecha.   0.3937

  Si el dígito es 5 o mayor, redondea $9 > 5$ Redondeo hacia arriba.
  hacia arriba.

  Si el dígito es menor que 5, redondea hacia abajo.

⭐   0.3937 redondeado a la decena más cercana es 0.4. Un centímetro es aproximadamente cuatro décimos de pulgada.

Números de referencia

Algunos números son más fáciles para trabajar y de recordar. A menudo comparamos otros números con estos números *fáciles*. Los llamamos **números de referencia.**

098 ## Fracciones de referencia

MÁS AYUDA

ver 035, 038

Los números de referencia más comunes para comparar fracciones son 0, $\frac{1}{2}$ ó 1. La siguiente es una forma de saber si una fracción está más cerca de 0, $\frac{1}{2}$ ó 1.

● Si el numerador es *casi la mitad del denominador*, la fracción está más cerca de $\frac{1}{2}$. $\frac{3}{8}$ está cerca de $\frac{1}{2}$.

$$\frac{0}{8} \qquad \frac{3}{8} \quad \frac{4}{8} \qquad \frac{8}{8}$$

$$0 \qquad \frac{1}{2} \qquad 1$$

$\frac{1}{2}$ de 8 es 4.
$\frac{1}{2} = \frac{4}{8}$
$\frac{3}{8}$ está cerca de $\frac{4}{8}$.

● Si el numerador es *mucho menos de la mitad del denominador*, la fracción está cerca de 0. $\frac{1}{10}$ está cerca de 0.

$$\frac{0}{10} \; \frac{1}{10} \qquad \frac{5}{10} \qquad \frac{10}{10}$$

$$0 \qquad \frac{1}{2} \qquad 1$$

$\frac{1}{2}$ de 10 es 5.
$\frac{1}{2} = \frac{5}{10}$
$\frac{1}{10}$ está más cerca de $\frac{0}{10}$ que de $\frac{5}{10}$

● Si el numerador es *mucho más de la mitad del denominador*, la fracción está más cerca de 1. $\frac{15}{16}$ está cerca de 1.

$$\frac{0}{16} \qquad \frac{8}{16} \qquad \frac{15}{16} \; \frac{16}{16}$$

$$0 \qquad \frac{1}{2} \qquad 1$$

$\frac{1}{2}$ de 16 es 8.
$\frac{1}{2} = \frac{8}{16}$
$\frac{15}{16}$ está más cerca de $\frac{16}{16}$ que de $\frac{8}{16}$.

Porcentajes de referencia

Cuando trabajas con porcentajes, algunos son buenos puntos de referencia. Estos porcentajes *fáciles* se llaman **porcentajes de referencia.**

MÁS AYUDA

ver 189–193

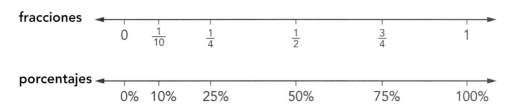

fracciones

porcentajes

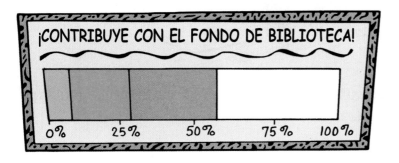

¡CONTRIBUYE CON EL FONDO DE BIBLIOTECA!

El 15 de junio, el fondo de biblioteca había alcanzado un poco más de la mitad de su meta.

Porcentaje de la meta	
Fecha	Porcentaje
15 de abril	7%
15 de mayo	28%
15 de junio	59%

7% es un poco menos que 10%, ó $\frac{1}{10}$.

28% es un poco más que 25%, ó $\frac{1}{4}$.

59% es un poco más que 50%, ó $\frac{1}{2}$.

Estimar sumas y diferencias

Suma es el total que obtienes cuando adicionas dos números o más. **Diferencia** es el número que obtienes cuando restas dos números. Algunas veces no es necesario que obtengas una suma o una diferencia exacta. En esos casos, puedes estimar. También puedes usar la estimación para verificar un cómputo, sobre todo cuando usas una calculadora.

Redondear para estimar sumas y diferencias

MÁS AYUDA

ver 095–096

Puedes redondear para estimar sumas y diferencias.

EJEMPLO 1: ¿Te alcanzarán $1000 para comprar una computadora y una impresora? ¿Necesitas hacer una suma exacta o te basta con una estimación?

Dado que sólo necesitas saber si 189 + 799 es menor o igual que 1000, te basta con una estimación.

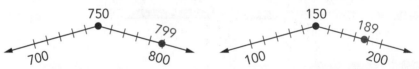

Puedes redondear 799 a 800.　　Puedes redondear 189 a 200.

$$800 + 200 = 1000$$

> *800 > 799 y 200 > 189. Entonces, 1000 es más que la suma real. 1000 es una **sobrestimación**.*

⭐ Puesto que $1000 es una sobrestimación, ya sabes que $1000 es suficiente dinero.

EJEMPLO 2: Tienes $7.00. Si compras un CD por $5.19, ¿te alcanza el dinero para pagar $2.50 del bus de regreso a casa?

Puesto que sólo necesitas averiguar si $7.00 – $5.19 es mayor o igual que $2.50, te basta una estimación.

$5.19 se redondea a $5.00.

$$\$7.00 - \$5.00 = \$2.00$$

> *$5 < $5.19
> Entonces, $2 es más que la diferencia real. Es una sobrestimación.*

⭐ No tienes suficiente dinero para pagar el bus.

Usar números de referencia para estimar sumas y diferencias de fracciones

102

MÁS AYUDA

ver 034, 098, 161

Puedes usar lo que sabes sobre fracciones de referencia para estimar sumas y diferencias de fracciones y números mixtos.

EJEMPLO 1: María montó su bicicleta $2\frac{8}{10}$ de milla hasta la escuela y después $1\frac{1}{5}$ de milla hasta la casa de Rebeca. ¿Aproximadamente cuántas millas recorrió en total?

Puesto que solo necesitas saber *aproximadamente* cuántas millas recorrió, puedes estimar la suma de $2\frac{8}{10}$ y $1\frac{1}{5}$.

❶ Usa fracciones de referencia para redondear cada sumando.	❷ Suma los números redondeados.
$2\frac{8}{10} \longrightarrow 3$ $\frac{8}{10}$ está cerca de 1. Entonces, $2\frac{8}{10}$ está cerca de 3. $1\frac{1}{5} \longrightarrow 1$ $\frac{1}{5}$ está cerca de 0. Entonces, $1\frac{1}{5}$ está cerca de 1.	$\begin{array}{r} 3 \\ +1 \\ \hline 4 \end{array}$

⭐ María recorrió aproximadamente 4 millas en total.

EJEMPLO 2: Andrés vive a $6\frac{4}{10}$ de milla de la biblioteca. Sam vive a $2\frac{9}{10}$ de milla de la biblioteca. ¿Aproximadamente qué tanto más lejos de la biblioteca vive Andrés que Sam?

❶ Usa fracciones de referencia para redondear cada número.	❷ Resta los números redondeados.
$6\frac{4}{10} \longrightarrow 6\frac{1}{2}$ $2\frac{9}{10} \longrightarrow 3$	$\begin{array}{r} 6\frac{1}{2} \\ -3 \\ \hline 3\frac{1}{2} \end{array}$

⭐ Andrés vive aproximadamente $3\frac{1}{2}$ millas más lejos de la biblioteca que Sam.

Estimación de sumas y diferencias por la izquierda

Puedes hacer estimativos de sumas y diferencias usando los primeros dígitos. Esto se llama **estimación por la izquierda.**

CASO 1 Cuando los sumandos tienen el mismo número de dígitos, suma los primeros dígitos.

EJEMPLO 1: Estima $4239 + 2256 + 1175$.

En la adición, la estimación por partes siempre da por resultado una suma menor que la suma real. Esto se llama una **subestimación.**

$$
\begin{array}{rcr}
4239 & \longrightarrow & 4000 \\
2256 & \longrightarrow & 2000 \\
+1175 & \longrightarrow & +1000 \\
\hline
& & 7000
\end{array}
$$

⭐ La suma es 7000 aproximadamente.

EJEMPLO 2: Estima $2466 - 1284$

$$
\begin{array}{rcr}
2466 & \longrightarrow & 2000 \\
-1284 & \longrightarrow & -1000 \\
\hline
& & 1000
\end{array}
$$

⭐ La diferencia es 1000 aproximadamente.

CASO 2 También puedes usar la estimación por la izquierda cuando los sumandos tienen un número diferente de dígitos.

EJEMPLO 3: Estima $2142 + 726 + 854 + 317$.

Uno de los primeros dígitos está en la posición de los millares. Los demás están en la posición de las centenas. Para estimar la suma, puedes usar los dígitos de los millares y de las centenas.

$$
\begin{array}{rcr}
2142 & \longrightarrow & 2100 \\
726 & \longrightarrow & 700 \\
854 & \longrightarrow & 800 \\
+\ 317 & & +\ 300 \\
\hline
& & 3900
\end{array}
$$

⭐ La suma da por lo menos 3900.

Ajustar sumas y diferencias por la izquierda

Cuando ajustas tu estimación por la izquierda observando los primeros dos dígitos, te acercas más a la respuesta exacta.

Estimación por la izquierda		Estimación ajustada		Respuesta exacta
101,082	100,000	101,082	100,000	101,082
− 78,122	− 70,000	− 78,122	− 78,000	− 78,122
	30,000		22,000	22,960

A menudo, una estimación por la izquierda resulta muy cerca. Si necesitas una estimación más exacta, ajústala.

Estimar sumando y restando números compatibles

Los números compatibles trabajan bien juntos. Las parejas de números que son fáciles de sumar o de restar son compatibles. Cuando haces una estimación, puedes reemplazar los números verdaderos por números compatibles.

MÁS AYUDA

ver 101–102

EJEMPLO: Dos grupos toman la clase de gimnasia juntos. Un grupo tiene 17 estudiantes y el otro 26. ¿Aproximadamente cuántos estudiantes toman la clase de gimnasia? ¿Aproximadamente cuántos estudiantes más tiene el grupo más grande?

Para solucionar los problemas, puedes hacer una estimación escogiendo números compatibles.

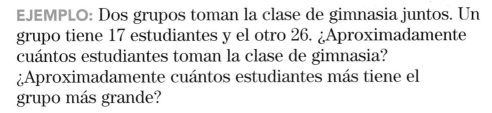

$$17 + 26$$
$$\downarrow$$
$$15 + 25 = 40$$

$$26 - 17$$
$$\downarrow$$
$$25 - 15 = 10$$

Dado que $15 + 25 = 40$, $17 + 26$ es un poco más que 40.

Dado que $25 - 15 = 10$, $27 - 16$ es un poco más que 10.

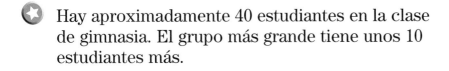

Hay aproximadamente 40 estudiantes en la clase de gimnasia. El grupo más grande tiene unos 10 estudiantes más.

Estimar productos

Un **producto** es el resultado de una multiplicación. Algunas veces cuando multiplicas, no necesitas obtener un producto exacto. En estos casos puedes estimar los productos. También puedes usar estimativos para verificar las respuestas exactas que hayas obtenido, especialmente cuando usas una calculadora.

107

Redondear para estimar productos

Redondear es útil cuando sólo necesitas estimar un producto.

MÁS
AYUDA

ver 095–096

EJEMPLO 1: ¿Aproximadamente cuál es el peso neto de 66 cajas de barras de arándano?

66 se redondea a 70   70
10.73 se redondea a 11 $\times 11$
                                           770

Dado que los dos números se redondearon hacia arriba, el producto será una **sobrestimación.**

⭐ El peso neto de las barras es menos de 770 onzas.

EJEMPLO 2: ¿Aproximadamente cuánto cuestan las 66 cajas?

$2.29 se redondea a $2.00 $2.00
66 se redondea a 70 $\times\ 70$
                                            $140.00

Dado que uno de los números se redondeó hacia abajo y otro hacia arriba, no puedes saber con seguridad si sobrestimaste o subestimaste.

 Las 66 cajas cuestan aproximadamente $140.00.

Usar números de referencia para estimar productos y fracciones

108

MÁS
AYUDA

ver 034, 098, 170, 301

Puedes usar lo que sabes sobre fracciones de referencia para estimar los productos de fracciones y números mixtos

EJEMPLO 1: ¿Aproximadamente cuántos pies cuadrados de alfombra se necesitan para cubrir un piso de $9\frac{10}{12}$ pies de largo por $15\frac{1}{12}$ pies de ancho?

Como sólo quieres saber *aproximadamente* cuántos pies cuadrados de alfombra necesitas, puedes estimar el producto de $9\frac{10}{12}$ y $15\frac{1}{12}$.

① Usa fracciones de referencia para redondear cada factor.	② Multiplica los números redondeados.
$9\frac{10}{12}$ ⟶ 10 $\frac{10}{12}$ está cerca de 1. Entonces, $9\frac{10}{12}$ está cerca de 10. $15\frac{1}{12}$ ⟶ 15 $\frac{1}{12}$ está cerca de 0. Entonces, $15\frac{1}{12}$ está cerca de 15.	$10 \times 15 = 150$

⭐ Unos 150 pies cuadrados de alfombra cubrirían el piso.

EJEMPLO 2: Estima el producto de $\frac{12}{15}$ y $36\frac{9}{10}$.

① Usa fracciones de referencia para redondear cada factor.	② Multiplica los números redondeados.
$\frac{12}{15} \times 36\frac{9}{10}$ ↓ ↓ 1 37	$1 \times 37 = 37$

⭐ El producto es 37 aproximadamente.

109 Estimación de productos por la izquierda

Para estimar productos, puedes multiplicar los primeros dígitos.

EJEMPLO 1: Tu hermana mayor estudia en una universidad que está a 336 millas de distancia. Si hace el viaje 22 veces (11 de ida y regreso) en un año, ¿recorrerá al menos 5000 millas?

Como sólo quieres saber si recorrerá al menos 5000 millas, puedes estimar 22×336.

$$
\begin{array}{r}
336 \longrightarrow 300 \\
\times\, 22 \longrightarrow \times\, 20 \\
\hline
6000
\end{array}
$$

El producto exacto es mayor que 6000.

⭐ Tu hermana recorrerá más de 5000 millas en 11 viajes de ida y regreso.

EJEMPLO 2: Un auto recorre aproximadamente 19.45 millas con un galón de gasolina. ¿Qué distancia puede recorrer con 9 galones de gasolina?

$$
\begin{array}{r}
19.45 \longrightarrow 20 \\
\times\, 9 \longrightarrow \times\, 9 \\
\hline
180
\end{array}
$$

El millaje exacto es menos de 20 millas por galón.

⭐ El auto puede recorrer un poco menos de 180 millas.

110 Ajustar la estimación de productos por la izquierda

Cuando ajustas tu estimación de los primeros dígitos observando más dígitos, te acercas más a la respuesta exacta.

Estimación de los primeros dígitos		Estimación ajustada		Respuesta exacta
35,486	30,000	35,486	35,000	35,486
× 121	× 100	× 121	× 100	× 121
	3,000,000		3,500,000	4,293,806

A menudo la estimación por la izquierda es suficiente. Si necesitas una estimación más exacta, ajústala.

Multiplicar números compatibles

111

Números compatibles son aquellos que trabajan bien juntos. En la multiplicación, son parejas de números fáciles de multiplicar.

LOS FACTORES MÚLTIPLOS DE 5 ó 10 SON FÁCILES DE MULTIPLICAR
20 x 50 = 1000
20 x 15 = 300
400 x 75 = 30.000

MÁS AYUDA

ver 007, 106–108

Para estimar productos, reemplaza los factores con números compatibles.

EJEMPLO 1: El club de cerámica se reúne durante nueve semanas en el otoño. Si cada uno de los 36 estudiantes hace una nueva pieza de cerámica cada semana, ¿cuántas piezas habrán hecho cuando concluyan las 9 semanas?

Todos los factores son compatibles con 10.

$$
\begin{array}{r}
36 \longrightarrow 36 \\
\times\ 9 \longrightarrow \times\ 10 \\
\hline
360
\end{array}
$$

9 × 36 está cerca de 10 × 36.

⭐ Habrán hecho unas 360 piezas de cerámica.

EJEMPLO 2: Usa números compatibles para estimar 8 × 27.

8 × 27 está cerca de 8 × 25.

⭐ Dado que 8 × 25 = 200, 8 × 27 es un poco más que 200.

Cuando multiplico por 25, pienso en monedas de veinticinco centavos. Ocho monedas de veinticinco es lo mismo que $2.00. Entonces, 8 × 25 = 200.

Estimar cocientes

Cuando divides, a veces sólo necesitas saber *aproximadamente* cuántas cosas tiene un grupo o *aproximadamente* cuántos grupos puedes formar. Por eso, algunas veces puedes estimar cocientes. También puedes usar la estimación para verificar tus cálculos.

113 Estimar cocientes usando números compatibles

Números compatibles son números que trabajan bien juntos. En la división, son parejas de números fáciles de dividir. Por lo general son los números de una operación básica.

Números fáciles de dividir
$16 \div 2 = 8$
$100 \div 5 = 20$
$80 \div 10 = 8$
$360 \div 9 = 40$

Puedes usar números compatibles para estimar cocientes reemplazando el número verdadero con números compatibles.

EJEMPLO 1: Ryan puede correr una milla en 8 minutos. Si corre durante 31 minutos, ¿aproximadamente cuántas millas correrá?

Puedes estimar $31 \div 8$.

Busca números compatibles que estén cerca de 31 y 8.

$31 \div 8$
$\downarrow \quad \downarrow$
$32 \div 8 = 4$

Dado que $32 > 31$, $32 \div 8$ es mayor que el cociente de $31 \div 8$. Entonces, 4 millas es una **sobrestimación.**

 Ryan correrá un poco menos de 4 millas.

EJEMPLO 2: En el año 2000, la población de Tokyo era aproximadamente 8,200,000 habitantes. El área de la ciudad es 233 millas cuadradas. En ese año, ¿cuántas personas vivían por milla cuadrada en Tokyo?

(Fuente: Information Please Almanac)

MÁS
AYUDA

ver 089–092

Puedes estimar: 8,200,000 ÷ 223 ≈ ■.

8,200,000 ÷ 223

↓   ↓

8,000,000 ÷ 200 = 40,000

↑   ↑   ↑

6 ceros − 2 ceros = 4 ceros

> Recordar operaciones básicas como 8 ÷ 2 = 4 te ayuda a encontrar números compatibles.

 En el año 2000, Tokyo tenía aproximadamente 40,000 habitantes por milla cuadrada.

MÁS
AYUDA

ver 153–155

También puedes usar números compatibles para estimar cocientes decimales.

EJEMPLO 3: Quieres dividir 3.4 por 0.6. La pantalla de la calculadora muestra $\boxed{5.6666666}$.

Para verificar este número, puedes estimar el cociente y compararlo. Si tu estimación no está cerca, haz tu cálculo de nuevo.

3.4 ÷ 0.6

↓   ↓

3.6 ÷ 0.6 = 6

> Dado que 36 y 6 son compatibles, 3.6 y 0.6 tambien son compatibles.

 6 está cerca de 5.6666666. Entonces, tu respuesta es razonable.

Usar múltiplos de 10 para estimar cocientes

Puedes usar lo que sabes sobre multiplicación con múltiplos de 10 (como 30, 300 ó 3000) para estimar cocientes.

MÁS AYUDA

ver 085–086

La multiplicación es lo contrario de la división. Por cada ecuación de división, hay una ecuación de multiplicación que usa los mismos números.

$$12 \div 4 = \blacksquare \longrightarrow \blacksquare \times 4 = 12$$
$$3 \times 4 = 12$$
Entonces, $12 \div 4 = 3$

EJEMPLO: Estima $625 \div 7$.

Piensa: $\blacksquare \times 7$ es aproximadamente 625.

    ↑   ↑   ↑

  cociente divisor   dividendo

$7 \times \blacksquare$	Cantidad: 625	¿Alto o bajo?
7×60	420	muy bajo
7×70	490	cerca, todavía muy bajo
7×80	560	más cerca, AUN muy bajo
7×90	630	¡MUY cerca!

 El dividendo, 625, está muy cerca de 630; entonces el cociente está cerca de 90.

¡Ajá! Mi dividendo cabe entre 7×80 y 7×90.

Estimar con porcentajes | 115

Los porcentajes pueden indicar la cantidad que le rebajan a un precio, el número de estudiantes en un grupo o el número de lanzamientos libres que se hacen en un juego. Cuando haces cálculos, usas decimales o fracciones equivalentes como porcentajes. A veces es suficiente hacer una estimación.

Después del juego, ocurrió en Wilson dijo que estaba satisfecho con la precisión del equipo en la línea de fondo. **El equipo anotó el 75% de lanzamientos libres.** Ese porcentaje es el más alto en la liga desde 1981.

Usar porcentajes de referencia para estimar el porcentaje de un número

116

Los porcentajes de referencia sirven para estimar el porcentaje de un número.

MÁS AYUDA

ver 099, 193

EJEMPLO 1: ¿Aproximadamente cuántos estudiantes dijeron que les gustan los programas de ciencia ficción?

23% de 2400 estudiantes dijeron que les gustan los programas de ciencia ficción. 23% está cerca de 25% ó $\frac{1}{4}$.

$\frac{1}{4} \times 2400 = 600$

Programas preferidos de televisión de 2400 estudiantes

7% Dibujos animados

10% Drama

12% Deportes

48% Comedia

23% Cien. Fic.

⭐ Aproximadamente 600 estudiantes dijeron que les gustan los programas de ciencia ficción.

EJEMPLO 2: Un suéter tiene 30% de descuento. El precio corriente es $28. ¿Cuál es el precio de venta del suéter?

Ya sabes que vas a ahorrar el 30% de $28. $30% de $28 es un poco más que 25% de $28, ó $\frac{1}{4}$ de 28. $\frac{1}{4} \times 28 = 7$

⭐ Sabes que ahorrarás por lo menos $7. Entonces, el suéter cuesta menos de $21.00

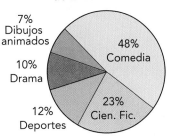

$28 − $7 = $21

Cálculos con números naturales y decimales

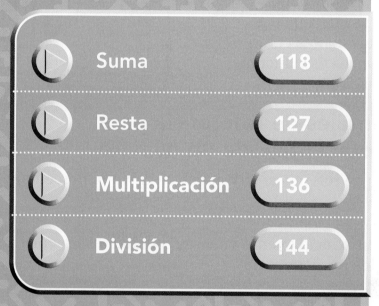

Aunque no lo creas, los cálculos <u>NO</u> fueron inventados sólo para calificar tus exámenes de ciencias sociales.

Algunas personas piensan que la aritmética es sólo trabajo y más trabajo. Pero si te detienes a pensar, sumar, restar, multiplicar y dividir ahorran tiempo y facilitan las cosas. Eso se debe a que la aritmética es más rápida que el conteo y hay menos probabilidad de cometer errores. Si tienes un álbum de 64 páginas con 8 fotos en cada página, no te quepa la menor duda de que es más rápido multiplicar 64 por 8 que contar cada una de las 512 fotos.

Suma

Una **operación matemática** te permite hacer algo con uno o más números para obtener una respuesta. Tal vez la suma es la operación matemática más importante.

- Restar es lo opuesto de sumar, de modo que no puedes restar a menos que puedas sumar.

- Multiplicar es sumar la misma cosa una y otra vez, de modo que no puedes multiplicar a menos que entiendas la suma.

- Dividir es lo opuesto de multiplicar, de modo que también la división se relaciona con la suma.

$$
\begin{array}{r}
23 \quad \longleftarrow \text{ sumando} \\
+\ 52 \quad \longleftarrow \text{ sumando} \\
\hline
75 \quad \longleftarrow \text{ suma}
\end{array}
$$

119   Sumar con números naturales

Sumar números naturales es una destreza fundamental de las matemáticas. Cuando **sumas,** combinas cantidades.

Si sabes sumar unidades y decenas, también puedes sumar centenas, millares y miles de millones. Esto lo puedes hacer gracias al valor de posición. Cuando escribes los números en línea y los sumas posición por posición, estás haciendo lo mismo en cada posición.

Sumar sin reagrupar

120

EJEMPLO: Al juego final del campeonato de básquetbol asistieron 115 hinchas del equipo de casa y 81 del equipo de la visita. ¿Cuántos hinchas asistieron en total?

MÁS AYUDA

ver 006

Para solucionar el problema, suma 115 y 81.

UNA FORMA Puedes sumar de esta forma:

Si alineas los dígitos, es más fácil sumar unidades con unidades, decenas con decenas, y así sucesivamente.

```
  C D U
  1 1 5
+   8 1   Alinea los dígitos en la posición de las unidades.
  1 9 6   Suma las unidades. Hay 6 unidades.
          Suma las decenas. Hay 9 decenas.
          Suma las centenas. Hay 1 centena.
```

OTRA FORMA También puedes escribir los sumandos en forma desarrollada para sumarlos.

$$
\begin{array}{rcl}
115 & \longrightarrow & 100 + 10 + 5 \\
+\ 81 & \longrightarrow & + 80 + 1 \\
\hline
& & 100 + 90 + 6 = 196
\end{array}
$$

De cualquier forma, al juego asistieron 196 hinchas.

121

¡ATENCIÓN! Reagrupar

Algunas veces tienes que meter demasiados dígitos en el espacio de un dígito de cada valor de posición. Si le sumas 9 decenas a 8 decenas, tienes 17 decenas; pero la posición de las decenas sólo tiene espacio para un dígito. Lo que haces en una posición hace cambiar el valor de otra. Eso se llama **reagrupar.**

EJEMPLO 1: ¿Cómo puedes indicar 17 decenas para que cada posición tenga un solo dígito?

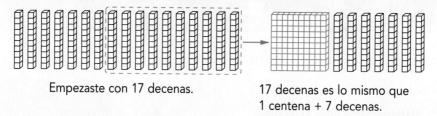

Empezaste con 17 decenas.

17 decenas es lo mismo que
1 centena + 7 decenas.

⭐ Ahora tienes 1 centena + 7 decenas + 0 unidades, ó 170.

EJEMPLO 2: ¿Cómo puedes indicar 9 deccenas 13 unidades para que cada posición tenga un solo dígito?

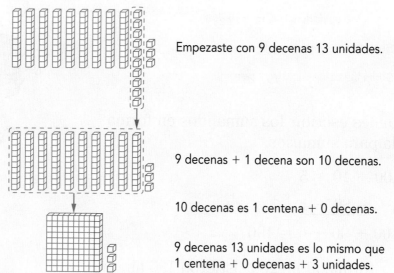

Empezaste con 9 decenas 13 unidades.

9 decenas + 1 decena son 10 decenas.

10 decenas es 1 centena + 0 decenas.

9 decenas 13 unidades es lo mismo que
1 centena + 0 decenas + 3 unidades.

⭐ Ahora tienes 1 centena + 0 decenas + 3 unidades, ó 103.

Sumar reagrupando

A veces cuando sumas, una posición puede tener dos o más dígitos. En esos casos puedes usar el valor de posición para reagrupar la suma para que haya sólo un dígito en cada posición.

EJEMPLO: Los estudiantes de tu escuela hicieron una venta de papel de regalo para reunir fondos para los libros de la biblioteca. Vendieron 154 rollos de papel de regalo y 238 rollos de papel para días festivos. ¿Cuántos rollos vendieron en total?

Para solucionar el problema, suma 154 y 238.

 Puedes sumar así:

```
C D U
    1
  1 5 4
+ 2 3 8
  3 9 2
```

Alinea los dígitos en la posición de las unidades.

Suma las unidades. Hay 12 unidades.
Dado que 12 unidades es una decena + 2 unidades, escribe 2 en la posición de las unidades. Escribe 1 como nuevo sumando en la posición de las decenas.

Suma las decenas. Hay 9 decenas.

Suma las centenas. Hay 3 centenas.

 Puedes escribir los sumandos en forma desarrollada para sumarlos.

$$
\begin{array}{rl}
154 \longrightarrow & 100 + 50 + 4 \\
+238 \longrightarrow & + 200 + 30 + 8 \\
\hline
& 300 + 80 + 12 = 392
\end{array}
$$

 De cualquier forma, los estudiantes vendieron 392 rollos de papel de regalo.

Verificar la suma

No importa qué tan bueno seas para sumar, siempre es bueno que verifiques tus respuestas.

 UNA FORMA Verifica la suma con una resta. Lo puedes hacer porque restar es lo opuesto, o **inverso,** de sumar.

 MÁS AYUDA

ver 128–134

Para verificar tu respuesta, réstale un sumando a la suma. La respuesta debe ser el otro sumando. Si no lo es, debes repetir la suma.

EJEMPLO 1: ¿869 + 435 = 1304? Haz una resta para verificarlo.

Una verificación	Suma	Otra verificación
1304	869	1304
− 869	+435	− 435
435	1304	869

⭐ Dado que el resultado de la resta es el otro sumando, la suma es correcta.

 OTRA FORMA También puedes comprobar tu suma sumando en otro orden.

EJEMPLO 2: ¿La suma es correcta? Suma en otro orden para verificarla.

 MÁS AYUDA

ver 217

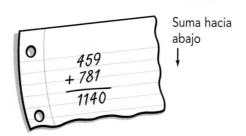

Suma hacia abajo ↓

459
+ 781
1140

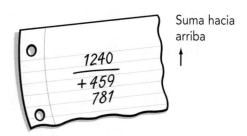

Suma hacia arriba ↑

1240
+ 459
781

⭐ 1140 no es igual a 1240. Cuando el resultado de sumar en otro orden da una suma diferente, debes repetir la suma.

Sumar en columnas

124

A veces necesitas sumar más de dos números. Puedes sumar posición por posición y reagrupar si es necesario.

EJEMPLO: Estos cinco condados conforman la ciudad de Nueva York. ¿Cuántas escuelas hay en la ciudad de Nueva York?

Para solucionar el problema, haz una suma.

Condado	Número de escuelas, K-12
Bronx	323
Kings	703
Nueva York	437
Queens	516
Richmond	135

(Fuente: Market Data Retrieval)

MÁS AYUDA

ver 074, 076–077, 100–101, 103–105, 121

```
  C D U
  1 2
  3 2 3
  7 0 3
  4 3 7
  5 1 6
+ 1 3 5
  2 1 1 4
```

Alinea los dígitos en la posición de las unidades.

Suma las unidades. Hay 24 unidades. Dado que 24 unidades son dos decenas + 4 unidades, escribe 4 en la posición de las unidades. Escribe 2 como nuevo sumando en la posición de las decenas.

Suma las decenas. Hay 11 decenas. Dado que 11 unidades son una centena + 1 decena, escribe 1 en la posición de las decenas. Escribe 1 como nuevo sumando en la posición de las centenas.

Suma las centenas. Hay 21 centenas. Dado que 21 centenas son dos millares + 1 centena, escribe 1 en la posición de las centenas. Escribe 2 en la posición de los millares.

⭐ Hay 2114 escuelas en la ciudad de Nueva York.

¡Wow! ¡En todo el estado de Dakota del Sur sólo hay 616 escuelas!

Sumar decimales

Si sabes sumar números naturales, también puedes sumar decimales. Tienes que poner en orden los dígitos de las unidades. Eso significa que debes alinear los puntos decimales.

Debes recordar algunas cosas importantes.

- Presta atención al valor de posición.
- Suma cada posición.
- Reagrupa cuando sea necesario.

EJEMPLO: Suma 4.73 y 0.86 y 3.14.

MÁS AYUDA

ver 011–014, 119–124

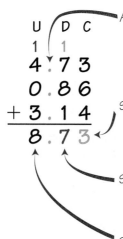

U   D C
1   1

4 . 7 3
0 . 8 6
+ 3 . 1 4

8 . 7 3

Alinea los puntos decimales. Escribe los puntos decimales de la suma.

Suma los centésimos. Hay 13 centésimos. Dado que 13 centésimos es 1 décimo + 3 centésimos, escribe 3 en la posición de los centésimos. Escribe 1 como nuevo sumando en la posición de los décimos.

Suma los décimos. Hay 17 décimos. Dado que 17 décimos es 1 unidad y 7 décimos, escribe 7 en la posición de las décimos. Escribe 1 como nuevo sumando en la posición de las unidades.

Suma las unidades. Hay 8 unidades.

⭐ $4.73 + 0.86 + 3.14 = 8.73$

Cuando sumas dinero, en realidad estás sumando decimales. Este ejemplo es como si sumaras $4.73, $0.86 y $3.14.

Es bueno que hagas una estimación de la suma para asegurarte de que tu respuesta sea razonable. Una forma de estimar es redondeando.

ver 096,
100–101,
103–105

$$4.73 \approx 5$$
$$0.86 \approx 1$$
$$+\,3.14 \approx +\,3$$
$$\overline{8.73 \qquad 9}$$

Dado que tu suma está cerca de tu estimación, 8.73 es una respuesta razonable.

Escribe: $8.73 \approx 9$
Di: *ocho y setenta y tres centésimos es aproximadamente (o casi) igual a nueve.*

¡ATENCIÓN! Qué hacer con un lado derecho desigual

A veces, después de alinear las unidades y los puntos decimales, el lado derecho de tu problema se ve desigual. Para facilitar tus cálculos, dale a todos los decimales el mismo número de posiciones agregando ceros.

ver 015

EJEMPLO: Escribe decimales equivalentes para 2, 6.5 y 4.02 para que los tres números tengan el mismo número de posiciones decimales.

El número de este grupo con el mayor número de posiciones decimales es cuatro y dos centésimos. Tienes que escribir 2 y 6.5 como decimales en centésimos.

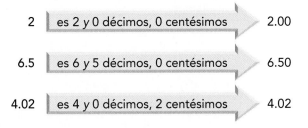

2	es 2 y 0 décimos, 0 centésimos	2.00
6.5	es 6 y 5 décimos, 0 centésimos	6.50
4.02	es 4 y 0 décimos, 2 centésimos	4.02

Resta

Cuando restas, separas cantidades. La resta sirve para muchas cosas.

● Si quieres quitarle una cantidad a otra cantidad, restas.

Tienes $30. Quieres gastar $18. Resta 18 de 30 para averiguar cuánto te queda.

● Si quieres comparar una cantidad con otra cantidad, restas.

Tu bolsa de libros pesa 14.5 libras. La bolsa de Kayla pesa 9.75 libras. Resta 9.75 de 14.5 para averiguar cuánto peso más cargas tú que Kayla.

● Si conoces parte de una cantidad y la cantidad total, pero quieres averiguar la otra parte , restas.

La biblioteca pública tiene 25 libros sobre excursionismo. De esos 25, hay 21 en las repisas. ¿Cuántos libros sobre excursionismo están prestados? Resta 21 de 25 para averiguar cuántos libros están prestados.

Tres términos que se usan en la resta son **minuendo, sustraendo** y **diferencia.**

$$
\begin{array}{rl}
25 & \longleftarrow \text{minuendo} \\
-\,21 & \longleftarrow \text{sustraendo} \\
\hline
4 & \longleftarrow \text{diferencia}
\end{array}
$$

Relacionar la suma y la resta 128

La suma es lo opuesto, o lo **inverso,** de la resta. Eso significa que la resta es lo inverso de la suma. Una tabla de sumar te muestra la relación que existe entre la suma y la resta.

Para sumar dos números en una tabla de sumar, escoge un número del comienzo de una hilera y un número de arriba de una columna. Hallarás la suma de los dos números en el lugar donde se encuentran la hilera y la columna.
$1 + 2 = 3$

+	0	1	2	3	4
0	0	1	2	3	4
1	1	2	3	4	5
2	2	3	4	5	6
3	3	4	5	6	7
4	4	5	6	7	8

Para restar, haces lo contrario. Escoge un número en la tabla. La diferencia entre ese número y el número de la hilera es el número de la columna.
$3 - 2 = 1$

O escoge un número en la tabla. La diferencia entre ese número y el número de la columna es el número de la hilera.
$3 - 2 = 1$

Restar números naturales 129

Si sabes restar decenas y unidades, también puedes restar dígitos en *cualquier* posición. Eso se debe al valor de posición. Cuando pones números en línea y los restas posición por posición, haces lo mismo en cada posición.

$7 - 3 = 4$ 7 unidades − 3 unidades = 4 unidades

$70 - 30 = 40$ 7 decenas − 3 decenas = 4 decenas

$700 - 300 = 400$ 7 centenas − 3 centenas = 4 centenas

$7000 - 3000 = 4000$ 7 millares − 3 millares = 4 millares

Restar sin reagrupar

Para restar números naturales, empieza en la posición de las unidades. Resta una posición a la vez. Si tú mismo estás escribiendo los dos números, alínealos en la posición de las unidades.

EJEMPLO: Tu clase reunió $289 para un paseo. El autobús cuesta $75. ¿Cuánto dinero queda para el resto del paseo?

Para resolver el problema, resta 75 de 289.

UNA FORMA Puedes restar así.

```
  C D U
  2 8 9
-   7 5
  2 1 4
```
→ Alinea los dígitos en la posición de las unidades.

← Resta las unidades. Hay 4 unidades.

Resta las decenas. Hay 1 decena.

Resta las centenas. Hay 2 centenas.

MÁS AYUDA

ver 206–209

OTRA FORMA A veces es más fácil usar la forma desarrollada, hallar las diferencias y luego sumarlas.

$$
\begin{array}{r}
289 \\
- 75 \\
\hline
\end{array}
\qquad
\begin{array}{r}
200 + 80 + 9 \\
- 70 - 5 \\
\hline
200 + 10 + 4 = 214
\end{array}
$$

⭐ De cualquier forma, a tu clase le quedan $214.

131

¡ATENCIÓN! Reagrupar números para restar

Puedes reagrupar para restar.

EJEMPLO: Reagrupa 327 para restar 5 decenas.

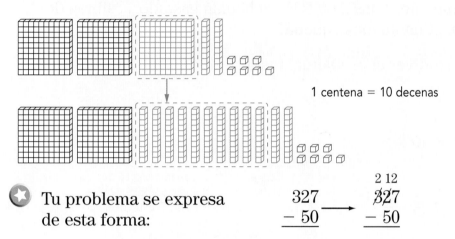

1 centena = 10 decenas

⭐ Tu problema se expresa
de esta forma:

$$\begin{array}{r} 327 \\ -\ 50 \end{array} \longrightarrow \begin{array}{r} {}^{2\ 12} \\ \cancel{3}\cancel{2}7 \\ -\ 50 \end{array}$$

132

Restar y reagrupar

A veces tienes que restar un número que parece muy grande.
Cuando eso ocurre, tienes que reagrupar.

EJEMPLO: El año escolar tiene 180 días. Hoy es el día 129.
¿Cuántos días quedan?

Para resolver el problema, resta 129 de 180.

$$\begin{array}{c c c} C & D & U \\ & 7 & 10 \\ 1 & \cancel{8} & \cancel{0} \\ -\ 1 & 2 & 9 \\ \hline & 5 & 1 \end{array}$$

Resta las unidades. Oops... necesitas más unidades.
  Usa 1 decena. Dado que 8 decenas = 7 decenas + 10 unidades,
  cambia las decenas a 7 decenas y las unidades a 10 unidades.

AHORA resta las unidades. Hay 1 unidad.

Resta las decenas. Hay 5 decenas.

Resta las centenas. No hay centenas.

⭐ Aun quedan 51 días de escuela.

¡ATENCIÓN! Reagrupación enredada

CASO 1 A veces tienes que reagrupar más de una vez mientras restas.

EJEMPLO 1: El Palacio de la Pizza hace 150 libras de masa diariamente. A las 2:00 P.M. ya habían gastado 77 libras de masa. ¿Cuánta masa queda?

Para resolver el problema, resta 77 de 150.

```
  C  D  U
     14
  0  1̶ 10
  1̶  5̶  0̶
 −    7  7
     7  3  ←
```

Resta las unidades. Oops... necesitas más unidades.
5 decenas = 4 decenas + 10 unidades. Cambia las 5 decenas por 4 decenas. Cambia las 0 unidades por 10 unidades.
AHORA puedes restar las unidades. Hay 3 unidades.

Resta las decenas. Oops... necesitas más decenas.
1 centena = 0 centenas + 10 decenas.
Cambia la centena por 0 centenas.
Cambia las 4 decenas por 14 decenas.
AHORA puedes restar las decenas. Hay 7 decenas.

Resta las centenas. No hay centenas.

Una forma de matemáticas mentales para solucionar este problema es pensar que 77 es 80 − 3.

Piensa: 150 − 80 = 70

Súmale 3 de nuevo: 70 + 3 = 73

Entonces, 150 − 77 = 73.

 Quedan 73 libras de masa.

CASO 2 A veces tienes de reagrupar más de una vez antes de empezar a restar.

EJEMPLO 2: El Palacio de la Pizza pidió 200 cajas para pizza en la imprenta. Las cajas llegaron planas y hasta ahora tu primo Vicente ha armado 1287. ¿Cuántas cajas le quedan por armar?

Para solucionar el problema, resta 1287 de 2000.

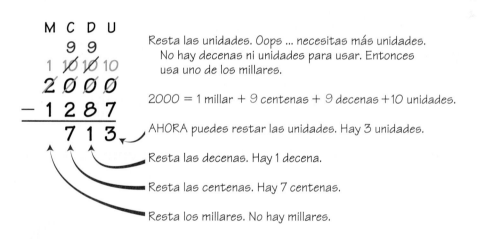

Resta las unidades. Oops ... necesitas más unidades. No hay decenas ni unidades para usar. Entonces usa uno de los millares.

2000 = 1 millar + 9 centenas + 9 decenas + 10 unidades.

AHORA puedes restar las unidades. Hay 3 unidades.

Resta las decenas. Hay 1 decena.

Resta las centenas. Hay 7 centenas.

Resta los millares. No hay millares.

⭐ Quedan 713 cajas de pizza por armar.

Verificar la resta

Siempre es buena idea verificar tus respuestas.

MÁS AYUDA

ver 119–123

Verifica la resta con una suma. Lo puedes hacer, porque sumar es lo opuesto, o **inverso,** de restar.

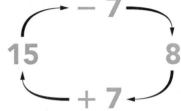

EJEMPLO 1: ¿528 − 371 = 157? Haz una suma para verificarlo.

Para verificar la resta, suma la diferencia y el número que restaste. Luego compara.

$$
\begin{array}{r} 528 \\ -\ 371 \\ \hline 157 \end{array}
\qquad
\begin{array}{r} 157 \\ +\ 371 \\ \hline 528 \end{array}
$$

⭐ 528 = 528, entonces 528 − 371 = 157.

EJEMPLO 2: ¿5005 − 348 = 3657? Haz una suma para verificarlo.

Para verificar la resta, suma la diferencia y el número que restaste. Luego compara.

$$
\begin{array}{r} 5005 \\ -\ 348 \\ \hline 3657 \end{array}
\qquad
\begin{array}{r} 3657 \\ +\ 348 \\ \hline 4005 \end{array}
$$

⭐ 5005 no es igual a 4005, entonces 5005 − 348 no es igual a 3657. Tienes que hacer la resta de nuevo.

¡Oye! ¡Puedo sumar de abajo hacia arriba!

Restar decimales

Si sabes restar números naturales, también puedes restar decimales. Asegúrate de alinear los dígitos de las unidades. Eso significa que también debes alinear los puntos decimales.

Debes recordar algunas cosas cuando trabajas con decimales y números naturales.

MÁS AYUDA

ver 012, 013, 126, 129–134

- Presta atención al valor de posición.
- Resta en cada posición.
- Reagrupa cuando sea necesario.

EJEMPLO: Resta 5.4 de 6.26.

Escribe ambos números como decimales de dos posiciones y agrega ceros en las posiciones desocupadas.

```
  U   D   C
  5   12
  6 . 2   6
− 5 . 4   0
─────────────
  0 . 8   6
```

Alinea los puntos decimales. Escribe el punto decimal en la diferencia.

Escribe ambos números como decimales de dos posiciones.

Resta los centésimos. Hay 6 centésimos.

Trata de restar los décimos. Necesitas más décimos. Dado que 1 unidad = 10 décimos, cambia el número de unidades de 6 a 5. Cambia el número de décimos de 2 a 12.

AHORA resta los décimos. Hay 8 décimos.

Resta las unidades. Hay 0 unidades.

 $6.26 - 5.4 = 0.86$

Multiplicación

Multiplicar es un atajo para sumar grupos del mismo tamaño. Imagina que hoy vas a reciclar finalmente las latas que has guardado. Tienes 869 latas que vas a cambiar por 5¢ cada una. Como seguramente no quieres contar 5¢ 869 veces, entonces puedes multiplicar.

Dos términos que se usan en la multiplicación son **factor** y **producto.**

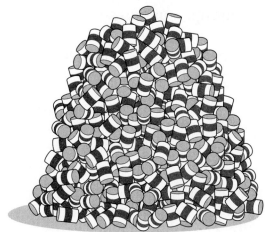

$$
\begin{array}{r}
9 \quad\longleftarrow \text{factor}\\
\times\, 5 \quad\longleftarrow \text{factor}\\
\hline
45 \quad\longleftarrow \text{producto}
\end{array}
$$

137   Multiplicar números naturales

Si sabes multiplicar números de 1 dígito, por ejemplo 6 × 7, también puedes multiplicar números más grandes como 6 × 777. Esto es porque solamente necesitas multiplicar un dígito a la vez. Cada producto se llama **producto parcial.** Solo tienes que buscar todos los productos parciales y sumarlos.

138   Multiplicar un número de 1 dígito

Hay dos maneras de multiplicar un factor mayor que 10 por un factor de un dígito. Puedes escribir todos los productos parciales y luego sumarlos. También puedes usar lo que sabes sobre reagrupar.

EJEMPLO: Una gruesa es igual a 144. ¿Cuántos lápices hay en 6 gruesas?

Para solucionar el problema, multiplica 144 por 6.

MÁS AYUDA

ver 086

 UNA FORMA Para multiplicar, puedes escribir todos los productos parciales y luego sumar.

```
  C D U
  1 4 4
×     6
─────────
    2 4  ←── Multiplica las unidades. 6 × 4 unidades = 24
  2 4 0  ←── Multiplica las decenas. 6 × 4 decenas = 240
  6 0 0  ←── Multiplica las centenas. 6 × 1 centena = 600
─────────
  8 6 4  ←── Suma los productos parciales.
```

 OTRA FORMA También puedes multiplicar sin escribir los productos parciales.

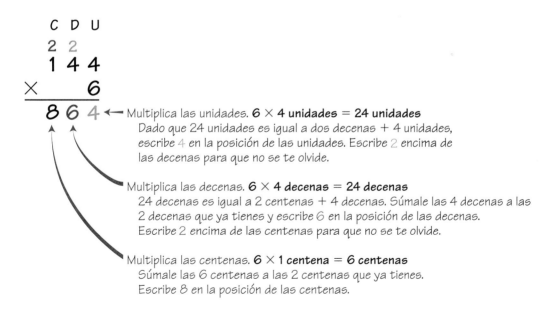

```
  C D U
  2 2
  1 4 4
×     6
─────────
  8 6 4
```

Multiplica las unidades. **6 × 4 unidades = 24 unidades**
Dado que 24 unidades es igual a dos decenas + 4 unidades, escribe 4 en la posición de las unidades. Escribe 2 encima de las decenas para que no se te olvide.

Multiplica las decenas. **6 × 4 decenas = 24 decenas**
24 decenas es igual a 2 centenas + 4 decenas. Súmale las 4 decenas a las 2 decenas que ya tienes y escribe 6 en la posición de las decenas. Escribe 2 encima de las centenas para que no se te olvide.

Multiplica las centenas. **6 × 1 centena = 6 centenas**
Súmale las 6 centenas a las 2 centenas que ya tienes. Escribe 8 en la posición de las centenas.

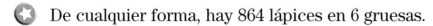 De cualquier forma, hay 864 lápices en 6 gruesas.

Dos formas de multiplicar números naturales

MÁS AYUDA

ver 086, 138

EJEMPLO: El auditorio de la escuela tiene 14 hileras. Cada hilera tiene 26 sillas. ¿Cuántas sillas tiene el auditorio?

Para resolver el problema, multiplica 14 por 26.

Puedes multiplicar el valor de cada dígito en un factor por el valor de cada dígito en el otro factor. Escribe todos los productos parciales y luego suma.

```
  D U
  1 4
× 2 6
  2 4      Multiplica por las unidades.
  6 0        6 × 4 = 24
             6 × 10 = 60
  8 0      Multiplica por las decenas.
2 0 0        20 × 4 = 80
3 6 4        20 × 10 = 200
           Suma los productos parciales.
```

OTRA FORMA También puedes multiplicar sin escribir todos los productos parciales.

MÁS AYUDA

ver 086

```
  D U
  2
  1 4
× 2 6
─────
  8 4
```

Multiplica por las unidades: 6 × 14 = ■
 6 × 4 = 24 ⟶ 4 unidades con 2 decenas para reagrupar
 6 × 10 = 60 ⟶ 6 decenas + 2 decenas = 8 decenas
Entonces, 6 × 14 = 84

```
  2
  1 4
× 2 6
─────
  8 4
2 8 0
─────
3 6 4
```

Multiplica por las decenas: 20 × 14 = ■
 20 × 4 = 80 ⟶ 8 decenas + 0 unidades
 20 × 10 = 200 ⟶ 2 centenas
Entonces, 20 × 14 = 280

Suma los productos parciales.

¿Te diste cuenta que multiplicar por 20 es lo mismo que multiplicar por 2 añadiendo un cero?
2 × 14 = 28
20 × 14 = 280

 OTRA FORMA También puedes descomponer uno de los factores antes de multiplicar.

MÁS AYUDA

ver 224–225

❶ Descompone un factor en números fáciles de multiplicar.	14 × 26 = (10 + 4) × 26
❷ Multiplica.	10 × 26 = 260 4 × 26 = 104
❸ Suma los dos productos.	260 +104 ───── 364

 De cualquier forma, hay 364 sillas en el auditorio.

¡ATENCIÓN! Ceros en factores y productos

Parece que los ceros son nada, pero son importantes.

EJEMPLO: El sitio de red www.greatsource.com recibe en promedio 405 visitantes por semana. A esta tasa, ¿aproximadamente cuántos visitantes recibirá en 4 semanas?

(Fuente: Great Source Education Group)

Para hallar la respuesta, puedes multiplicar 405 por 4.

```
    C D U
      2
    4 0 5        4 × 5 = 20 ———→ 2 decenas + 0 unidades
  ×     4
  1 6 2 0 ←      No hay decenas en 405. Pero eso no significa que
                 podemos olvidarnos de ellas.
                 4 × 0 decenas = 0 decenas
                          0 decenas + 2 decenas = 2 decenas

                 4 × 400 = 1600 ———→ 1 millar + 6 centenas
```

⭐ A esta tasa, el sitio de red recibirá aproximadamente 1620 visitas por mes.

Verificar la multiplicación

Siempre es bueno verificar tu trabajo.

EJEMPLO: ¿23 × 48 = 1104?

 Puedes verificar una multiplicación invirtiendo los factores.

MÁS AYUDA

ver 218

```
    2 3         4 8
  × 4 8       × 2 3
  1 1 0 4     1 1 0 4
```

Si al invertir los factores el producto de la multiplicación es el mismo, la multiplicación está correcta.

Si al invertir los factores el producto de la multiplicación no es el mismo, uno de los productos no está correcto.

Puedes usar el método de entramado.

Dibuja una cuadrícula.
Escribe un factor arriba.
Escribe el otro factor a
la derecha.

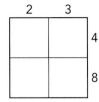

Escribe 8 como 08.

Escribe un producto en
cada cuadrante. Multiplica
el dígito arriba de la
columna por el dígito a la
derecha de la hilera.

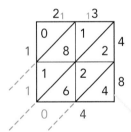

*Dibuja una línea
diagonal para
separar los dígitos
del producto.
3 × 4 = 12*

Suma a lo largo de las
diagonales. Comienza en la
parte inferior derecha. Para
sumas de dos dígitos,
agrégale el dígito de las
decenas a los dígitos de la
diagonal siguiente. Lee el
producto. Comienza arriba,
a la izquierda, y termina
abajo, a la derecha.
23 × 48 = 1104

*Suma las diagonales.
Comienza aquí.*

 De cualquier forma, 23 × 48 = 1104. El producto está
correcto.

142 | Multiplicar con decimales

Multiplicas decimales lo mismo que multiplicas números naturales. La única diferencia es que debes colocar correctamente el punto decimal en el producto.

$$
\begin{array}{r}
74 \\
\times 35 \\
\hline
370 \\
+2220 \\
\hline
2590.
\end{array}
\qquad
\begin{array}{r}
7.4 \\
\times 3.5 \\
\hline
370 \\
+2220 \\
\hline
25.90
\end{array}
$$

> Los dígitos en estos dos problemas son los mismos. Los pasos son los mismos. Pero el valor de posición es diferente debido a los puntos decimales.

143 | El punto decimal en el producto

 UNA FORMA Piensa dónde vas a colocar el punto decimal en el producto con una estimación.

 MÁS AYUDA

ver 139

EJEMPLO 1: Una libra de frutas secas cuesta $2.49. ¿Cuánto cuestan 1.3 libras?

Multiplicar 2.49 por 1.3 te ayudará a solucionar el problema.

❶ Empieza haciendo una estimación.	❷ Multiplica como si los factores fueran números naturales.	❸ Estima dónde va el punto decimal.
1.3 × 2.49 ↓ 1 × 2 = 2 Entonces, el producto está cerca de 2.	$$\begin{array}{r} 249 \\ \times\ \ 13 \\ \hline 747 \\ \underline{2490} \\ 3237 \end{array}$$	3.237 La estimación está cerca de 2. Entonces, el punto decimal debe ir después del primer 3.

 Dado que el resultado es en dólares y centavos, redondea 3.237 al centavo más cercano. Las frutas secas cuestan $3.24.

Piensa en los decimales como fracciones. Multiplica los fraccionarios y escribe el producto en decimales.

ver 019, 169

EJEMPLO 2: Multiplica 0.04 por 0.7.

❶ Escribe los decimales como fracciones.	❷ Multiplica las fracciones.	❸ Escribe el producto en decimales.
$0.4 = \frac{4}{100}$ $0.7 = \frac{7}{10}$	$\frac{4}{100} \times \frac{7}{10} = \frac{28}{1000}$	$\frac{28}{1000} = 0.028$

 $0.04 \times 0.7 = 0.028$

ATAJO

Cuenta las posiciones a la derecha del punto decimal en *ambos* factores. Este será el número de posiciones a la derecha del punto decimal del producto.

EJEMPLO 3: Multiplica 0.16 por 0.04.

❶ Cuenta las posiciones decimales de los dos factores.	❷ Multiplica como si los factores fueran números naturales.	❸ Cuenta desde la derecha de tu producto para colocar el punto decimal.
0.16 2 posiciones decimales 0.04 + 2 posiciones decimales ____ 4 posiciones decimales	16 $\times 4$ ____ 64	0.0064 4 3 2 1 Si es necesario, añade ceros entre el punto decimal y el producto.

 $0.16 \times 0.04 = 0.0064$

División

La **división** tiene que ver con grupos iguales. Algunos términos que se usan en la división son **dividendo, divisor** y **cociente.**

$$\underset{\text{divisor}}{\longrightarrow} \; 2\overline{)16} \; \underset{\longleftarrow \text{ dividendo}}{\overset{8 \; \longleftarrow \text{ cociente}}{}}$$

Existen dos razones para dividir.

CASO 1 Si conoces la cantidad original y las porciones que necesitas, divide para hallar el **tamaño de cada porción.**

EJEMPLO 1: Cortas una pizza en 8 tajadas. Hay 4 personas y todas quieren comer la misma cantidad. ¿Cuántas tajadas le corresponden a cada persona?

Sabes
- la cantidad original (8)
- el número de personas (4)

Necesitas saber
- el tamaño de una porción
  $(8 \div 4 = 2)$

 A cada persona le corresponden dos tajadas de pizza.

CASO 2 Si conoces la cantidad original y el tamaño de una porción, divide para hallar el **número de porciones.**

EJEMPLO 2: Un sándwich tiene dos tajadas de pan. ¿Cuántos sándwiches puedes hacer con 16 tajadas de pan?

Sabes
- la cantidad original (16)
- el tamaño de una porción (2)

Necesitas saber
- cuántas porciones
  $(16 \div 2 = 8)$

 Puedes hacer 8 sándwiches.

Relacionar la multiplicación y la división 145

La multiplicación es lo opuesto, o inverso, de la división. Eso quiere decir que la división es lo inverso de la multiplicación.

Para multiplicar con la tabla, elige un número del comienzo de una hilera y un número del comienzo de una columna. El producto está donde se cruzan la hilera y la columna.
$3 \times 2 = 6$

$\times$	1	2	3	4
1	1	2	3	4
2	2	4	6	8
3	3	6	9	12
4	4	8	12	16

Para dividir, elige un número en la tabla. El cociente de ese número y el número de la hilera es el número de la columna. $6 \div 3 = 2$

O también elige un número en la tabla. El cociente de ese número y el número de la columna es el número de la hilera. $6 \div 2 = 3$

Dividir números naturales 146

Usa la multiplicación y la resta para dividir ejemplos como éstos.

$$\begin{array}{r} 4 \\ 3\overline{)12} \\ -12 \\ \hline 0 \end{array}$$
$4 \times 3 = 12$

$$\begin{array}{r} 5\ R2 \\ 6\overline{)32} \\ -30 \\ \hline 2 \end{array}$$
$5 \times 6 = 30$

También puedes usar la multiplicación y la resta con *divisiones desarrolladas* como éstas.

$$\begin{array}{r} 15 \\ 5\overline{)75} \\ -50 \\ \hline 25 \\ -25 \\ \hline 0 \end{array}$$

$$\begin{array}{r} 124\ R2 \\ 6\overline{)746} \\ -600 \\ \hline 146 \\ -120 \\ \hline 26 \\ -24 \\ \hline 2 \end{array}$$

¡Vaya ... eso es lo que yo llamo una división desarrollada!

División sin resto

Estas son algunas formas de dividir por un dígito de 1 número.

EJEMPLO: Tienes 75 muñequitos rellenos y quieres repartirlos por igual en 5 cajas. ¿Cuántos van en cada caja?

Quieres repartir 75 juguetes en 5 grupos iguales. Para resolver este problema, divides 75 por 5.

 Puedes usar un modelo para mostrar tu división.

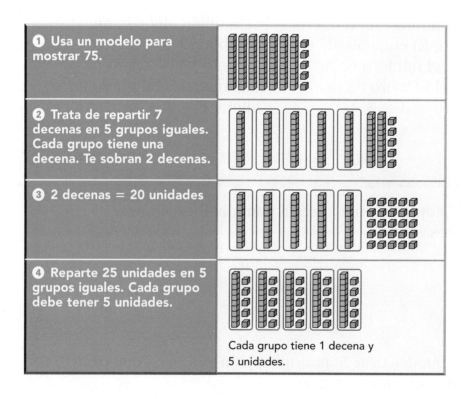

❶ Usa un modelo para mostrar 75.	
❷ Trata de repartir 7 decenas en 5 grupos iguales. Cada grupo tiene una decena. Te sobran 2 decenas.	
❸ 2 decenas = 20 unidades	
❹ Reparte 25 unidades en 5 grupos iguales. Cada grupo debe tener 5 unidades.	Cada grupo tiene 1 decena y 5 unidades.

Puedes dividir 75 por 5 sin la ayuda de modelos. Piensa en la multiplicación.

$75 = 5 \times \blacksquare$ es lo mismo que $5\overline{)75}^{\blacksquare}$.

❶ Divide las decenas.
$70 \div 5 = \blacksquare$
 	
Multiplica y estima.
5×1 decena $= 50$
$5 \times \blacksquare$ decenas $= 70$
5×2 decenas $= 100$ 2 decenas es mucho.
   Usa $5 \times \boxed{1}$ decena.
 	
Escribe $\boxed{1}$ en la posición de las decenas.
Escribe $\boxed{50}$ debajo de 75.
 	
Resta y compara.
$75 - 50 = 25$
Quedan 25 unidades de residuo.
$25 > 5$
Tienes suficiente para continuar dividiendo.
	$\begin{array}{r} 1 \\ 5\overline{)75} \\ -50 \\ \hline 25 \end{array}$ ← 5×1 decena
	        ← $75 - 50$

❷ Divide las unidades. $25 \div 5 = \blacksquare$ **Multiplica y estima.** $5 \times \blacksquare$ unidades $= 25$ 5×5 unidades $= 25$ Escribe $\boxed{5}$ en la posición de las unidades. Escribe $\boxed{25}$ debajo de 25. **Resta y compara.** $25 - 25 = 0$ No hay residuo. Terminaste la división.	$\begin{array}{r} 15 \\ 5\overline{)75} \\ -50 \\ \hline 25 \\ -25 \\ \hline 0 \end{array}$ ← 5×5 unidades ← $25 - 25$

 De cualquier forma, van 15 muñequitos rellenos en cada caja.

División con residuo

Algunas veces cuando tratas de formar grupos iguales, no puedes hacerlo sin que te sobre algo. La parte que sobra se llama **residuo.**

EJEMPLO: 74 niñas exploradoras están organizando una excursión. Van a llevar 6 carpas. ¿Cuántas niñas debe haber en cada carpa?

Quieres repartir 74 personas en 6 grupos iguales. Para solucionar el problema, puedes dividir 74 por 6.

 Puedes usar un modelo para mostrar tu división.

❶ Usa un modelo para mostrar 74.	
❷ Trata de repartir 7 decenas en 6 grupos iguales. Cada grupo debe tener 1 decena. Sobra 1 decena.	
❸ 1 decena = 10 unidades Agrégale estas unidades a las 4 unidades que ya tienes.	
❹ Pon 14 unidades en 6 grupos iguales. Cada grupo debe tener 2 unidades. Cada grupo debe tener 1 decena y 2 unidades. Sobran 2 unidades.	

Puedes dividir 74 por 6 sin la ayuda de modelos. Piensa en la multiplicación.

$74 = 6 \times \blacksquare$ es lo mismo que $6\overline{)74}$.

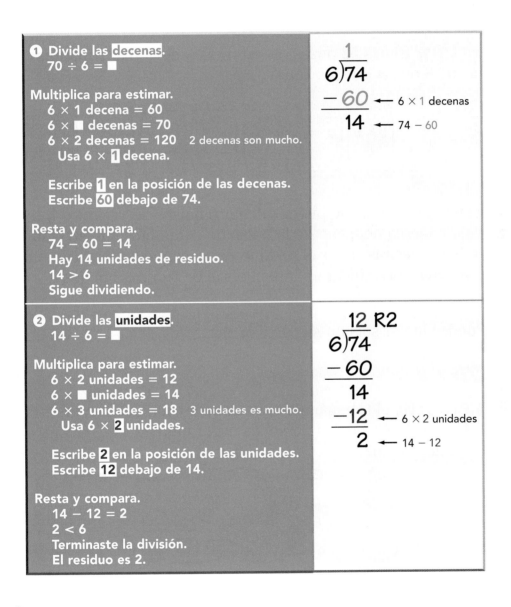

❶ Divide las decenas.
$70 \div 6 = \blacksquare$

Multiplica para estimar.
6×1 decena $= 60$
$6 \times \blacksquare$ decenas $= 70$
6×2 decenas $= 120$ 2 decenas son mucho.
   Usa $6 \times \boxed{1}$ decena.

Escribe $\boxed{1}$ en la posición de las decenas.
Escribe $\boxed{60}$ debajo de 74.

Resta y compara.
$74 - 60 = 14$
Hay 14 unidades de residuo.
$14 > 6$
Sigue dividiendo.

```
   1
6)74
 -60  ← 6 × 1 decenas
  14  ← 74 − 60
```

❷ Divide las unidades.
$14 \div 6 = \blacksquare$

Multiplica para estimar.
6×2 unidades $= 12$
$6 \times \blacksquare$ unidades $= 14$
6×3 unidades $= 18$ 3 unidades es mucho.
   Usa $6 \times \boxed{2}$ unidades.

Escribe $\boxed{2}$ en la posición de las unidades.
Escribe $\boxed{12}$ debajo de 14.

Resta y compara.
$14 - 12 = 2$
$2 < 6$
Terminaste la división.
El residuo es 2.

```
  12 R2
6)74
 -60
  14
 -12  ← 6 × 2 unidades
   2  ← 14 − 12
```

 De cualquier forma, las niñas exploradoras deben acomodar por lo menos 12 niñas en cada carpa. Dos carpas tendrán una niña extra cada una, es decir, 13 en total.

Interpretar cocientes y residuos

Cuando divides, algunas veces te queda un residuo. ¿Qué es el residuo? Estas son cuatro formas de entender el residuo.

CASO 1 No prestarle atención al residuo.

EJEMPLO 1: Tienes 52 onzas de caramelos de goma. ¿Cuántas bolsas de 8 onzas puedes llenar?

$$\begin{array}{r} 6\,R4 \\ 8\overline{)52} \\ -\,48 \\ \hline 4 \end{array}$$

La respuesta indica que puedes llenar 6 bolsas. El residuo, 4, te dice algo acerca del peso de la bolsa de caramelos que no está llena. No necesitas saber el residuo para responder la pregunta. Sólo necesitas averiguar cuántas bolsas de 8 onzas puedes llenar.

 Puedes llenar seis bolsas de 8 onzas.

CASO 2 La respuesta es el siguiente número natural más grande.

EJEMPLO 2: En el tobogán de agua caben 6 personas en un bote. Hay treinta y cuatro personas esperando en fila. ¿Cuántos botes se necesitan?

$$\begin{array}{r} 5\,R4 \\ 6\overline{)34} \\ -\,30 \\ \hline 4 \end{array}$$

La respuesta, 5 R4, indica que no puedes acomodar a todas las personas en 5 botes. Entonces, la respuesta es el siguiente número natural, 6.

 Se necesitan 6 botes.

CASO 3   Usar el residuo como respuesta.

EJEMPLO 3: Tienes 217 láminas de héroes en acción. Las repartes por igual entre 5 compañeros dándoles tantas como sea posible. ¿Cuántas tarjetas te sobran?

$$
\begin{array}{r}
43\ R2 \\
5\overline{)217} \\
-\,200 \\
\hline
17 \\
-\ 15 \\
\hline
2
\end{array}
$$

El residuo, 2, muestra el número de láminas que sobran.

⭐   Te sobran dos láminas.

CASO 4   Escribir el residuo como fracción.

EJEMPLO 4: Una compañía editorial necesita personas para teclear el texto de un libro grande. El trabajo toma 65 horas. Si 4 personas comparten el mismo tiempo de trabajo, ¿cuánto tiempo trabajará cada persona en el libro?

$$
\begin{array}{r}
16\ R1 \\
4\overline{)65} \\
-\,40 \\
\hline
25 \\
-\,24 \\
\hline
1
\end{array}
$$

La respuesta, 16 R1, te dice que cada persona trabajará 16 horas y sobra una hora para repartir. Para escribir el residuo como fracción, escríbelo encima del divisor.

$$
\begin{array}{l}
\text{residuo} \longrightarrow 1 \\
\text{divisor} \longrightarrow 4
\end{array}
$$

⭐   Cada persona trabajará $16\frac{1}{4}$ horas.

¡ATENCIÓN! Ceros en el cociente

MÁS AYUDA

ver 004,
006–008, 331

Algunas veces tienes que escribir ceros en el cociente para indicar que no hay nada en esa posición. Presta atención al valor de posición y a tus estimaciones para que no olvides ningún cero.

EJEMPLO: El área de un salón de clases de kínder mide 972 pies cuadrados. ¿A cuántas yardas cuadradas equivale eso? (Hay 9 pies cuadrados en una yarda cuadrada).

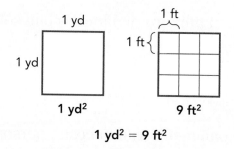

$$1 \text{ yd}^2 = 9 \text{ ft}^2$$

Para solucionar el problema, divide 972 por 9.

Primero haz una estimación.
$972 \div 9 \longrightarrow 900 \div 9 = 100$
La respuesta debe ser alrededor de 100 yardas cuadradas.

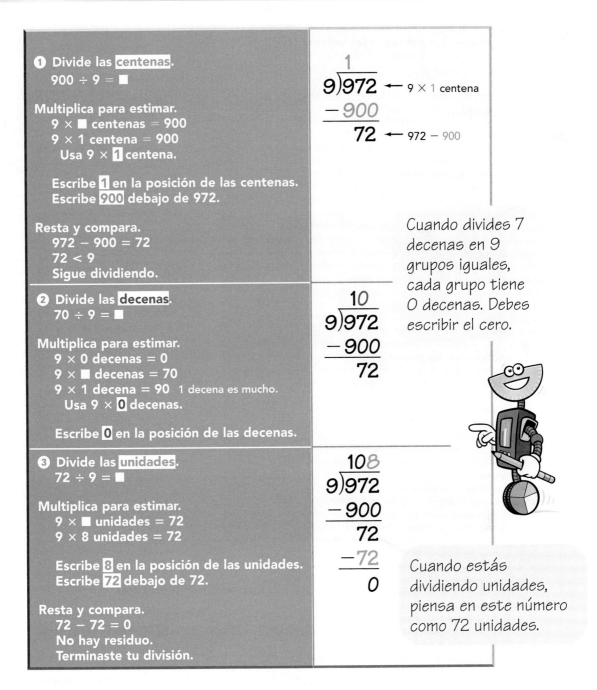

❶ Divide las centenas.
   900 ÷ 9 = ■

Multiplica para estimar.
   9 × ■ centenas = 900
   9 × 1 centena = 900
   Usa 9 × **1** centena.

   Escribe **1** en la posición de las centenas.
   Escribe **900** debajo de 972.

Resta y compara.
   972 − 900 = 72
   72 < 9
   Sigue dividiendo.

$$\begin{array}{r} 1 \\ 9\overline{)972} \\ -900 \\ \hline 72 \end{array}$$ ← 9 × 1 centena

← 972 − 900

❷ Divide las decenas.
   70 ÷ 9 = ■

Multiplica para estimar.
   9 × 0 decenas = 0
   9 × ■ decenas = 70
   9 × 1 decena = 90   1 decena es mucho.
   Usa 9 × **0** decenas.

   Escribe **0** en la posición de las decenas.

$$\begin{array}{r} 10 \\ 9\overline{)972} \\ -900 \\ \hline 72 \end{array}$$

Cuando divides 7 decenas en 9 grupos iguales, cada grupo tiene 0 decenas. Debes escribir el cero.

❸ Divide las unidades.
   72 ÷ 9 = ■

Multiplica para estimar.
   9 × ■ unidades = 72
   9 × 8 unidades = 72

   Escribe **8** en la posición de las unidades.
   Escribe **72** debajo de 72.

Resta y compara.
   72 − 72 = 0
   No hay residuo.
   Terminaste tu división.

$$\begin{array}{r} 108 \\ 9\overline{)972} \\ -900 \\ \hline 72 \\ -72 \\ \hline 0 \end{array}$$

Cuando estás dividiendo unidades, piensa en este número como 72 unidades.

⭐ El área del salón de clases mide 108 yardas cuadradas. La respuesta está cerca de la estimación de 100 yardas cuadradas.

151

Otra forma de dividir

MÁS AYUDA

ver 112, 226

Esta es otra forma de hallar un cociente. ¡Con este método puedes hacer diferentes estimaciones, pero siempre obtendrás la misma respuesta! Escoge unos estimativos fáciles de multiplicar.

EJEMPLO: Divide 720 por 30.

❶ Estima el cociente.	$30\overline{)720}$ 20
❷ Multiplica tu estimación por el divisor. Si el producto en menor que el dividendo, resta. Si el producto es mayor que el dividendo, ensaya una estimación más pequeña.	$30\overline{)720}$ 20 -600 120
❸ Sigue estimando, multiplicando y restando hasta que la diferencia sea menor que el divisor. Suma tus estimaciones para que obtengas el número natural del cociente. El residuo es la diferencia final.	$30\overline{)720}$ 20 -600 120 2 -60 60 2 -60 0

⭐ El cociente es $20 + 2 + 2 = 24$. No hay residuo.

152

Verificar la división con una multiplicación

Verificar te indica si realizaste todos los pasos de la división o si oprimiste las teclas correctas en la calculadora. Una forma de verificar la división es con una multiplicación. Esto lo puedes hacer porque la multiplicación es lo opuesto, o lo inverso, de la división.

EJEMPLO: ¿28 R3 es la respuesta correcta de $143 \div 5$?

Multiplica la parte que corresponde al número natural del cociente por el divisor y súmale el residuo. El resultado debe ser el dividendo.

MÁS AYUDA

ver 137–140

Número natural
del cociente   divisor

$$28 \times 5 = 140$$
$$140 + 3 = 143$$

residuo   dividendo

⭐ $143 = 143$, entonces la división es correcta.

Dividir decimales   153

Divides decimales de la misma forma en que divides números naturales. La única diferencia es que le colocas un punto decimal al cociente. Compara estos dos problemas de división.

$$\begin{array}{r} 26 \\ 3\overline{)78} \\ -60 \\ \hline 18 \\ -18 \\ \hline 0 \end{array}$$

$$\begin{array}{r} 2.6 \\ 3\overline{)7.8} \\ -60 \\ \hline 18 \\ -18 \\ \hline 0 \end{array}$$

Los dígitos en estos dos problemas son los mismos. Los pasos son los mismos. Pero los valores de posición son diferentes debido a los puntos decimales.

MÁS AYUDA

ver 043, 146, 483

Dividir decimales por números naturales

Para dividir un decimal por un número natural, coloca el punto decimal del cociente arriba del punto decimal del dividendo. Luego, divide como divides números naturales.

EJEMPLO 1: Tu y tres amigas compran helado. La cuenta es $6.88. ¿Cuánto le corresponde pagar a cada una?

Para solucionar el problema, divide 6.88 por 4.

❶ Estima el cociente.	❷ Coloca el punto decimal del cociente.	❸ Divide tal como divides números naturales.
6.88 ÷ 4 $\downarrow$ 7 ÷ 4 = $1\frac{3}{4}$ $\downarrow$ 1.75	$4\overline{)6.88}^{\,.}$	$\begin{array}{r} 1.72 \\ 4\overline{)6.88} \\ -400 \\ \hline 288 \\ -280 \\ \hline 8 \\ -8 \\ \hline 0 \end{array}$

⭐ Cada uno paga $1.72.

EJEMPLO 2: Divide 18 por 40.

❶ Estima el cociente.	❷ Coloca el punto decimal en el cociente.	❸ Divide como divides números naturales.
18 ÷ 40 $\downarrow$ 20 ÷ 40 = $\frac{20}{40}$ $\downarrow$ 0.5	$40\overline{)18.}^{\,.}$ El punto decimal de un número natural viene después de la posición de las unidades.	$\begin{array}{r} .45 \\ 40\overline{)18.00} \\ -16\ 00 \\ \hline 2\ 00 \\ -2\ 00 \\ \hline 0 \end{array}$ Agrega ceros y sigue dividiendo hasta que no quede residuo o puedas responder la pregunta.

⭐ 18 ÷ 40 = 0.45. Esto está muy cerca de tu estimación.

Dividir por decimales

155

EJEMPLO: Un conejillo de Indias pesa 24 onzas. Una musaraña pigmea pesa 0.16 onzas. ¿Cuántas veces más pesado es el conejillo de Indias que la musaraña pigmea? *(Fuente: The Sizeaurus)*

Para resolver el problema, puedes dividir 24 por 0.16.

MÁS AYUDA

ver 146, 483

❶ Divide como si tuvieras números naturales.	❷ Estima el cociente.	❸ Usa la estimación para colocar el punto decimal.
$\begin{array}{r} 150 \\ 16\overline{)2400} \end{array}$	$24 \div 0.16$ $\downarrow$ $25 \div 0.2 = 25 \div \frac{2}{10}$ $\longrightarrow \quad 25 \div \frac{1}{5}$ $\longrightarrow \quad 25 \times 5 = 125$	$24 \div 0.16 = 150.$ El estimativo, 125, está cerca de 150. Entonces, coloca el punto decimal después del 0.

ATAJO

Cuenta el número de posiciones en el dividendo. Esto te dirá la potencia de diez por la que puedes multiplicar para quitar el punto decimal del camino.

MORE HELP

ver 085

❶ Cuenta las posiciones decimales en el divisor.	2 Multiplica el divisor y el dividendo por una potencia de diez.	❸ Coloca el decimal en el cociente. Divide.
$0.16\overline{)24}$ $\underset{2\ 1}{\smile}$ 2 posiciones en el divisor significa multiplicar el dividendo y el divisor por 10^2.	$0.16 \times 10^2 = 16$ $24 \times 10^2 = 2400$ Multiplicar por 10^2 mueve el punto decimal 2 posiciones hacia la derecha.	$\begin{array}{r} 150. \\ 16\overline{)2400} \\ -1600 \\ \hline 800 \\ -800 \\ \hline 0 \end{array}$

 El conejillo de Indias pesa 150 veces más que la musaraña pigmea.

Cálculos con fracciones

Los balones de básquetbol son para lanzarlos, pero las televisiones no son para eso. Cada cosa se trata diferente. Las fracciones y los números naturales son diferentes y por eso es lógico tratarlos diferente. Si sabes para qué sirve una televisión, tiene sentido que sigas las reglas para usarla. Si sabes qué son los números fraccionarios, verás que las reglas para sumarlos, restarlos, multiplicarlos y dividirlos tienen sentido.

Sumar fracciones

Los dígitos de una fracción no significan lo mismo que en los números naturales.

MÁS AYUDA

ver 029

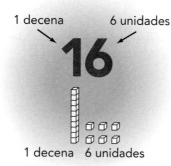

158

¡ATENCIÓN! Suma SÓLO los numeradores

Sumar fracciones es como sumar **bicicletas.** Cuando sumas 5 **bicicletas** y 2 **bicicletas,** tienes 7 **bicicletas.** El número de cosas cambia (5 + 2 = 7), pero el tipo de cosa (**bicicleta**) no cambia.

5 octavos rojos   2 octavos verdes

7 octavos de color

Si sumas 5 **octavos** y 2 **octavos,** tienes 7 **octavos.** El número de cosas cambia (5 + 2 = 7), pero el tipo de cosa (**octavos**) no cambia. Los denominadores te dicen el tipo de cosa que estás sumando. Si los denominadores son diferentes, usa fracciones equivalentes para igualar los denominadores.

Sumar fracciones iguales 159

Cuando sumes fracciones, fíjate en los denominadores.

Si las fracciones tienen el mismo denominador, suma los numeradores. Los denominadores siguen iguales porque estás sumando el mismo tipo de cosa.

MÁS AYUDA

ver 037, 051, 057–058

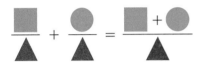

Suma los numeradores para obtener el nuevo numerador.

Usa el mismo denominador.

EJEMPLO: Una receta para hacer galletas lleva $\frac{3}{8}$ de taza de azúcar morena y $\frac{1}{8}$ de taza de azúcar blanca. Si pones todo el azúcar en una taza, ¿cuánto se llenará la taza?

 UNA FORMA Puedes hacer un dibujo para mostrar $\frac{3}{8}$ y $\frac{1}{8}$.

Para escribir una fracción en su mínima expresión, divide el numerador y el denominador por el máximo común divisor.

 OTRA FORMA También puedes sumar $\frac{3}{8}$ y $\frac{1}{8}$ sin hacer dibujos.

❶ Las fracciones tienen denominadores iguales. Escribe el denominador.	❷ Suma los numeradores.	❸ Escribe la suma en su mínima expresión.
$\frac{3}{8} + \frac{1}{8} = \frac{}{8}$	$\frac{3}{8} + \frac{1}{8} = \frac{4}{8}$	$\frac{4}{8} \longrightarrow \frac{4 \div 4}{8 \div 4} = \frac{1}{2}$

⭐ De cualquier forma, el azúcar llena $\frac{4}{8}$ de taza. Esta medida es lo mismo que $\frac{1}{2}$ taza. $\frac{4}{8} = \frac{1}{2}$

160 — Sumar fracciones diferentes

Algunas fracciones no tienen el mismo denominador.
A veces se les llama fracciones diferentes. Para sumar
fracciones diferentes, escríbelas de nuevo con
denominadores iguales.

EJEMPLO: Andrés horneó una docena (12) de galletas. Cubrió
la $\frac{1}{2}$ de galletas con glaseado y espolvoreó $\frac{1}{4}$. Las demás las
dejó sin cubrir. ¿Qué fracción de galletas decoró Andrés?

Tienes que sumar $\frac{1}{2} + \frac{1}{4}$.

MÁS AYUDA

ver 035, 037

UNA FORMA Puedes hacer un dibujo
para mostrar $\frac{1}{2} + \frac{1}{4}$.

Glaseadas — $\frac{1}{4}$

Espolvoreadas — $\frac{2}{4}$

Sin decorar — $\frac{3}{4}$

OTRA FORMA Puedes sumar $\frac{1}{2} + \frac{1}{4}$ sin hacer dibujos.

❶ Escribe de nuevo las fracciones con denominadores iguales.	❷ Suma las fracciones.	❸ Escribe la suma en su mínima expresión.
$\frac{1}{2} \longrightarrow \frac{1 \times 2}{2 \times 2} = \frac{2}{4}$ $\frac{1}{4} = \frac{1}{4}$	$\frac{2}{4} + \frac{1}{4} = \frac{3}{4}$	$\frac{3}{4}$ es la mínima expresión.

 De cualquier forma, Andrés decoró $\frac{3}{4}$ de galletas.

161 — Sumar números mixtos

Los números mixtos tienen una parte de números naturales y
una parte fraccionaria.

EJEMPLO: Laura va a casa de Ana. Primero camina $1\frac{1}{2}$ millas. Luego trota el resto del camino, $\frac{3}{4}$ de milla. ¿A qué distancia vive Laura de Ana?

 UNA FORMA Para solucionar el problema, suma $1\frac{1}{2}$ y $\frac{3}{4}$.

MÁS AYUDA

ver 034, 035, 102

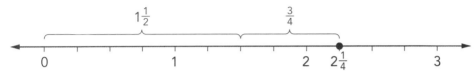

 OTRA FORMA Puedes escribir de nuevo las fracciones con denominadores iguales.

❶ Escribe de nuevo las fracciones para que tengan el mismo denominador.	$\frac{1}{2} \longrightarrow \frac{1 \times 2}{2 \times 2} = \frac{2}{4}$ $\frac{3}{4} = \frac{3}{4}$
❷ Suma las fracciones. Escribe en mínima expresión como número mixto si es posible.	$\begin{array}{r} 1\frac{2}{4} \\ + \frac{3}{4} \\ \hline \end{array} \longrightarrow \frac{5}{4} = 1\frac{1}{4}$
❸ Escribe la parte fraccionaria de tu suma. Escribe la parte que corresponde al número natural y los demás números naturales para que no lo olvides. Suma los números naturales.	$\begin{array}{r} 1\overset{1}{\frac{2}{4}} \\ + \frac{3}{4} \\ \hline 2\frac{1}{4} \end{array}$

 OTRA FORMA Puedes escribir los números mixtos de nuevo como fracciones.

❶ Escribe de nuevo los números como fracciones con denominadores iguales.	$\begin{array}{r} 1\frac{1}{2} \longrightarrow \frac{3}{2} \longrightarrow \frac{6}{4} \\ + \frac{3}{4} \longrightarrow \frac{3}{4} \longrightarrow \frac{3}{4} \\ \hline \end{array}$
❷ Suma las fracciones.	$\frac{6}{4} + \frac{3}{4} = \frac{9}{4}$
❸ Escribe la suma en su mínima expresión	$\frac{9}{4}$ es la mínima expresión. También se puede escribir $9 \div 4 = 2\frac{1}{4}$.

 De cualquier forma, Laura vive a $2\frac{1}{4}$ millas de Ana.

Restar fracciones

Los dígitos de una fracción no significan los mismo que en los números naturales.

MÁS
AYUDA

ver 029

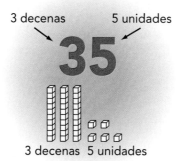

3 decenas   5 unidades

3 decenas   5 unidades

3 partes del todo

5 partes iguales del todo

3 partes

5 partes iguales del todo

¡ATENCIÓN! Resta SÓLO los numeradores

MÁS
AYUDA

ver 035

Si le restas 3 **novenos** a 8 **novenos,** el resultado es 5 **novenos.** El número de cosas cambia (8 − 3 = 5), pero el tipo de cosa (**novenos**) no cambia.

8 novenos

restas
3 novenos

quedan
5 novenos

Los denominadores te dicen el tipo de cosa que estás restando. Si los denominadores son diferentes, usa fracciones equivalentes para igualar los denominadores.

Restar fracciones 164

Cuando restes fracciones, fíjate en los denominadores.

Si las fracciones tienen el mismo denominador, resta los numeradores.

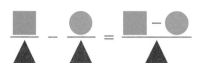 ← Resta los numeradores para obtener el nuevo numerador.

← Usa el mismo denominador.

MÁS AYUDA

ver 037, 057–058

EJEMPLO: Una lasaña de molde fue cortada en 8 tajadas iguales. Después de cenar, sobraron $\frac{5}{8}$ de lasaña. Al día siguiente, después de la escuela, Marcia y sus amigas comieron 3 tajadas más, es decir $\frac{3}{8}$ de la lasaña original. ¿Qué fracción de lasaña sobró en el molde?

 Para solucionar el problema, réstale $\frac{3}{8}$ a $\frac{5}{8}$.

Puedes hacer un dibujo para mostrar $\frac{5}{8} - \frac{3}{8}$.

residuo $\frac{2}{8}$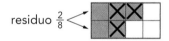

 Puedes restarle $\frac{3}{8}$ a $\frac{5}{8}$ sin hacer dibujos.

❶ Las fracciones tienen denominadores iguales. Escribe el denominador.	❷ Resta los numeradores.	❸ Escribe la diferencia en su mínima expresión.
$\frac{5}{8} - \frac{3}{8} = \frac{}{8}$	$\frac{5}{8} - \frac{3}{8} = \frac{2}{8}$	$\frac{2}{8} \longrightarrow \frac{2 \div 2}{8 \div 2} = \frac{1}{4}$

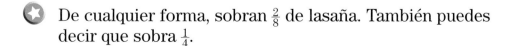 De cualquier forma, sobran $\frac{2}{8}$ de lasaña. También puedes decir que sobra $\frac{1}{4}$.

Restar fracciones diferentes

¿Cómo puedes restar fracciones que no tienen denominadores iguales? Puedes escribir de nuevo las fracciones para que tengan el mismo denominador.

MÁS AYUDA

ver 035, 037

EJEMPLO 1: Tom va directo de la escuela a su casa en bicicleta todos los días. Él vive a $\frac{3}{4}$ de milla de la escuela. Hoy, después de montar $\frac{1}{2}$ milla, se detuvo en la tienda de dulces. ¿A qué distancia está Tom de su casa?

Para solucionar el problema, réstale $\frac{1}{2}$ a $\frac{3}{4}$.

 Puedes hacer un dibujo para mostrar $\frac{3}{4} - \frac{1}{2}$.

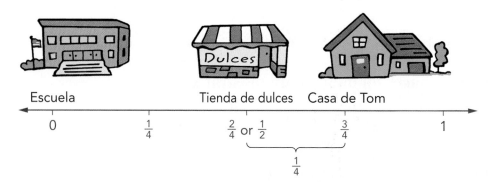

 Puedes restarle $\frac{1}{2}$ a $\frac{3}{4}$ sin hacer dibujos.

❶ Escribe de nuevo las fracciones con denominadores iguales.	❷ Resta las fracciones.	❸ Escribe la diferencia en su mínima expresión.
$\frac{1}{2} \longrightarrow \frac{1 \times 2}{2 \times 2} = \frac{2}{4}$ $\frac{3}{4} = \frac{3}{4}$	$\frac{3}{4} - \frac{2}{4} = \frac{1}{4}$	$\frac{1}{4}$ es la mínima expresión.

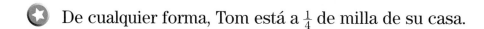 De cualquier forma, Tom está a $\frac{1}{4}$ de milla de su casa.

EJEMPLO 2: Réstale $\frac{3}{8}$ a $\frac{15}{16}$.

 Puedes hacer un dibujo que muestre $\frac{15}{16} - \frac{3}{8}$.

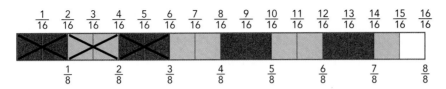

Empieza con $\frac{15}{16}$. Marca $\frac{3}{8}$ con X. Cuenta los $\frac{9}{16}$ que sobran.

 Puedes restarle $\frac{3}{8}$ a $\frac{15}{16}$ sin hacer dibujos.

❶ Escribe de nuevo las fracciones con denominadores iguales.	❷ Resta las fracciones.	❸ Escribe la diferencia en su mínima expresión.
$\frac{3}{8} \longrightarrow \frac{3 \times 2}{8 \times 2} = \frac{6}{16}$ $\frac{15}{16} = \frac{15}{16}$	$\frac{15}{16} - \frac{6}{16} = \frac{9}{16}$	$\frac{9}{16}$ es la mínima expresión.

⭐ De cualquier manera, $\frac{15}{16} - \frac{3}{8} = \frac{9}{16}$.

EJEMPLO 3: Réstale $\frac{5}{10}$ a $\frac{3}{4}$.

❶ Escribe de nuevo las fracciones con denominadores iguales.	❷ Resta las fracciones.	❸ Escribe la diferencia en su mínima expresión.
$\frac{3}{4} \longrightarrow \frac{3 \times 5}{4 \times 5} = \frac{15}{20}$ $\frac{5}{10} \longrightarrow \frac{5 \times 2}{10 \times 2} = \frac{10}{20}$	$\frac{15}{20} - \frac{10}{20} = \frac{5}{20}$	$\frac{5}{20} \longrightarrow \frac{5 \div 5}{20 \div 5} = \frac{1}{4}$

⭐ 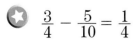 $\frac{3}{4} - \frac{5}{10} = \frac{1}{4}$

Otra fracción equivalente a $\frac{5}{10}$ es $\frac{2}{4}$. $\frac{5}{10}$ y $\frac{2}{4}$ son lo mismo que $\frac{1}{2}$.

Los números mixtos tienen una parte de números naturales y otra de fracciones. Hay varias formas de restar números mixtos. Escoge la forma más fácil para los números que estás restando.

MÁS AYUDA

ver 035, 102

EJEMPLO: Hace poco recogiste la miel de tus colmenas de abejas. La miel de las colmenas venía en un panal y pesaba $4\frac{1}{8}$ libras. Después de separar la miel del panal, te quedaron $3\frac{1}{4}$ libras de miel. ¿Cuánto pesaba el panal?

Tienes que restar $3\frac{1}{4}$ de $4\frac{1}{8}$.

 Puedes hacer un dibujo para mostrar $4\frac{1}{8} - 3\frac{1}{4}$.

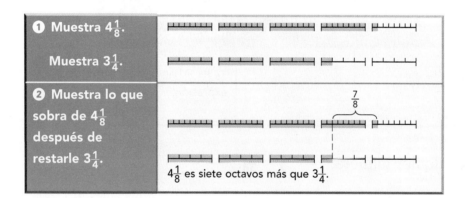

❶ Muestra $4\frac{1}{8}$.	
Muestra $3\frac{1}{4}$.	
❷ Muestra lo que sobra de $4\frac{1}{8}$ después de restarle $3\frac{1}{4}$.	$\frac{7}{8}$
	$4\frac{1}{8}$ es siete octavos más que $3\frac{1}{4}$.

Puedes escribir de nuevo los números mixtos
como fracciones.

① Escribe de nuevo los números mixtos como fracciones con igual denominador.	$4\frac{1}{8} = 4 + \frac{1}{8}$ $\frac{32}{8} + \frac{1}{8} = \frac{33}{8}$ $3\frac{1}{4} = 3 + \frac{1}{4}$ $\frac{12}{4} + \frac{1}{4} = \frac{13 \times 2}{4 \times 2} = \frac{26}{8}$
② Resta.	$\frac{33}{8} - \frac{26}{8} = \frac{7}{8}$
③ Escribe las diferencias en su mínima expresión.	$\frac{7}{8}$ es la mínima expresión.

Resta las fracciones y luego resta los números naturales. A
veces tienes que reagrupar.

① Escribe de nuevo las fracciones con igual denominador.	$4\frac{1}{8} = 4\frac{1}{8}$ $3\frac{1}{4} \longrightarrow 3 + \frac{1 \times 2}{4 \times 2} = 3\frac{2}{8}$
② Piensa si necesitas reagrupar.	$\frac{1}{8} < \frac{2}{8}$. Tienes que reagrupar. $4\frac{1}{8} \longrightarrow 3 + \frac{8}{8} + \frac{1}{8} \longrightarrow 3\frac{9}{8}$
③ Resta las fracciones. Resta los números naturales.	$3\frac{9}{8}$ $-3\frac{2}{8}$ $\overline{\frac{7}{8}}$
④ Escribe la diferencia en su mínima expresión.	$\frac{7}{8}$ es la mínima expresión.

De cualquier forma, el panal pesaba $\frac{7}{8}$ de libra.

167

Multiplicar fracciones

Hay varias formas de multiplicar fracciones. Puedes multiplicar fracciones por fracciones, fracciones por números mixtos o fracciones por números naturales. Para entender estas multiplicaciones, piensa qué es una multiplicación y qué es una fracción.

Caminas dos veces por un sendero de 3 millas	2×3
Caminas la mitad de un sendero de 3 millas	$\frac{1}{2} \times 3$
Caminas dos veces por un sendero de $\frac{3}{4}$ de milla	$2 \times \frac{3}{4}$
Caminas la mitad de un sendero de $\frac{3}{4}$ de milla	$\frac{1}{2} \times \frac{3}{4}$
Caminas $1\frac{1}{2}$ veces por un sendero de $\frac{3}{4}$ de milla	$1\frac{1}{2} \times \frac{3}{4}$

168　　Multiplicar un número natural por una fracción

MÁS AYUDA

ver 037, 108

Algunas veces, las tiendas anuncian que sus productos cuestan una *fracción del precio original*. Eso quiere decir que multiplicaron el precio original por una fracción para obtener el nuevo precio. Cuando multiplicas un número natural por una fracción entre cero y uno, el producto será menor que el número inicial

BOLSAS PARA LIBROS $\frac{1}{2}$ DE PRECIO

Precio de realización $12

precio original $24

$\frac{1}{2} \times 24 = 12$

EJEMPLO: Estos juegos están en realización a $\frac{2}{3}$ de su precio original. Si el precio original era $27, ¿cuál es el precio de venta?

Para solucionar el problema, puedes multiplicar 27 por $\frac{2}{3}$.

 Puedes hacer un dibujo para mostrar $\frac{2}{3} \times 27$.

$\frac{1}{3}$ de 27 ⟶

$\frac{1}{3}$ de 27 ⟶

$\left.\begin{array}{c}\\\\\end{array}\right\}$ $\frac{2}{3}$ de 27 = 9 + 9

$\frac{1}{3}$ de 27 ⟶

 Puedes multiplicar 27 por $\frac{2}{3}$ sin hacer dibujos.

❶ Escribe el número natural como fracción.	❷ Multiplica los numeradores. Multiplica los denominadores.	❸ Escribe el producto en su mínima expresión.
$\frac{2}{3} \times 27$ $\downarrow$ $\frac{2}{3} \times \frac{27}{1}$	$\frac{2}{3} \times \frac{27}{1} = \frac{54}{3}$	$\frac{54}{3} \longrightarrow \frac{54 \div 3}{3 \div 3} = \frac{18}{1} \longrightarrow 18$

De cualquier forma, el precio de venta de los juegos es $18.

MÁS AYUDA

ver 037, 108

Imagina que las monedas fueran de un metal más blando que el que conocemos. Si tuvieras que pagar una cosa que vale menos de lo que vale tu moneda, podrías cortar la moneda en pedazos. ¡Si tuvieras la mitad de una moneda de \$1, podrías cortarla por la mitad para pagar una cosa que vale veinticinco centavos de dólar! ($\frac{1}{2} \times \frac{1}{2} = \frac{1}{4}$). Cuando multiplicas dos fracciones que están entre 0 y 1, el producto es menor que las dos fracciones.

EJEMPLO 1: Tienes una bolsa de cacahuates llena hasta la mitad. Cuando estaba totalmente llena, la bolsa pesaba $\frac{3}{4}$ de libra. ¿Cuánto pesa la bolsa ahora?

Quieres averiguar cuánto es $\frac{1}{2}$ de $\frac{3}{4}$. Para solucionar el problema, puedes multiplicar $\frac{3}{4}$ por $\frac{1}{2}$.

 Puedes hacer un dibujo para mostrar $\frac{1}{2} \times \frac{3}{4}$.

❶ Comienza con un dibujo de $\frac{3}{4}$.	❷ Ahora muestra $\frac{1}{2}$ de los $\frac{3}{4}$.
$\frac{1}{4}$ $\frac{1}{4}$ $\frac{1}{4}$ $\frac{1}{4}$ $\frac{3}{4}$ del total están sombreados de azul.	$\frac{1}{2}$ $\frac{1}{2}$ $\frac{6}{8}$ del total están sombreados de azul. $\frac{1}{2}$ de $\frac{6}{8}$ es $\frac{3}{8}$, entonces $\frac{1}{2}$ de $\frac{3}{4}$ es $\frac{3}{8}$.

 Puedes multiplicar $\frac{3}{4}$ por $\frac{1}{2}$ sin hacer dibujos.

❶ Multiplica los numeradores. Multiplica los denominadores.	❷ Escribe el producto en su mínima expresión.
$\frac{1}{2} \times \frac{3}{4} = \frac{3}{8}$	$\frac{3}{8}$ es la mínima expresión.

 De cualquier forma, ahora la bolsa pesa $\frac{3}{8}$ de libra.

EJEMPLO 2: Multiplica $\frac{3}{8}$ por $\frac{2}{3}$.

 Puedes hacer un dibujo para mostrar $\frac{2}{3} \times \frac{3}{8}$.

❶ Comienza con un dibujo de $\frac{3}{8}$.	❷ Ahora muestra $\frac{2}{3}$ de $\frac{3}{8}$.
$\boxed{\frac{1}{8}}\ \boxed{\frac{1}{8}}\ \boxed{\frac{1}{8}}\ \boxed{\frac{1}{8}}\ \boxed{\frac{1}{8}}\ \boxed{\frac{1}{8}}\ \boxed{\frac{1}{8}}\ \boxed{\frac{1}{8}}$ $\frac{3}{8}$ del total están sombreados de azul.	$\frac{2}{3}\left\{\vphantom{\begin{array}{c}a\\a\\a\end{array}}\right.$ $\frac{9}{24}$ del total están sombreados de azul. $\frac{2}{3}$ de $\frac{9}{24}$ es $\frac{6}{24}$, entonces $\frac{2}{3}$ de $\frac{3}{8}$ es $\frac{6}{24}$.

 Puedes multiplicar $\frac{3}{8}$ por $\frac{2}{3}$ sin hacer dibujos.

❶ Multiplica los numeradores. Multiplica los denominadores.	❷ Escribe el producto en su mínima expresión.
$\frac{2}{3} \times \frac{3}{8} = \frac{6}{24}$	$\frac{6}{24} = \frac{6 \div 6}{24 \div 6} = \frac{1}{4}$

 Puedes simplificar los numeradores y denominadores antes de multiplicar las fracciones. Esto se llama **cancelar.**

❶ Haz una barra de fracciones entre el producto de los numeradores y el producto de los denominadores.	$\frac{2}{3} \times \frac{3}{8} \longrightarrow \frac{2 \times 3}{3 \times 8}$
❷ Escribe los factores primos de todos los factores.	$\frac{2}{3} \times \frac{3}{8} \longrightarrow \frac{2 \times 3}{3 \times 2 \times 2 \times 2}$
❸ Simplifica números: cualquier pareja de factores comunes, uno del numerador y otro del denominador.	$\frac{2}{3} \times \frac{3}{8} \qquad \dfrac{\overset{1}{\cancel{2}} \times \overset{1}{\cancel{3}}}{\underset{1}{\cancel{3}} \times 2 \times 2 \times 2}$
❹ Multiplica los factores que quedan. El producto queda expresado en su mínima expresión.	$\frac{1 \times 1}{1 \times 1 \times 2 \times 2} = \frac{1}{4}$

 De cualquier forma, $\frac{2}{3} \times \frac{3}{8} = \frac{6}{24}$ ó $\frac{1}{4}$.

Cuando multiplicas un número mixto positivo por una fracción entre 0 y 1, el producto es menor que el número mixto.

MÁS AYUDA

ver 034, 037, 108

EJEMPLO: En una competencia de bicicletas todo terreno, $\frac{1}{3}$ del trayecto es por carretera. Si todo el recorrido tiene una longitud de $1\frac{1}{4}$ millas, ¿cuánto corresponde a la fracción de carretera?

(Fuente: The Sports Fan's Ultimate Book of Sports Comparisons)

Para solucionar el problema, multiplica $1\frac{1}{4}$ por $\frac{1}{3}$.

UNA FORMA Puedes hacer un dibujo para mostrar $\frac{1}{3} \times 1\frac{1}{4}$.

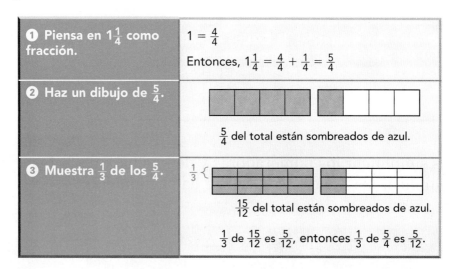

❶ Piensa en $1\frac{1}{4}$ como fracción.	$1 = \frac{4}{4}$ Entonces, $1\frac{1}{4} = \frac{4}{4} + \frac{1}{4} = \frac{5}{4}$
❷ Haz un dibujo de $\frac{5}{4}$.	$\frac{5}{4}$ del total están sombreados de azul.
❸ Muestra $\frac{1}{3}$ de los $\frac{5}{4}$.	$\frac{15}{12}$ del total están sombreados de azul. $\frac{1}{3}$ de $\frac{15}{12}$ es $\frac{5}{12}$, entonces $\frac{1}{3}$ de $\frac{5}{4}$ es $\frac{5}{12}$.

OTRA FORMA Puedes multiplicar $\frac{1}{3} \times 1\frac{1}{4}$ sin hacer dibujos.

❶ Escribe el número mixto como fracción.	❷ Multiplica los numeradores. Multiplica los denominadores.	❸ Escribe el producto en su mínima expresión.
$1\frac{1}{4} \longrightarrow \frac{4}{4} + \frac{1}{4} = \frac{5}{4}$	$\frac{1}{3} \times \frac{5}{4} = \frac{5}{12}$	$\frac{5}{12}$ es la mínima expresión.

 De cualquier forma, la fracción de carretera son $\frac{5}{12}$ de milla.

Dividir fracciones

Para entender lo que significa dividir fracciones o números mixtos, piensa qué es la división.

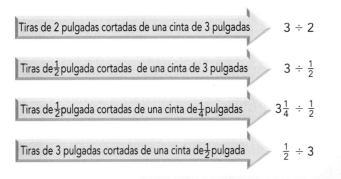

Tiras de 2 pulgadas cortadas de una cinta de 3 pulgadas	$3 \div 2$
Tiras de $\frac{1}{2}$ pulgada cortadas de una cinta de 3 pulgadas	$3 \div \frac{1}{2}$
Tiras de $\frac{1}{2}$ pulgada cortadas de una cinta de $\frac{1}{4}$ pulgadas	$3\frac{1}{4} \div \frac{1}{2}$
Tiras de 3 pulgadas cortadas de una cinta de $\frac{1}{2}$ pulgada	$\frac{1}{2} \div 3$

¡El cociente será una fracción, pero el resultado es 0!

Recíprocos

Números **recíprocos** son parejas de números cuyo producto es 1. Estos son algunos:

$\frac{3}{5}$ y $\frac{5}{3}$ 5 y $\frac{1}{5}$ $2\frac{1}{2}$ y $\frac{2}{5}$

$\frac{3}{5} \times \frac{5}{3} = \frac{15}{15} \longrightarrow 1$ $\frac{5}{1} \times \frac{1}{5} = \frac{5}{5} \longrightarrow 1$ $\frac{5}{2} \times \frac{2}{5} = \frac{10}{10} \longrightarrow 1$

MÁS AYUDA

ver 167–170

MÁS AYUDA

ver 037,
144, 172

Cuando te preguntas: *¿cuántas monedas de veinticinco centavos hay en un dólar?* también te estás preguntando: *¿cuántos cuartos hay en 1 todo?* Esta pregunta es lo mismo que $1 \div \frac{1}{4} = \blacksquare$ y $1 \times 4 = \blacksquare$. Pero NO ES lo mismo que $1 \div 4 = \blacksquare$.

EJEMPLO 1: Tienes tres tazas de semillas de calabaza y quieres meterlas en bolsas de modo que cada bolsa contenga $\frac{1}{2}$ taza. ¿Cuántas bolsas puedes llenar?

Para solucionar el problema, divide 3 por $\frac{1}{2}$.

¡Ya entiendo! Si quieres saber el número de $\frac{1}{2}$ en 3 todos, puedes dividir 3 por $\frac{1}{2}$, o multiplicar 3 por 2. Es por eso que dividir por una fracción es lo mismo que multiplicarla por su recíproco.

UNA FORMA Puedes hacer un dibujo para mostrar $3 \div \frac{1}{2}$.

❶ Muestra 3 todos.	❷ Divídelos por la mitad.	❸ Colorea cada $\frac{1}{2}$. Cuenta las mitades.
		Hay 6 mitades.

OTRA FORMA Puedes dividir 3 por $\frac{1}{2}$ sin hacer dibujos.

❶ Escribe el número natural como fracción.	❷ Multiplica el dividendo por el recíproco del divisor.	❸ Escribe el producto en su mínima expresión.
$3 \div \frac{1}{2} \longrightarrow \frac{3}{1} \div \frac{1}{2}$	$\frac{3}{1} \div \frac{1}{2} \longrightarrow \frac{3}{1} \times \frac{2}{1} = \frac{6}{1}$	$\frac{6}{1} = 6$

⭐ De cualquier forma, puedes llenar seis bolsas de $\frac{1}{2}$ taza.

EJEMPLO 2: Divide 6 por $\frac{5}{8}$.

 UNA FORMA Puedes hacer un dibujo para mostrar $6 \div \frac{5}{8}$.

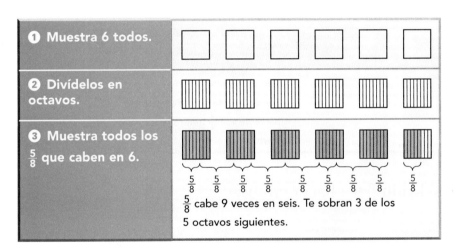

❶ Muestra 6 todos.	
❷ Divídelos en octavos.	
❸ Muestra todos los $\frac{5}{8}$ que caben en 6.	$\frac{5}{8}$ cabe 9 veces en seis. Te sobran 3 de los 5 octavos siguientes.

 OTRA FORMA Puedes dividir 6 por $\frac{5}{8}$ sin hacer dibujos.

❶ Escribe el número natural como fracción.	$6 \div \frac{5}{8} \longrightarrow \frac{6}{1} \div \frac{5}{8}$
❷ Multiplica el dividendo por el recíproco del divisor.	$\frac{6}{1} \div \frac{5}{8} \longrightarrow \frac{6}{1} \times \frac{8}{5} = \frac{48}{5}$
❸ Escribe el producto en su mínima expresión.	$\frac{48}{5} \longrightarrow \frac{45}{5} + \frac{3}{5} = 9\frac{3}{5}$

⭐ De cualquier forma, $6 \div \frac{5}{8} = 9\frac{3}{5}$.

MÁS AYUDA

ver 037, 149, 169, 172

A veces quieres compartir menos que el todo, por ejemplo $\frac{3}{4}$ de tu bolsa de palomitas de maíz. Puedes dividir fracciones para que averigues cómo compartir lo que tienes.

EJEMPLO 1: Un cultivador de aguacates quiere enviar $\frac{3}{4}$ de tonelada de aguacates en dos envíos iguales. ¿Cuánto pesará cada envío?

Para solucionar el problema, puedes dividir $\frac{3}{4}$ por 2.

 Puedes hacer un dibujo para mostrar $\frac{3}{4} \div 2$.

❶ Muestra $\frac{3}{4}$.	❷ Muestra $\frac{3}{4}$ en dos partes iguales.
	Cada rectángulo pequeño es $\frac{1}{8}$ del todo. Cada una de las dos partes iguales de tus $\frac{3}{4}$ tiene tres de estos octavos.

 Puedes dividir $\frac{3}{4}$ sin hacer dibujos.

❶ Escribe el número natural como fracción.	❷ Multiplica por el recíproco del divisor.	❸ Escribe el producto en su mínima expresión.
$\frac{3}{4} \div 2 \longrightarrow \frac{3}{4} \div \frac{2}{1}$	$\frac{3}{4} \div \frac{2}{1} \longrightarrow \frac{3}{4} \times \frac{1}{2} = \frac{3}{8}$	$\frac{3}{8}$ es la mínima expresión.

 De cualquier forma, cada envío pesa $\frac{3}{8}$ de tonelada.

Entonces, dividir por 2 es lo mismo que multiplicar por $\frac{1}{2}$.

EJEMPLO 2: Divide $\frac{3}{4}$ por 6.

❶ Escribe el número natural como fracción.	❷ Multiplica por el recíproco del divisor.	❸ Escribe el producto en su mínima expresión.
$\frac{3}{4} \div 6 \longrightarrow \frac{3}{4} \div \frac{6}{1}$	$\frac{3}{4} \div \frac{6}{1} \longrightarrow \frac{3}{4} \times \frac{1}{6} = \frac{3}{24}$	$\frac{3}{24} \longrightarrow \frac{3 \div 3}{24 \div 3} = \frac{1}{8}$

⭐ $\frac{3}{4} \div 6 = \frac{1}{8}$

Dividir una fracción por otra fracción   175

EJEMPLO: Tienes $\frac{3}{4}$ de yarda de tela. ¿Cuántos retazos de $\frac{3}{8}$ puedes cortar de la tela?

Para solucionar el problema, divide $\frac{3}{4}$ por $\frac{3}{8}$.

MÁS AYUDA

ver 037

 UNA FORMA Puedes hacer un dibujo que muestre $\frac{3}{4} \div \frac{3}{8}$.

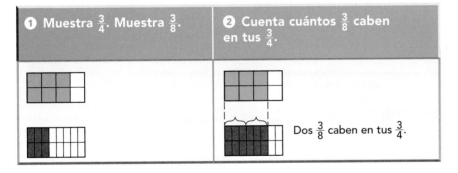

❶ Muestra $\frac{3}{4}$. Muestra $\frac{3}{8}$.	❷ Cuenta cuántos $\frac{3}{8}$ caben en tus $\frac{3}{4}$.
	Dos $\frac{3}{8}$ caben en tus $\frac{3}{4}$.

 OTRA FORMA Puedes dividir $\frac{3}{4}$ por $\frac{3}{8}$ sin hacer dibujos.

❶ Multiplica el dividendo por el recíproco del divisor.	❷ Escribe el producto en su mínima expresión.
$\frac{3}{4} \div \frac{3}{8} \longrightarrow \frac{3}{4} \times \frac{8}{3} = \frac{24}{12}$	$\frac{24}{12} \longrightarrow \frac{24 \div 12}{12 \div 12} = \frac{2}{1} \longrightarrow 2$

⭐ Puedes cortar $\frac{3}{4}$ de yarda de tela en dos retazos de $\frac{3}{8}$ de yarda.

Dividir números mixtos

MÁS AYUDA

ver 034, 037, 112–114

Puedes usar lo que sabes acerca de la división de fracciones para dividir números mixtos.

EJEMPLO: Tienes una repisa que mide $3\frac{1}{8}$ pies de largo. ¿Cuántas cajas de $\frac{3}{4}$ de pie de largo puedes poner en la repisa?

Para solucionar el problema, divide $3\frac{1}{8}$ por $\frac{3}{4}$.

 UNA FORMA Puedes hacer un dibujo para mostrar $3\frac{1}{8} \div \frac{3}{4}$.

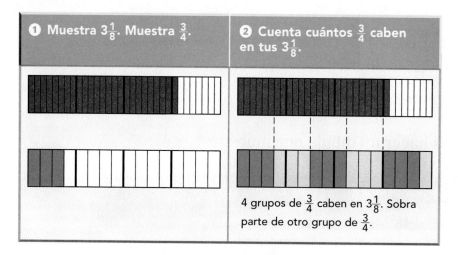

❶ Muestra $3\frac{1}{8}$. Muestra $\frac{3}{4}$.	❷ Cuenta cuántos $\frac{3}{4}$ caben en tus $3\frac{1}{8}$.
	4 grupos de $\frac{3}{4}$ caben en $3\frac{1}{8}$. Sobra parte de otro grupo de $\frac{3}{4}$.

 OTRA FORMA Puedes dividir $3\frac{1}{8}$ por $\frac{3}{4}$ sin hacer dibujos.

❶ Escribe los números mixtos como fracciones.	❷ Multiplica por el recíproco del divisor.	❸ Escribe el producto en su mínima expresión.
$3\frac{1}{8} \div \frac{3}{4} \longrightarrow (\frac{24}{8} + \frac{1}{8}) \div \frac{3}{4}$ $\downarrow$ $\frac{25}{8} \div \frac{3}{4}$	$\frac{25}{8} \div \frac{3}{4}$ $\downarrow$ $\frac{25}{8} \times \frac{4}{3} = \frac{100}{24}$	$\frac{100}{24} \longrightarrow \frac{96}{24} + \frac{4}{24}$ $\downarrow$ $4 + \frac{1}{6} = 4\frac{1}{6}$

⭐ De cualquier forma, puedes poner cuatro cajas de $\frac{3}{4}$ en una repisa de $3\frac{1}{8}$ pies de largo.

EJEMPLO 2: Divide $4\frac{1}{2}$ por $1\frac{1}{2}$.

 Puedes hacer un dibujo para mostrar $4\frac{1}{2} \div 1\frac{1}{2}$.

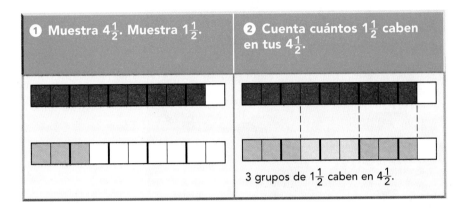

❶ Muestra $4\frac{1}{2}$. Muestra $1\frac{1}{2}$.	❷ Cuenta cuántos $1\frac{1}{2}$ caben en tus $4\frac{1}{2}$.

3 grupos de $1\frac{1}{2}$ caben en $4\frac{1}{2}$.

 Puedes dividir $4\frac{1}{2}$ por $1\frac{1}{2}$ sin hacer dibujos.

❶ Escribe los números mixtos como fracciones.	❷ Multiplica el dividendo por el recíproco del divisor.	❸ Escribe el producto en su mínima expresión.
$4\frac{1}{2} \div 1\frac{1}{2}$ $(\frac{8}{2} + \frac{1}{2}) \div (\frac{2}{2} + \frac{1}{2})$ $\frac{9}{2} \div \frac{3}{2}$	$\frac{9}{2} \div \frac{3}{2}$ $\frac{9}{2} \times \frac{2}{3} = \frac{18}{6}$	$\frac{18}{6} \rightarrow \frac{18 \div 6}{6 \div 6} = \frac{3}{1} \rightarrow 3$

 De cualquier forma, $4\frac{1}{2} \div 1\frac{1}{2} = 3$.

Razón, proporción y porcentaje

El dibujo de abajo está desproporcionado. La manzana de abajo es el doble de ancho que la de arriba, pero no es el doble de largo. La razón del ancho de la manzana de abajo con respecto al ancho de la manzana de arriba es de 2 a 1. Para que las manzanas fueran proporcionadas, sus longitudes también deberían tener una razón de 2 a 1.

¿Qué está mal en este dibujo?

Razón

Formas de escribir razones

Puedes comparar dos cantidades de dos formas diferentes.

EJEMPLO: Luisa tiene 10 mascotas y Andrés tiene 6. Compara estas dos cantidades.

 UNA FORMA Puedes restar para hallar la diferencia.

Luisa		Andrés	
perros 🐶 🐶		perros 🐶 🐶	
gatos 🐱 🐱 🐱		gatos	
hámsteres 🐹 🐹 🐹 🐹 🐹		hámsteres 🐹 🐹 🐹 🐹	

MÁS AYUDA

ver 028–035

número de mascotas de Luisa − número de mascotas de Andrés = mascotas de más que tiene Luisa

$$10 - 6 = 4$$

⭐ Luisa tiene 4 mascotas más que Andrés.

OTRA FORMA También puedes usar una razón para comparar dos cantidades.

$$\frac{\text{número de mascotas de Andrés}}{\text{número de mascotas de Luisa}} = \frac{6}{10}$$

⭐ La razón de mascotas de Luisa a mascotas de Andrés es de 10 a 6. Esto significa que la familia de mascotas de Luisa es $\frac{10}{6}$ ó $1\frac{2}{3}$ más grande que la familia de mascotas de Andrés. La familia de mascotas de Andrés es $\frac{6}{10}$ ó $\frac{3}{5}$ el tamaño de la de Luisa.

Las razones comparan dos números.

MÁS AYUDA

ver 037, 180

CASO 1 Puedes usar una razón para comparar una parte de algo con su todo. Esta razón es como una fracción corriente.

La razón de perros a mascotas de Luisa es de 2 a 10 (lo que también se puede escribir como 2:10 ó $\frac{2}{10}$. La fracción te indica que la razón es lo mismo que 1:5).

CASO 2 Puedes usar una razón para comparar una parte de una cosa con otra parte de la misma cosa.

La razón de perros a gatos de Luisa es de 2 a 3 (2:3).

CASO 3 Puedes usar una razón para comparar una parte de una cosa con una parte de otra cosa.

La razón de perros de Luisa a perros de Andrés es de 2 a 2 (2:2 ó 1:1).

CASO 4 Puedes usar una razón para comparar el todo de una cosa con el todo de otra cosa.

La razón de familia de mascotas de Luisa a familia de mascotas de Andrés es de 10 a 6 (10:6 ó 5:3). La razón de familia de mascotas de Andrés a familia de mascotas de Luisa es de 6 a 10 (6:10 ó 3:5).

Esto quiere decir que por cada 5 mascotas que tiene Luisa, Andrés tiene 3. Si quisieran comprar más mascotas pero conservar la misma razón, tendrían que hacer lo siguiente:

Mascotas de Luisa	Mascotas de Andrés	Razón
10	6	10:6 ó 5:3
15	9	15:9 ó 5:3
20	12	20:12 ó 5:3
25	15	25:15 ó 5:3

Formas de escribir razones

Una agencia de venta de automóviles hace un pedido de autos y camionetas con base en los colores que normalmente compran sus clientes.

	Autos	Camionetas
Verde		
Blanco		
Negro		
Rojo		
Total	32	16

Estas son algunas formas de comparar los autos usando razones.

Formas de escribir	Comparar autos rojos con todos los autos (una parte con el todo)	Comparar autos rojos con autos blancos (una parte con otra parte)	Comparar autos rojos con camionetas rojas (una parte con otra parte)	Comparar autos con camionetas (un todo con otro todo)
Usar a	8 a 32	8 a 10	8 a 4	32 a 16
Usar dos puntos	8:32	8:10	8:4	32:16
Usar fracciones	$\frac{8}{32}$ ó $\frac{1}{4}$	$\frac{8}{10}$ ó $\frac{4}{5}$	$\frac{8}{4}$ ó $\frac{2}{1}$	$\frac{32}{16}$ ó $\frac{2}{1}$

¡ATENCIÓN! Razones y fracciones son diferentes

Las razones pueden tener numerador y denominador. También se pueden simplificar como se simplifican las fracciones. El denominador de una fracción *siempre* indica cómo se divide el todo en partes iguales. En las razones, el denominador *puede* indicar una de tres cosas.

Clase de Pablo	Niñas 17	Muchachos 13	Total 30
Clase de Ana	Niñas 16	Muchachos 15	Total 31

CASO 1 El denominador puede estar indicando el número de partes que tiene el todo.

La razón de niñas en la clase de Pablo a estudiantes en la misma clase.

$\dfrac{17}{30}$ El numerador representa una *parte* de la clase.
El denominador representa *toda* la clase.

CASO 2 El denominador puede estar indicando el número de partes que tiene un todo diferente.

La razón de niñas en la clase de Pablo a niñas en la clase de Ana es

$\dfrac{17}{16}$ El número natural en el numerador representa las niñas en la clase de Pablo.
El número natural en el denominador representa las niñas en la clase de Ana.

CASO 3 El denominador puede estar indicando una parte diferente del todo que la que indica el numerador. ¡Incluso puede estar indicando una parte de un todo diferente!

La razón de niñas en la clase de Pablo a muchachos en la clase de Pablo es

$\dfrac{17}{13}$ El numerador indica una *parte* de la clase.
El denominador indica otra *parte* de la clase.

Las razones no siguen las mismas reglas de las fracciones cuando se refieren a unidades de medida. Una fracción compara cosas que tienen las mismas unidades. Una razón *puede* comparar cosas que tienen las mismas unidades (como vasos de limonada o vasos de agua). Pero una razón también puede comparar cosas que no tienen las mismas unidades. (por ejemplo, 30 millas recorridas con 1 galón de gasolina). No importa qué estés haciendo, no sumes ni restes razones, porque no las puedes usar como fracciones para hacer cálculos.

Proporción

181

Imagina que vas a organizar unos equipos para jugar un campeonato de sófbol. La razón de equipos a jugadores es de 1 a 9. Si quieres tener 4 equipos, necesitas 36 jugadores. Debes conservar la misma razón de equipos a jugadores: $\frac{1}{9} = \frac{4}{36}$

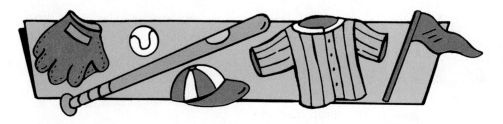

182 — Formas de escribir proporciones

Una **proporción** es una ecuación que muestra dos razones iguales.

EJEMPLO: La razón entre largo y ancho en la bandera oficial de los Estados Unidos es de 19 a 10.

(Fuente: The Flag Book of the United States)

Un fabricante de banderas quiere hacer una bandera que sea el doble de larga (38 pulgadas). Eso significa que también debe ser el doble de ancha (20 pulgadas). Muestra esta relación con una proporción.

Puedes escribir
proporciones como
escribes razones.

Formas de escribir	Comparar razones entre largo y ancho
Con a	largo oficial a nuevo largo = ancho oficial a nuevo ancho 19 a 38 = 10 a 20
Con dos puntos	largo oficial : nuevo largo = ancho oficial : nuevo ancho 19:38 = 10:20
Con fracciones	$\dfrac{\text{largo oficial}}{\text{nuevo largo}} = \dfrac{\text{ancho oficial}}{\text{nuevo ancho}}$ $\dfrac{19}{38} = \dfrac{10}{20}$ $\dfrac{1}{2} = \dfrac{1}{2}$

Lee proporciones de la misma manera que lees analogías.

Escribe: zapato : pie =
sombrero : cabeza
Di: *zapato es a pie como
sombrero es a cabeza*

Escribe: 19:38 = 10:20
Di: diecinueve es a treinta
y ocho como diez es a
veinte

Términos de una proporción   183

Mira esta proporción.

nuevo largo : largo oficial = nuevo ancho : ancho oficial
$$38:19 = 20:10$$

Cada elemento de la proporción se llama **término.** *Nuevo largo*
es un término. También *largo oficial.* Toda proporción tiene
cuatro términos.

MÁS AYUDA

ver 035, 183

Puedes formar nuevos colores de plastilina cuando mezclas plastilina de colores. Si quieres hacer una pila *exactamente* igual a otra, puedes usar proporciones.

EJEMPLO: Imagina que hiciste una pila de plastilina morada mezclando 2 barras de plastilina roja y 3 barras de plastilina azul. Después quieres formar una pila más grande exactamente del mismo color. Para lograrlo, usarás 8 barras de plastilina roja. ¿Cuántas barras de plastilina azul necesitas?

Puedes usar una proporción para solucionar este problema.

rojo ⟶   azul ⟶ $\dfrac{2}{3} = \dfrac{8}{\blacksquare}$ ⟵ rojo   ⟵ azul

Ahora tienes que **solucionar esta proporción.** Eso significa que tienes que hallar el valor del término que falta.

UNA FORMA   Puedes solucionar una proporción hallando fracciones equivalentes.

rojo ⟶   azul ⟶ $\dfrac{2 \times 4}{3 \times 4} = \dfrac{8}{12}$ ⟵ rojo   ⟵ azul

OTRA FORMA   Puedes solucionar una proporción usando **productos cruzados.** En cualquier pareja de razones iguales, los productos cruzados son iguales.

$\dfrac{2}{3} \diagup \!\!\!\!\diagdown \dfrac{8}{\blacksquare}$ $2 \times \blacksquare = 24$

$3 \times 8 = 24$

Dado que $2 \times 12 = 24$, $\blacksquare = 12$

   De cualquier forma, necesitas 12 barras de plastilina azul.

Solucionar proporciones usando tasas

Una **tasa** es una razón especial. Se ocupa de cantidades que no se miden de la misma manera, por ejemplo millas y horas. En una **tasa unitaria,** el denominador siempre es 1. Un **porcentaje** es una tasa en la que el denominador siempre es 100. Las tasas son fáciles de usar en problemas sobre proporciones porque son fáciles de calcular. Esta es una lista de tasas que tal vez conoces.

Tasa	Razón
millas por hora (mph)	$\dfrac{\text{número de millas recorridas}}{1 \text{ hora}}$
revoluciones por minuto (rpm)	$\dfrac{\text{número de giros completos}}{1 \text{ minuto}}$
millas por galón (mpg)	$\dfrac{\text{número de millas recorridas}}{1 \text{ galón de gasolina}}$

EJEMPLO: Conduces tu bicicleta a una tasa de 10 millas por hora. A esa rapidez, ¿cuántas millas recorrerás en dos horas?

Puedes plantear y solucionar una proporción.

$$\text{millas} \longrightarrow \frac{10}{1} = \frac{\blacksquare}{2} \longleftarrow \text{millas}$$
$$\text{horas} \longrightarrow \qquad \longleftarrow \text{horas}$$

$$\frac{10 \times 2}{1 \times 2} = \frac{20}{2}$$

Dado que 10 millas por hora es una tasa unitaria, puedes multiplicar la tasa por el tiempo para obtener la distancia.
$10 \times 2 = 20$

⭐ De cualquier forma, recorrerás 20 millas en 2 horas.

186

Precio unitario

ACME COMPAÑÍA DE CARNES
Carne molida magra
PRECIO UNITARIO: **$1.30**
FECHA DE VENCIMIENTO: **10/7**
PESO NETO **1.5 lbs**
PRECIO TOTAL: **$1.95**

Peso neto es el peso total de la carne en libras, sin el empaque. El peso neto es 1.5 libras. El precio unitario es el precio de una libra de carne.

Para calcular el precio unitario de un producto, puedes hacer y solucionar una proporción.

$$\frac{\text{precio total}}{\text{unidades en el paquete}} = \frac{\text{precio}}{\text{una unidad}}$$

La razón $\frac{\text{precio}}{\text{una unidad}}$ es el precio unitario.

EJEMPLO: ¿Cuál es el precio unitario de cada caja de jugo?

Frambuesa, precio unitario → $\frac{25¢}{8 \text{ oz}} = \frac{3.125¢}{1 \text{ oz}}$

Manzana, precio unitario → $\frac{20¢}{8 \text{ oz}} = \frac{2.5¢}{1 \text{ oz}}$

⭐ El jugo de frambuesa cuesta 3.125 centavos por onza.
El jugo de manzana cuesta 2.5 centavos por onza.

187

¡ATENCIÓN! La mejor compra

El precio unitario es apenas un aspecto para decidir qué comprar.

EJEMPLO: Una lata de 3 onzas de comida para gatos tiene un precio unitario de 25¢ la onza. Una lata de 16 onzas de otra marca tiene un precio unitario de 10¢ la onza. ¿Cuál es mejor compra?

⭐ La de 16 onzas es mejor compra sólo si:
- tu gato siempre se lo come todo,
- come bastante y no se desperdicia el contenido,
- ambos paquetes son reciclables

Dibujar a escala

Una **escala** es la razón entre la medida en un mapa o modelo y la medida del objeto real. Un **dibujo a escala** tiene la misma forma, pero no el mismo tamaño del objeto que representa. Las dimensiones aumentan o disminuyen proporcionalmente.

MÁS AYUDA

ver 035, 369

EJEMPLO 1: Tu tarea de ciencias sociales es hacer un mapa de del salón de clases. El salón mide 33 pies de largo. ¿Qué escala puedes usar para dibujar tu mapa en una hoja de 11 pulgadas de largo?

Recuerda que las razones no tienen que usar unidades iguales. Escribe y resuelve una proporción.

escala ⟶ $\dfrac{11 \text{ pulgadas}}{33 \text{ pies}}$ = $\dfrac{1 \text{ pulgada}}{\blacksquare \text{ pies}}$ ⟵ escala
real ⟶ ⟵ real

$$\frac{11 \div 11}{33 \div 11} = \frac{1}{3}$$

⭐ La escala puede ser: 1 pulgada igual a 3 pies.

EJEMPLO 2: Elegiste una escala de 1 pulgada igual a 3 pies para tu mapa. El salón de clases mide 20 pies de ancho. ¿Cabrá el ancho del salón en las $8\frac{1}{2}$ pulgadas de ancho de tu hoja?

Para hallar el ancho del salón más grande que quepa en la hoja, escribe y soluciona una proporción.

escala ⟶ $\dfrac{1 \text{ pulgada}}{3 \text{ pies}}$ = $\dfrac{8.5 \text{ pulgadas}}{\blacksquare \text{ pies}}$ ⟵ escala
real ⟶ ⟵ real

$$\frac{1 \times 8.5}{3 \times 8.5} = \frac{8.5}{25.5}$$

⭐ Esto te dice que tu hoja es lo suficientemente ancha para abarcar 25.5 pies. Puesto que sólo necesitas mostrar 20 pies, tu mapa cabe en la hoja.

Porcentaje

$\frac{3}{5}$ de los estudiantes son niños.

60% de los estudiantes son niños.

Escuela A

Niñas / Niños

$\frac{5}{8}$ de los estudiantes son niños.

62.5% de los estudiantes son niños.

Escuela B

Niñas / Niños

El porcentaje te permite ver más fácilmente que la escuela B tiene una razón mayor de niños a niñas que la escuela A.

Leer y escribir porcentajes

Porcentaje quiere decir *por cada cien.*

MÁS AYUDA

ver 019–020, 043–044

● Tienes 100 canicas de las cuales 25 son azules. 25% de las canicas son azules.
Escribe: 25%
Di: *veinticinco por ciento*

● La meta de tu clase era lavar 100 autos en un día. Ese día lavaron 150 autos. ¡Lograron el 150% de su meta!

Meta de hoy: 100 autos

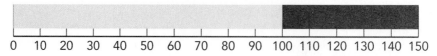

0 10 20 30 40 50 60 70 80 90 100 110 120 130 140 150

El porcentaje es como una razón en la cual el segundo término es 100. Puedes comparar un número con 100 de tres formas: como porcentaje, como fracción y como decimal.

Porcentaje	Fracción	Decimal
25%	$\frac{25}{100}$	0.25
200%	$\frac{200}{100} = 2$	2.00
12.5%	$\frac{12.5}{100} = \frac{125}{1000}$	0.125

Comparar porcentajes   191

CASO 1   Si los porcentajes describen cosas del mismo tamaño, entonces tiene sentido compararlas.

EJEMPLO 1: En Des Moines, Iowa, el promedio anual de días soleados es 59%. En Abilene, Texas, el promedio anual de días soleados es 70%. ¿Cuál de los dos pueblos tiene más días soleados?

(Fuente: National Weather Service, San Francisco)

 Estos porcentajes describen el promedio de días al año. Por eso los puedes comparar. 70% > 59%. Abilene tiene más días soleados que Des Moines.

CASO 2   Si los porcentajes describen cosas de tamaños diferentes, tal vez no tiene sentido compararlas.

EJEMPLO 2: Aproximadamente el 5% de los habitantes de Des Moines tienen entre 10–13 años de edad. Alrededor de 5.6% de los habitantes de Abilene tienen entre 10–13 años de edad. ¿Qué ciudad tiene más habitantes entre 10–13 años?

(Fuente: U.S. Census Bureau. Datos del censo de 1990)

 Dado que no sabes cuántos habitantes tienen estas dos ciudades, no puedes saber si hay más personas entre 10–13 años en Abilene o en Des Moines.

Calcular porcentajes

La expresión de un porcentaje involucra tres números.

1. El todo

2. El porcentaje

3. La parte (¡la parte *puede* ser del mismo tamaño que, ó incluso mayor que el todo!)

Si conoces dos de estos tres números, puedes hallar el tercero.

Porcentaje	del	todo	=	parte
■%	de	■	=	■
10%	de	50	=	5

Hallar el porcentaje de un número

Puedes hacer un presupuesto para planificar cómo vas a gastar tu dinero. Este es el presupuesto de la familia Jones para los gastos semanales de las actividades de su hija Juanita.

MÁS AYUDA

ver 035, 184

TOTAL: $20

CUOTA EQUIPO DE FÚTBOL... 15%
REFRIGERIOS... 15%
CINE... 25%
MÚSICA... 25%
OTRAS COSAS... 20%

Si Juanita quiere averiguar cuánto dinero puede gastar en cada actividad, tiene que hallar una cantidad que sea un porcentaje de $20.

EJEMPLO: A Juanita Jones le gusta ir al cine una vez por semana. El teatro cuesta $5.50. ¿Su presupuesto le permite ir al cine una vez por semana?

Puedes entender el problema dibujando dos líneas y anotando los números.

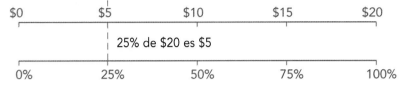

Puedes escribir el porcentaje como fracción y luego solucionar una proporción usando fracciones equivalentes.

❶ Escribe el porcentaje como fracción.	❷ Escribe la proporción.	❸ Soluciona la proporción usando fracciones equivalentes.
$25\% = \frac{25}{100}$	parte $\longrightarrow$ $\frac{25}{100} = \frac{\blacksquare}{20}$ $\longleftarrow$ parte todo $\longrightarrow$ $\longleftarrow$ todo	$\frac{25 \div 5}{100 \div 5} = \frac{5}{20}$

Puedes escribir el porcentaje como fracción y luego solucionar una proporción usando productos cruzados.

❶ Escribe el porcentaje como fracción.	❷ Escribe la proporción.	❸ Soluciona la proporción usando productos cruzados.
$25\% = \frac{25}{100}$	parte $\longrightarrow$ $\frac{25}{100} = \frac{\blacksquare}{20}$ $\longleftarrow$ parte todo $\longrightarrow$ $\longleftarrow$ todo	$25 \times 20 = 500$ $100 \times \blacksquare = 500$ $\blacksquare = 5$

De cualquier forma, Juanita sólo tiene $5 para gastar en el cine. Dado que el cine cuesta $5.50, tiene que buscar otro teatro, alquilar la película en la tienda de vídeos o gastar parte del dinero que tiene para otras cosas.

MÁS AYUDA

ver 035, 184

¿Qué porcentaje de un número es otro número?

Esta es la información nutricional que sale en una lata de caldo de gallina.

Esto significa que una taza de este caldo tiene 25 calorías. De esas 25 calorías, 15 provienen de la grasa que tiene el caldo.

EJEMPLO: ¿Qué porcentaje de calorías en una porción provienen de la grasa?

Cantidad por porción 1 taza
Calorías 25
Calorías de grasa 15

(Fuente: Collage Inn Chicken Broth)

 UNA FORMA Puedes entender el problema dibujando líneas y anotando los números.

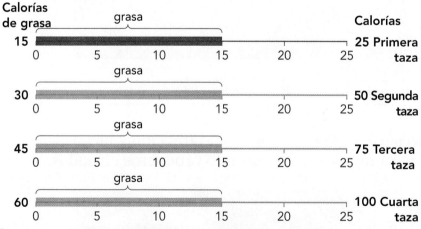

 OTRA FORMA Puedes solucionar una proporción.

❶ Escribe el porcentaje como fracción.	❷ Escribe la proporción.	❸ Soluciona la proporción.
$\blacksquare\% = \dfrac{\blacksquare}{100}$	parte $\rightarrow$ $\dfrac{15}{25} = \dfrac{\blacksquare}{100}$ $\leftarrow$ parte, todo $\rightarrow$ ... $\leftarrow$ todo	$\dfrac{15 \times 4}{25 \times 4} = \dfrac{60}{100}$

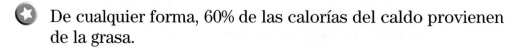 De cualquier forma, 60% de las calorías del caldo provienen de la grasa.

Hallar el total cuando se conoce el porcentaje

Puedes hacer un cálculo para averiguar la cantidad total cuando sólo conoces la parte y el porcentaje. Mira la información nutricional en el rótulo del caldo de gallina.

MÁS AYUDA

ver 035, 037, 184

Esto significa que una porción de este caldo de gallina tiene 1.5 gramos de grasa. Esta cantidad es el 2% de la cantidad de grasa diaria que recomienda el gobierno.

EJEMPLO: ¿Cuántos gramos diarios de grasa recomienda el gobierno?

 Puedes entender el problema dibujando una línea y anotando los números.

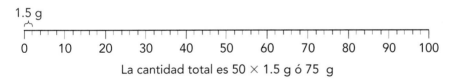

La cantidad total es 50 × 1.5 g ó 75 g

 Puedes solucionar una proporción.

❶ Escribe el porcentaje como fracción.	❷ Escribe la proporción.	❸ Soluciona la proporción.
$2\% = \frac{2}{100}$ $\frac{2}{100} = \frac{1}{50}$	parte → $\frac{1}{50} = \frac{1.5}{\blacksquare}$ ← parte todo ← todo	$50 \times 1.5 = 75$ $1 \times \blacksquare = 75$ $\blacksquare = 75$

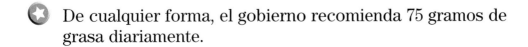 De cualquier forma, el gobierno recomienda 75 gramos de grasa diariamente.

MÁS AYUDA

ver 239, 246

Interés simple

Interés es la cantidad que una persona paga por usar el dinero de otra persona. Si inviertes tu dinero en una cuenta de ahorros, el banco te paga intereses. Esto lo hacen porque están contentos con tu dinero. El banco lo usa para ganar dinero para ti y para el banco. Si le pides dinero prestado al banco, tú tienes que pagarle intereses al banco. La cantidad de dinero tomada en préstamo o invertida se llama **capital.** La **tasa de interés** es el porcentaje que se cobra o que se paga durante un período determinado de tiempo.

EJEMPLO: Imagina que pides prestados $500 para comprar una bicicleta todo terreno. La tasa de interés simple es 12% anual. Tú quieres hacer tus pagos durante 2 años. ¿Cuánto pagarás de interés? ¿Cuánto le pagarás al banco en total?

Para calcular el interés que debes pagar, puedes usar esta fórmula:

interés *(I)* = capital *(c)* × tasa anual *(r)* × tiempo en años *(t)*

$$I = crt$$
$$= 500 \times 0.12 \times 2$$
$$= 120$$

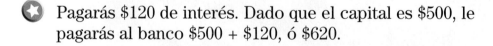

$12\% = 0.12$

⭐ Pagarás $120 de interés. Dado que el capital es $500, le pagarás al banco $500 + $120, ó $620.

Descuento

197

Cuando una tienda está de promoción, rebaja los precios originales. Un **descuento** es un porcentaje o fracción del precio original que se le resta para ofrecer el precio de promoción.

MÁS AYUDA

ver 246

EJEMPLO: El precio original de unos pantalones de ciclismo es $40. Durante la promoción, la tienda descuenta el 25%. ¿Cuánto te ahorras al comprar los pantalones en promoción? ¿Cuánto tienes que pagar por ellos?

Para solucionar el problema, averigua el 25% de $40.

número original × porcentaje = porcentaje del número

$$40 \times 25\% = \blacksquare$$
$$\downarrow$$
$$40 \times 0.25 = 10.00$$

⭐ Ahorras $10 al comprar los pantalones en promoción. Pagarás $40 − $10, ó $30 por esos pantalones.

Pre-Álgebra

¿Era una "X"? ¡Habría jurado que era una "Y"!

¡La navegante de la nave espacial U.S. Halcón estaba ligeramente equivocada en sus cálculos algebraicos y se desvió 2 mil millones de años luz de su destino final!

Las cosas cambian. Cuando lanzas una pelota al aire, se demora un tiempo en subir, nivelarse y bajar. Cuando lavas más autos para recaudar fondos, consigues más dinero. La rapidez de la pelota y la cantidad de dinero varían, pero aun así puedes describirlos. Para describir cosas que varían, los matemáticos se inventaron el **álgebra.** Con el álgebra es más fácil relacionar dos cosas que cambian (por ejemplo, dólares ganados y horas trabajadas).

La palabra *álgebra* que usamos en español viene de dos palabras árabes: *al* (el o la) + *jabara* (reunir). Esto tiene sentido, porque el álgebra nos ayuda a unir muchas ideas matemáticas.

(Fuente: Webster's New College Dictionary)

199 Enteros

MÁS AYUDA

ver 045–048

Los números **enteros** son todos los números naturales y sus opuestos. Seis y ⁻6 son enteros. Son opuestos. Cero es un número entero. Es opuesto de sí mismo. Cuando haces cálculos con enteros es como cuando empiezas a conocer un nuevo barrio de la ciudad: tienes que fijarte en los signos.

200 Enteros en la recta numérica

Has de cuenta que el signo $(+ \text{ ó } -)$ de un entero es un aviso de direcciones. Si el signo es un aviso, la recta numérica es una autopista de enteros. La plataforma de entrada se ubica en cero. A la izquierda de cero es negativo. A la derecha de cero es positivo.

NEGATIVO   CERO   POSITIVO

⁻6   ⁻5   ⁻4   ⁻3   ⁻2   ⁻1   0   +1   +2   +3   +4   +5

Por lo general, a los números positivos no les ponemos el signo "más" arriba a la izquierda.
Recuerda: si el número no tiene aviso de dirección, es positivo.

Sumar enteros 201

Recuerda: 1 positivo es una unidad a la derecha de cero en la recta numérica. 1 negativo es una unidad a la izquierda de cero en la recta numérica. Si empiezas en cero y te mueves una unidad a la derecha y luego una unidad a la izquierda (1 + ⁻1), llegas de nuevo a cero. A veces 1 positivo y ⁻1 se llaman **par nulo** porque la suma da cero.

Puedes usar fichas para sumar enteros. Para ilustrar la suma de enteros con fichas, usa dos colores. Un color indica positivo y un color diferente indica negativo.

Entender sumandos positivos

202

EJEMPLO: Suma. $3 + 6 = $ ■

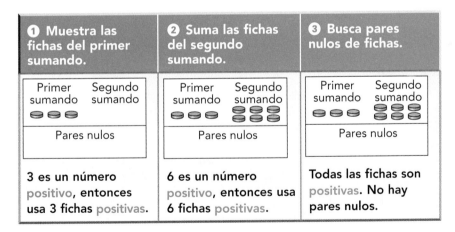

❶ Muestra las fichas del primer sumando.	❷ Suma las fichas del segundo sumando.	❸ Busca pares nulos de fichas.
Primer sumando Segundo sumando	Primer sumando Segundo sumando	Primer sumando Segundo sumando
Pares nulos	Pares nulos	Pares nulos
3 es un número positivo, entonces usa 3 fichas positivas.	6 es un número positivo, entonces usa 6 fichas positivas.	Todas las fichas son positivas. No hay pares nulos.

Todas las fichas restantes serán de un color. Cuéntalas. Si las fichas son azules, la suma es positiva. Si las fichas son rojas, la suma es negativa.

⭐ $3 + 6 = 9$

Entender sumandos positivos y negativos

EJEMPLO 1: Suma. $^-3 + 6 = $ ■

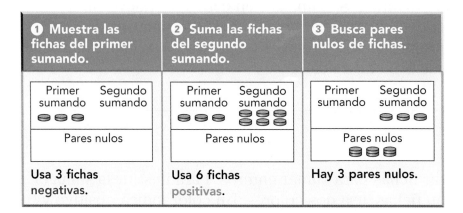

Todas las fichas restantes serán de un color. Cuéntalas. Las fichas son azules y por eso la suma es positiva.

⭐ $^-3 + 6 = 3$

EJEMPLO 2: SUMA. $3 + {}^-6 = $ ■

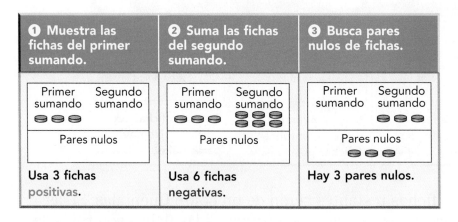

Todas las fichas restantes serán de un color. Cuéntalas. Las fichas son rojas y por eso la suma es negativa.

⭐ $3 + {}^-6 = {}^-3$

Entender sumandos negativos

EJEMPLO 3: Suma $^-3 + {}^-6 =$ ■

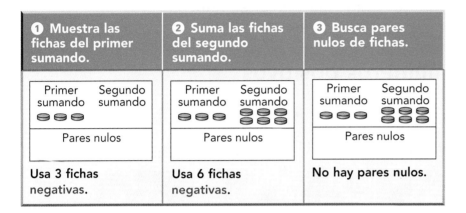

Todas las fichas restantes serán de un color. Cuéntalas. Las fichas son rojas y por eso la suma es negativa.

⭐ $^-3 + {}^-6 = {}^-9$

Reglas para sumar enteros

Puedes sumar enteros sin usar fichas.

● Si los signos son iguales, has de cuenta que los signos no existen. Suma los números. Luego añade el signo de los sumandos a la suma.
$^-25 + {}^-75 = {}^-100$ y $25 + 75 = 100$

● Si los signos son diferentes, has de cuenta que los signos no existen. Réstale el número más pequeño al número más grande. Mira el número del cual restaste. ¿Qué signo tenía antes de que hicieras de cuenta que no tenía signo? Ese es el signo que va en tu respuesta.
$^-25 + 75 = 50$ y $25 + {}^-75 = {}^-50$

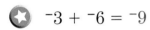

Igual signo   Igual signo

206 Restar enteros

MÁS AYUDA

ver 201–205

Puedes volver a escribir la resta como una suma, porque restar un número es lo mismo que sumar su opuesto.

207 Restar números positivos

EJEMPLO 1: Resta. $6 - 4 = \blacksquare$

Primero, escribe de nuevo la resta como suma. $6 - 4 = 6 + {}^-4$

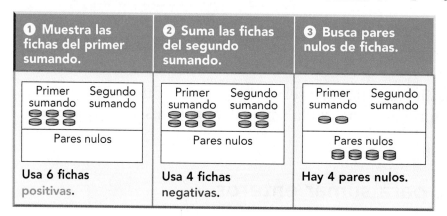

⭐ $6 - 4 = 2$

EJEMPLO 2: Resta. ${}^-6 - 4 = \blacksquare$

Primero, escribe de nuevo la resta como suma. ${}^-6 - 4 = {}^-6 + {}^-4$

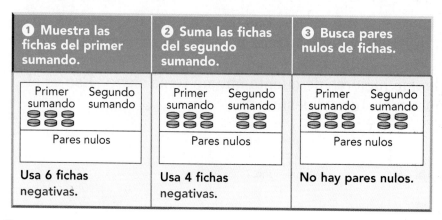

⭐ ${}^-6 - 4 = {}^-10$

Restar números negativos

EJEMPLO 1: Resta. $^-6 - {}^-4 = \blacksquare$

Primero, escribe de nuevo la resta como suma. $^-6 - {}^-4 = {}^-6 + 4$

❶ Muestra las fichas del primer sumando.	❷ Suma las fichas del segundo sumando.	❸ Busca pares nulos de fichas.
Primer sumando Segundo sumando Pares nulos	Primer sumando Segundo sumando Pares nulos	Primer sumando Segundo sumando Pares nulos
Usa 6 fichas negativas.	**Usa 4 fichas** positivas.	**Hay 4 pares nulos.**

 $^-6 - {}^-4 = {}^-2$

> Restar un número negativo es lo mismo que usar una negación doble en español: ¡si no tienes ninguna tarea, entones sí tienes tareas!

EJEMPLO 2: Resta. $6 - {}^-4 = \blacksquare$

Primero, escribe de nuevo la resta como suma. $6 - {}^-4 = 6 + 4$

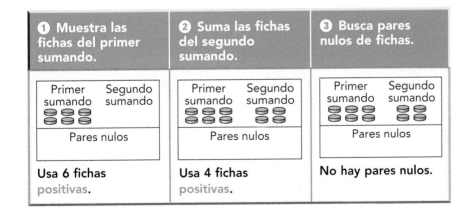

❶ Muestra las fichas del primer sumando.	❷ Suma las fichas del segundo sumando.	❸ Busca pares nulos de fichas.
Primer sumando Segundo sumando Pares nulos	Primer sumando Segundo sumando Pares nulos	Primer sumando Segundo sumando Pares nulos
Usa 6 fichas positivas.	**Usa 4 fichas** positivas.	**No hay pares nulos.**

$6 - {}^-4 = 10$

209

Reglas para restar enteros

Puedes restar enteros sin usar fichas. Primero, escribe de nuevo la resta como suma.

● Si los signos son iguales, has de cuenta que no existen. Suma los números. Luego añade el signo de los sumandos a la suma.

$$^-25 - 75 \longrightarrow {}^-25 + {}^-75 = {}^-100$$

Signos iguales

● Si los signos son diferentes, has de cuenta que no existen. Réstale el número más pequeño al número más grande. Mira el número del cual restaste. ¿Qué signo tenía antes de que hicieras de cuenta que no tenía signo? Ese es el signo que va en tu respuesta.

$$^-25 - {}^-75 \longrightarrow {}^-25 + 75 = 50$$

210 | **Multiplicar enteros**

Usa patrones para que entiendas mejor cómo multiplicar enteros.

CASO 1 Cuando multiplicas un número positivo por un número negativo, el producto es negativo.

$$3 \times 2 = 6$$
$$3 \times 1 = 3$$
$$3 \times 0 = 0$$
$$3 \times {}^-1 = {}^-3$$
$$3 \times {}^-2 = {}^-6$$

CASO 2 Cuando multiplicas dos números negativos, el producto es positivo.

$$2 \times {}^-3 = {}^-6$$
$$1 \times {}^-3 = {}^-3$$
$$0 \times {}^-3 = 0$$
$${}^-1 \times {}^-3 = 3$$
$${}^-2 \times {}^-3 = 6$$

ATAJO

Puedes multiplicar enteros sin usar el patrón.

• Cuando los factores tienen el mismo signo, has de cuenta que los signos no existen. Multiplica. El producto siempre es positivo.

$^-400 \times {}^-50 = 20{,}000$ y $400 \times 50 = 20{,}000$

• Cuando los factores tienen signos diferentes, has de cuenta que los signos no existen. Multiplica. El producto siempre es negativo.

$^-400 \times 50 = {}^-20{,}000$ y $400 \times {}^-50 = {}^-20{,}000$

Dividir enteros   211

La multiplicación y la división están relacionadas. Puedes dividir con enteros escribiendo de nuevo ecuaciones de división como ecuaciones de multiplicación.

MÁS
AYUDA

ver 145

Ecuación de división	Ecuación de multiplicación relacionada
$30 \div 5 = 6$	$6 \times 5 = 30$
$^-30 \div 5 = {}^-6$	$^-6 \times 5 = {}^-30$
$^-30 \div {}^-5 = 6$	$6 \times {}^-5 = {}^-30$
$30 \div {}^-5 = {}^-6$	$^-6 \times {}^-5 = 30$

EJEMPLO: Divide. $^-28 \div 7 = \blacksquare$

$^-28 \div 7 = \blacksquare$ es lo mismo que plantearse $\blacksquare \times 7 = {}^-28$. El producto es negativo. Esto significa que uno de los factores es positivo y el otro es negativo. El factor que ya conoces es positivo. Entonces, el factor que falta tiene que ser negativo.

Si los signos son iguales, el cociente es positivo. Si los signos son diferentes, el cociente es negativo.

 Dado que $^-4 \times 7 = {}^-28$, $^-28 \div 7 = {}^-4$.

Orden de las operaciones

Usar paréntesis para mostrar el orden

El **orden de las operaciones** es un conjunto de reglas. Estas te dicen el orden en el que debes hacer tus cálculos para que obtengas el mismo resultado que obtendrían los demás.

EJEMPLO: Calcula. $6 + 4 \times 3 \div 6 = $ ■

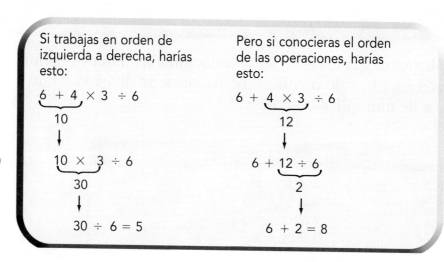

Si trabajas en orden de izquierda a derecha, harías esto:

$6 + 4 \times 3 \div 6$

10

$10 \times 3 \div 6$

30

$30 \div 6 = 5$

Pero si conocieras el orden de las operaciones, harías esto:

$6 + 4 \times 3 \div 6$

12

$6 + 12 \div 6$

2

$6 + 2 = 8$

MÁS AYUDA

ver 214

⭐ $6 + 4 \times 3 \div 6$ no es igual a 8. El orden de las operaciones se asegura de que sólo haya una respuesta correcta para este o cualquier otro cálculo.

Usar paréntesis para mostrar el orden de las operaciones

Algunas veces, cuando escribes un problema, no quieres seguir el orden corriente de las operaciones. Entonces puedes usar los paréntesis para indicar *qué hacer primero*.

EJEMPLO: Cinco amigos recibieron cada uno una caja llena de golosinas y 6 golosinas más. Escribe una ecuación que muestre cuántas golosinas hay en todas esas cajas y cuántas golosinas hay de más.

MÁS AYUDA

ver 235–239

Aunque no sepas cuántas golosinas hay en una caja, puedes escribir una expresión que muestre cuántas hay.

$5 \times$ [GOLOSINAS] $+ 6$

El orden de las operaciones te diría que multipliques 5 por [GOLOSINAS] y que sumes 6. Pero cada uno de los amigos tiene una *suma* de golosinas ([GOLOSINAS] $+ 6$) y tienes que multiplicar la suma por 5.

Usa paréntesis para agrupar la suma: $5 \times$ ([GOLOSINAS] $+ 6$).

Entonces, si [GOLOSINAS] $= 4$, haces el cálculo así:

$5 \times (4 + 6)$

$5 \times \quad 10 = 50$

MÁS AYUDA

ver 064, 067, 442

Para estar seguro de que todos obtengan la misma respuesta al hacer un cálculo, usamos reglas que se llaman **orden de las operaciones.**

A lo mejor esta oración te ayude a recordar: "Pedro, págame rápido mi dinero el sábado cuando regreses".

1. Haz primero el cálculo entre **p**aréntesis.
2. Calcula las **p**otencias o **r**aíces.
3. **M**ultiplica o **d**ivide en orden.
4. **S**uma o **r**esta en orden.

EJEMPLO 1: Cinco amigos recogieron 300 latas. Luego las llevaron a una tienda que les pagó 6¢ por cada lata de aluminio. Quince de las latas no son de aluminio. Si se repartieron el dinero por igual, ¿cuánto le correspondió a cada uno?

● Plantea los cálculos.

300 latas, 15 no valen nada ⟶ $300 - 15$

Cada lata de aluminio vale 6¢ ⟶ $6 \times (300 - 15)$

Los cinco amigos reparten por igual ⟶ $6 \times (300 - 15) \div 5$

● Sigue el orden de las operaciones.

1. Haz el cálculo entre paréntesis ⟶ $6 \times (285) \div 5$

2. Calcula las potencias o raíces ⟶ no hay potencias o raíces

3. Multiplica o divide de izquierda a derecha ⟶ $1710 \div 5 = 342$

⭐ A cada amigo le corresponden 342¢, ó $3.42 por las latas.

EJEMPLO 2: Calcula. $16 \div 4 + (4 - 3) \times 2^2$

1. Haz el cálculo entre paréntesis $16 \div 4 + \quad 1 \quad \times 2^2$

2. Calcula las potencias o raíces $16 \div 4 + \quad 1 \quad \times 4$

3. Multiplica o divide $4 \quad + \quad 4$

4. Suma o resta 8

⭐ $16 \div 4 + (4 - 3) \times 2^2 = 8$

Propiedades

Cuando trabajas con números, hay cosas acerca de su comportamiento que siempre son iguales. Esas cosas se llaman **propiedades.**

Propiedades conmutativas

Algunas veces el orden no tiene importancia. Puedes ponerte los zapatos después del cinturón y te verías igual. Los sumandos de una suma se pueden poner en cualquier orden. La respuesta siempre será la misma. Estas operaciones se llaman **conmutativas.**

Otras veces el orden sí es importante. Si te pones las medias después de ponerte los zapatos te verías un poco extraño. En la resta y la división, si pones los números en diferente orden las respuestas serán diferentes. $20 \div 4 \neq 4 \div 20$ y $35 - 10 \neq 10 - 35$, entonces la resta y la división no son conmutativas.

Conmutativa suena como conmutar. Esto quiere decir cambiar una cosa por otra.

217

MÁS
AYUDA

ver 118–126

Propiedad conmutativa de la suma

A la **propiedad conmutativa de la suma** a veces se le llama propiedad de orden de la suma. Esta establece que cambiar el orden de los sumandos no cambia la suma.

EJEMPLO: Suma. $25 + 147 + 75 = $ ■

 Puedes seguir las reglas del orden de las operaciones.

MÁS
AYUDA

ver 214

❶ Suma los dos primeros sumandos.		❷ Suma el tercer sumando a la suma de los dos primeros.	
25	25	25	172
147	+147	147	+75
+75	172	+75	247

 Usa la propiedad conmutativa para invertir el orden de $147 + 75$. Luego puedes usar matemáticas mentales.

$25 + 147 + 75$

$25 + 75 + 147$

$100 + 147 = 247$

La suma es más fácil así porque estás usando números compatibles.

★ De cualquier forma, la suma es 247.

218

Propiedad conmutativa de la multiplicación

A la **propiedad conmutativa de la multiplicación** también se le llama propiedad de orden de la multiplicación. Esta establece que cambiar el orden de los factores no cambia el producto.

5 hileras de 3 es lo mismo que 3 hileras de 5.

EJEMPLO: Multiplica. $5 \times 29 \times 2 = $ ■

 Puedes seguir las reglas del orden de las operaciones.

❶ Multiplica los dos primeros factores.	❷ Multiplica el producto por el tercer factor.
$5 \times 29 \times 2 = $ ■ $\begin{array}{r} 5 \\ \times\ 29 \\ \hline 45 \\ \underline{100} \\ 145 \end{array}$	$5 \times 29 \times 2 = $ ■ $\begin{array}{r} 145 \\ \times\ 2 \\ \hline 290 \end{array}$

 Puedes usar la propiedad conmutativa para invertir el orden de 29 y 2. Luego puedes usar matemáticas mentales.

$5 \times 29 \times 2$

$5 \times 2 \times 29$

$10 \times 29 = 290$

 De cualquier forma, el producto es 290.

¡ATENCIÓN! La resta y la división no son conmutativas

¿$16 - 4$ es igual que $4 - 16$? No. ¿$16 \div 4$ es igual que $4 \div 16$? No. Con *un solo* caso en que no funcione la propiedad, la propiedad no se cumple para ese tipo de cálculo. Entonces, la resta y la división no son conmutativas.

219

MÁS AYUDA

ver 206–209

220 **Propiedades asociativas**

Si tienes muchas cosas que hacer, a lo mejor ahorrarías tiempo si las agrupas de alguna forma. La idea de agrupar las cosas para hacerlas más fáciles también funciona con matemáticas. Las **propiedades asociativas** establecen que puedes conservar el orden de sumandos o factores pero agrupándolos para facilitar el cálculo.

221 ## Propiedad asociativa de la suma

La **propiedad asociativa de la suma** dice que cambiar la agrupación de tres o más sumandos no cambia la suma. Entonces, $(6 + 2) + 4 = 6 + (2 + 4)$.

El 2 se asocia con 6 y luego con 4, pero el orden de los sumandos no cambia.

EJEMPLO: Suma. $57 + 25 + 25 = \blacksquare$

 UNA FORMA Puedes seguir las reglas del orden de operaciones.

❶ Suma los dos primeros sumandos.		❷ Suma el tercer sumando a la suma de los dos primeros.
57 25 + 25	57 + 25 82	82 + 25 107

 OTRA FORMA Puedes usar la propiedad asociativa para cambiar la agrupación y usar matemáticas mentales.

$(57 + 25) + 25$

$\downarrow$

$57 + (25 + 25)$

$\downarrow$

$57 + 50 = 107$

 De cualquier forma, la suma es 107.

Propiedad asociativa de la multiplicación

La propiedad asociativa de la multiplicación establece que cambiar la agrupación de los factores no cambia el producto. Entonces, $(6 \times 4) \times 2 = 6 \times (4 \times 2)$.

EJEMPLO: Multiplica. $32 \times 4 \times 25 = \blacksquare$

 Puedes seguir las reglas del orden de operaciones.

❶ Multiplica los dos primeros factores.	❷ Multiplica el producto por el tercer factor.
$32 \times 4 \times 25 = \blacksquare$ $\begin{array}{r} 32 \\ \times\ 4 \\ \hline 128 \end{array}$	$32 \times 4 \times 25 = \blacksquare$ $\begin{array}{r} 128 \\ \times\ 25 \\ \hline 640 \\ 2560 \\ \hline 3200 \end{array}$

 Puedes usar la propiedad asociativa. Cambia la agrupación de tal manera que puedas usar matemáticas mentales.

$(32 \times 4) \times 25$

$\downarrow$

$32 \times (4 \times 25)$

$\downarrow$

$32 \times 100 = 3200$

 De cualquier forma, el producto es 3200.

¡ATENCIÓN! La resta y la división no son asociativas

¿$(16 - 4) - 2$ es igual a $16 - (4 - 2)$? No. ¿$(16 \div 4) \div 2$ es igual a $16 \div (4 \div 2)$? No. Con *un solo* caso en que no funcione la propiedad, entonces la propiedad no se cumple para ese tipo de cálculo. Entonces, la resta y la división *no son* asociativas.

224 Propiedad distributiva

Cuando distribuyes cosas, las repartes. La propiedad distributiva te permite repartir números para que sea más fácil trabajar con ellos.

225 Propiedad distributiva de la multiplicación

Cualquier número puede escribirse como la suma o la diferencia de otros números. La **propiedad distributiva de la multiplicación** establece que puedes multiplicar una suma multiplicando cada sumando por separado y sumando luego los productos.

Entonces, $8 \times (20 + 3) = (8 \times 20) + (8 \times 3)$.

> Esta propiedad también se cumple cuando multiplicas una diferencia. Multiplica cada número de la diferencia y luego resta los productos.
> Entonces, $7 \times (20 - 1) = (7 \times 20) - (7 \times 1)$.

EJEMPLO 1: Halla el número de huevos en 11 docenas.

Piensa que 11 es 10 + 1 y multiplica mentalmente.

$12 \times 11 = 12 \times (10 + 1)$

$(12 \times 10) + (12 \times 1)$

$120 \quad + \quad 12 = 132$

⭐ Hay 132 huevos en 11 docenas.

EJEMPLO 2: Calcula 6×98 mentalmente.

$6 \times 98 = 6 \times (100 - 2)$

$(6 \times 100) - (6 \times 2)$

$600 \quad - \quad 12 = 588$

⭐ $6 \times 98 = 588$

Usar la propiedad distributiva con la división

Recuerda: dividir por un número es lo mismo que multiplicar por su recíproco. Entonces, el resultado de $4 \div 2$ es el mismo resultado que $4 \times \frac{1}{2}$. Esto quiere decir que puedes escribir de nuevo cualquier división como una multiplicación. Luego puedes usar la propiedad distributiva.

MÁS AYUDA

ver 171–176

EJEMPLO 1: Calcula. $(17 + 3) \div 5 = \blacksquare$

❶ Escribe de nuevo la división como multiplicación.	❷ ¿La propiedad distributiva facilita los cálculos?	❸ Calcula.
$(17 + 3) \div 5$ $\downarrow$ $(17 + 3) \times \frac{1}{5}$	No. $3 \times \frac{1}{5}$ es una fracción. Pero $20 \times \frac{1}{5}$ es fácil.	$(17 + 3) \times \frac{1}{5}$ $\downarrow$ $20 \quad \times \frac{1}{5} = \frac{20}{5} = 4$

⭐ $(17 + 3) \div 5 = 4$

EJEMPLO 2: Traes 36 huevos decorados para el concurso de la escuela. Tu amigo trae 18 más. Muestra cómo repartir los huevos entre 6 niños.

Plantea la ecuación: $(36 + 18) \div 6 = \blacksquare$

❶ Escribe de nuevo la división como multiplicación.	❷ ¿La propiedad distributiva facilita los cálculos?	❸ Calcula.
$(36 + 18) \div 6$ $\downarrow$ $(36 + 18) \times \frac{1}{6}$	Sí. Puedes multiplicar mentalmente 36 y 18 por $\frac{1}{6}$.	$(36 + 18) \times \frac{1}{6}$ $\downarrow$ $(36 \times \frac{1}{6}) + (18 \times \frac{1}{6})$ $\downarrow \qquad \downarrow$ $6 \quad + \quad 3 = 9$

⭐ A cada niño le corresponden 9 huevos.

227) Elementos de identidad

Elementos de identidad son números que se combinan con otros números en cualquier orden, sin que cambie el número original.

CASO 1 El elemento de identidad de la suma es 0, porque cuando le sumas 0 a cualquier número el resultado es ése mismo número. $5 + 0 = 5$ y $0 + 5 = 5$

CASO 2 El elemento de identidad de la multiplicación es 1, porque cuando multiplicas cualquier número por 1 el resultado es ése mismo número. $5 \times 1 = 5$ y $1 \times 5 = 5$

228 ¡ATENCIÓN! La resta y la división no tienen elementos de identidad

MÁS AYUDA

ver 219

CASO 1 Cero no es elemento de identidad de la resta.

¿Cualquier número menos 0 siempre es ese número? Si. ¿Cero menos cualquier número siempre es ese número? No. Un buen ejemplo es $0 - 1 = {}^{-}1$ (no 1). Entonces, no puedes decir que cero es elemento de identidad de la resta.

CASO 2 Uno no es elemento de identidad de la división.

¿Cualquier número dividido por 1 siempre es ese número? Sí. ¿1 dividido por cualquier número siempre es ese número? No. Un buen ejemplo es $1 \div 4 = \frac{1}{4}$ (no 4). Entonces, no puedes decir que 1 es elemento de identidad de la división.

229) Elementos inversos

MÁS AYUDA

ver 046

Elementos inversos son números que al combinarse con otros en cualquier orden resultan en los elementos de identidad 1 ó 0.

CASO 1   Sumando inverso

Los **sumandos inversos** también se llaman **opuestos**. Un número sumado con su opuesto siempre es igual a 0: 8 y ⁻8 son opuestos. $8 + {}^-8 = 0$ y ${}^-8 + 8 = 0$

CASO 2   Inverso multiplicativo

MÁS AYUDA

ver 172

Los **inversos multiplicativos** también se llaman **recíprocos.** Un número multiplicado por su recíproco siempre es igual a 1: 3 y $\frac{1}{3}$ son recíprocos. $3 \times \frac{1}{3} = 1$ y $\frac{1}{3} \times 3 = 1$

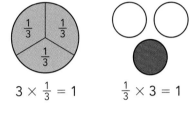

$3 \times \frac{1}{3} = 1$ $\frac{1}{3} \times 3 = 1$

Propiedad del cero   230

La **propiedad multiplicativa del cero** establece que el producto de cualquier número y 0 es 0. Entonces, $5 \times 0 = 0$ y $0 \times 5 = 0$. También, $7642.063 \times 0 = 0$ y $0 \times 7642.063 = 0$.

231

¡ATENCIÓN! No intentes dividir por cero

Piensa que la división es como deshacer una multiplicación. Esto te ayudará a ver por qué no dividimos por cero.

EJEMPLO: Intenta dividir 245 por 0.

Piensa en la ecuación de multiplicación que se relaciona con esta división.

$245 \div 0 = \blacksquare$ plantea lo mismo que $\blacksquare \times 0 = 245$.

⭐ Si lo miras de esta forma, verás que no llegas a ningún lado. ¡*Cualquier* número por cero es cero! Entonces, ningún número por 0 es 245. Los matemáticos dicen que la división por cero no se puede definir.

MÁS AYUDA

ver 237–240

232   Propiedades de igualdad

Las **propiedades de igualdad** establecen que puedes sumar o multiplicar la expresión de un lado del signo igual. Pero para que la ecuación sea verdadera, debes hacer lo mismo con la cantidad del otro lado.

233   Propiedad de igualdad de la suma

Piensa que una ecuación es como una balanza en equilibrio.

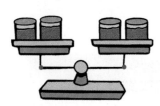 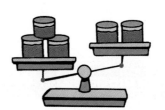 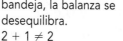 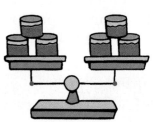

Las bandejas están en equilibrio. 2 = 2

Si le agregas algo a una bandeja, la balanza se desequilibra.
$2 + 1 \neq 2$

¡Si le agregas lo mismo a la otra bandeja, la balanza se equilibra de nuevo!
$2 + 1 = 2 + 1$

También puedes restar el mismo número a ambos lados de una ecuación sin desequilibrarla.

234   Propiedad de igualdad de la multiplicación

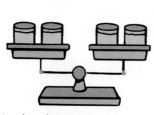 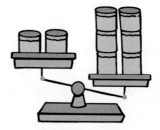 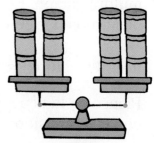

Las bandejas están en equilibrio. 2 = 2

Si multiplicas la cantidad de una bandeja por 3, la balanza se desequilibra. $2 \neq 2 \times 3$

¡Si multiplicas la cantidad de la otra bandeja por 3, la balanza se equilibra de nuevo! $2 \times 3 = 2 \times 3$

MÁS AYUDA

ver 172

También puedes dividir ambos lados de una ecuación por el mismo número sin desequilibrarla.

Expresiones y ecuaciones

Una **expresión** indica un número. Una **ecuación** describe la relación que existe entre dos expresiones. Cuando no conoces todos los números, una ecuación nombra esos números desconocidos con letras llamadas **variables.**

Variables y constantes

Una **constante** es una cantidad que permanece igual. **Variable** es una cantidad que puede cambiar.

Las constantes permanecen iguales

25 es el número de centavos en una moneda de veinticinco

12 12 es número de pulgadas en un pie

12 12 es el número de meses que tiene un año

Las variables pueden cambiar

pulgadas que mides de estatura

tiempo que le dedicas a las tareas

número de centavos en tu bolsillo

Puedes elegir la letra que tú quieras para representar una variable. A veces las primeras letras de una palabra importante hacen más fácil recordar el significado de la ecuación.

Expresiones

Una **expresión** indica un número. A veces, una expresión es un número, por ejemplo 6. A veces una expresión es una variable, por ejemplo n. Otras veces muestra una operación aritmética, por ejemplo $6n$ ó $6 + n$.

238

Escribir expresiones

Para escribir una expresión que describa lo que está sucediendo en un problema de palabras, piensa en una expresión en palabras. Usa variables cuando no conozcas los números.

MÁS AYUDA

ver 043, 206–209

EJEMPLOS:

Problema	Expresión en palabras	Expresión algebraica
Muestra una caja completa de lápices y 3 lápices más.	caja completa + 3 lápices	$c + 3$
Muestra una caja de lápices con 3 lápices que faltan.	caja completa − 3 lápices	$c - 3$
Muestra 3 cajas completas de lápices.	caja completa × 3	$3c$ Cuando tu expresión tiene variables, indica la multiplicación sin la ×.
Muestra una caja completa de lápices que comparten por igual 3 personas.	caja completa ÷ 3	$\frac{c}{3}$ Cuando tu expresión tiene variables, escribe la división como fracción.

Evaluar expresiones

Cuando evalúas una expresión, sustituyes un número por cada variable de la expresión. Luego la puedes calcular.

Expresión	Evalúa si $c = 12$
$c + 3$	$12 + 3 = 15$
$c - 3$	$12 - 3 = 9$
$3c$ Un numero junto a una variable indica multiplicación.	$3 \times 12 = 36$
$\frac{c}{3}$ La barra de fracciones indica división.	$12 \div 3 = 4$

Algunas veces, la "×" de multiplicar se confunde con una variable. Entonces, para indicar que A es el producto de l y w, puedes escribir: $A = lw$, $A = l(w)$, ó $A = l \cdot w$.

Ecuaciones

Una **ecuación** es un enunciado matemático. Este enunciado siempre dice que dos expresiones son iguales. Algunas expresiones tienen sólo una variable. En ese caso, sólo hay un número que la hace verdadera la ecuación. Pero en una ecuación con más de una variable, casi siempre hay más de una forma de hacerla verdadera. Es decir . . . ¡las variables varían de verdad!

Cuando **solucionas una ecuación,** encuentras los valores de las variables que hacen verdadera la ecuación. Algunas veces sólo hay una solución y otras veces hay más de una.

Plantear ecuaciones

Para plantear una ecuación, piensa en dos cantidades que sean iguales. Luego, escribe una expresión para cada cantidad.

EJEMPLOS:

Problema	Ecuación en palabras	Ecuación algebraica
¿Cuántas hojas de papel hay en una resma y 6 hojas sueltas?	resma + 6 hojas = ■ hojas	$r + 6 = h$
¿Cuántas hojas de papel sobran después de usar 6 hojas de una resma?	resma − 6 hojas = ■ hojas	$r - 6 = h$
¿Cuántas hojas de papel hay en 6 resmas de papel?	6 × resma = ■ hojas	$6r = h$
¿Cuántas hojas de papel nos corresponden a cada uno de nosotros si los 6 repartimos una resma por igual?	resma ÷ 6 = ■ hojas	$r \div 6 = h$

Solucionar ecuaciones de suma y resta

Para solucionar ecuaciones de suma y resta, piensa en sumas y sumandos que hacen falta. Si la solución no es obvia usando matemáticas mentales, puedes usar la estrategia de estimar y verificar para solucionar problemas. Cada vez que despejas una ecuación, encuentras el valor de las variables. Verifica los valores que hallaste sustituyéndolos en la ecuación para asegurarte de que la ecuación se cumple.

EJEMPLO 1:

Soluciona $3 + r = 5$.

Piensa en los sumandos que faltan. *3 + qué número da 5?*

Dado que $5 - 3 = 2$, entonces $3 + 2 = 5$

⭐ $r = 2$

Verifica: $3 + 2 = 5$

EJEMPLO 2:

Soluciona $m - 5 = 8$.

Piensa: *¿A qué número le puedo restar 5 para obtener 8?*

Dado que $8 + 5 = 13$, entonces $13 - 5 = 8$

⭐ $m = 13$

Verifica: $13 - 5 = 8$

EJEMPLO 3: Carol está cosechando tomates. Ella contó 257 tomates después de tirar 17 mordidos por las ardillas. Escribe y soluciona una ecuación para averiguar cuántos tomates tenía antes de que las ardillas se metieran a su huerto.

Piensa: *¿Qué número − 17 = 257?*
$t - 17 = 257$

Dado que $257 + 17 = 274$, entonces $274 - 17 = 257$.
$t = 274$

Verifica: $274 - 17 = 257$

⭐ Había 274 tomates antes de que las ardillas se metieran al huerto.

Solucionar ecuaciones de multiplicación y división

Para solucionar ecuaciones de multiplicación y división, puedes pensar en los factores y productos que faltan. Si la solución no es obvia usando matemáticas mentales, puedes usar la estrategia de estimar y verificar para solucionar problemas.

EJEMPLO 1: Soluciona $10t = 250$

Piensa: *¿Cuántas decenas hay en 250?*
$250 \div 10 = 25$

⭐ $d = 25$
Verifica: $10 \times 25 = 250$

EJEMPLO 2: Soluciona $\frac{m}{2} = 450$

Piensa: *¿Qué número es dos veces más que 450?*
$2 \times 450 = 900$

⭐ $m = 900$
Verifica: $900 \div 2 = 450$

EJEMPLO 3: 168 niños fueron al parque para participar en el campeonato de fútbol. Los entrenadores los repartieron en 12 equipos por igual. Escribe y soluciona una ecuación que calcule cuántos niños quedaron en cada equipo.

 Puedes pensar que este es un problema de multiplicación. *¿168 niños es igual a cuántos niños por equipo en 12 equipos de fútbol?*

$12n = 168$
$n = 14$
Verifica: $12 \times 14 = 168$

Puedes pensar que este es un problema de división. *¿168 niños divididos en grupos de qué tamaño conformarían 12 equipos de fútbol?*

$$\frac{168}{n} = 12$$
$$n = 14$$

Verifica: $168 \div 14 = 12$

 De cualquier forma, hay 14 niños en cada equipo.

Crear una tabla de valores

Hay muchas parejas de números que sumados dan 80. Eso quiere decir que la ecuación $x + y = 80$ tiene más de una solución. Cuando una ecuación tiene dos variables, puede haber varias parejas numéricas que hacen verdadera la ecuación. Esos valores se pueden escribir en una tabla de valores.

EJEMPLO: La fuerza de gravedad de Plutón es $\frac{1}{25}$ de la fuerza de gravedad en la Tierra. Esta relación se puede expresar con la ecuación $p = \frac{t}{25}$. En una tabla de valores puedes mostrar la correspondencia de peso en Plutón con el peso en la Tierra.

Peso en la Tierra en libras (*t*)	25	50	75	100
Peso en Plutón en libras (*p*)	1	2	3	4

(Fuente: The World Almanac and Book of Facts)

MÁS AYUDA

ver 266

Hacer una gráfica con una tabla de valores

Puedes hacer una gráfica para mostrar cómo se relacionan los valores de las variables de una ecuación.

EJEMPLO: Este es un rompecabezas matemático para averiguar cuántos animales hay contando sólo sus patas. En una granja hay gallinas y caballos que suman en total 24 patas. Muestra las combinaciones posibles de gallinas y caballos.

Primero, escribe una ecuación.

Palabras	Expresión o ecuación
Multiplica 2 patas por el número de gallinas.	$2g$
Multiplica 4 patas por el número de caballos.	$4c$
La suma de patas de gallina y de caballo es 24.	$2g + 4c = 24$

Luego, haz una tabla de valores. Recuerda: $2g + 4c$ debe ser igual a 24.

g	c	$2g + 4c$
12	0	$24 + 0 = 24$
10	1	$20 + 4 = 24$
8	2	$16 + 8 = 24$

⭐ Existen 7 combinaciones posibles de gallinas y caballos: 12 y 0, 10 y 1, 8 y 2, 6 y 3, 4 y 4, 2 y 5, y 0 y 6. El problema dice que hay *gallinas* y *caballos*, de modo que las mejores respuestas son 8 gallinas, 2 caballos; 6 gallinas, 3 caballos; 4 de cada uno, y 2 gallinas 5 caballos.

Finalmente, marca los puntos en una gráfica.

Número de caballos

Número de gallinas

Usar fórmulas

Mira la formula del área de un rectángulo, A = *la*. Esta es una ecuación. Tiene dos expresiones que se refieren a valores iguales.

$$A = la$$

Expresión: Es el número que puedes hallar multiplicando el largo por el ancho del rectángulo.

Expresión: Es el número que indica el área del rectángulo.

Dado que una fórmula es una ecuación, puedes solucionarla como solucionarías otra ecuación.

EJEMPLO: Cuando compras semillas para sembrar pasto, tienes que conocer cuál es el área de tu jardín. Este es un diagrama del jardín rectangular de Ricardo. ¿Le alcanzará un costal de semillas para sembrar todo el jardín?

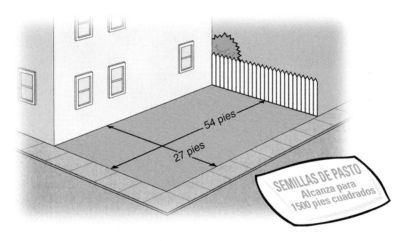

54 pies

27 pies

SEMILLAS DE PASTO
Alcanza para
1500 pies cuadrados

❶ Piensa qué números del problema son iguales a las variables de la ecuación.	❷ Haz el cálculo para hallar el valor de la variable que falta.

Área = largo × ancho
    = 54   × 27
	Área = 54 × 27
	    = 1458

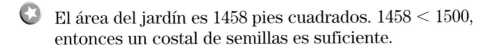 El área del jardín es 1458 pies cuadrados. 1458 < 1500, entonces un costal de semillas es suficiente.

Gráficas, estadística y probabilidad

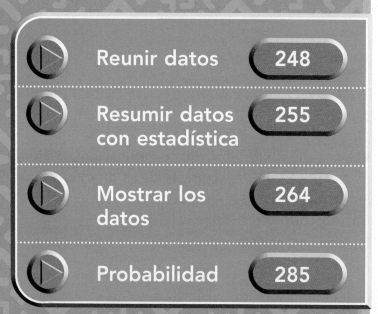

Sara sabía que el promedio de nieve era sólo un dato estadístico...¡pero algunos años el dato estadístico es más grande que en otros!

¿Lloverá mañana? ¿Qué pilas duran más? ¿Mi almuerzo es saludable o no lo es? A menudo, preguntas como estas no tienen respuestas fáciles. A lo mejor las pilas marca X duran más que las pilas marca Y, pero tal vez tuviste la mala suerte de comprar un paquete marca X con pilas mal fabricadas. Sin embargo, tienes mejor probabilidad con las pilas X que con las Y. Cuando reúnes información sobre un grupo de personas o cosas y tratas de identificar qué tienen de *típico*, estás usando **estadística.** Por ejemplo, 69% de los hogares en los Estados Unidos tienen televisión por cable. Eso es un dato estadístico. Significa que si observas muchos hogares, alrededor de 69 de cada 100 tienen cable. ¡Pero esto no quiere decir que las primeras 69 casas que visites tengan cable!

(Fuente: Nielsen Media Research)

Reunir datos

248

Cuando mides tu estatura, estás reuniendo información. Cuando les preguntas a tus amigos cuáles son su programas de televisión preferidos, también estás reuniendo información. Toda esta información que reúnes se llama **datos.**

> **¿SABÍAS QUE...**
>
> La palabra datos es una palabra curiosa: significa "un poquito más de información". Puedes hablar de datos informativos, o puedes decir *unos cuantos datos, un paquete de datos* o sencillamente *un dato*.

249 | **Tomar muestras**

En los Estados Unidos hay más de 98 millones de hogares. Por eso, no podrías preguntarle a todos qué programas de televisión miran a diario. Pero una compañía llamada Nielsen *puede* preguntarles a todas las personas en unos 5000 hogares qué están mirando. La compañía Nielsen está tomando una **muestra.** Nielsen trata de que la muestra represente la diversidad de hogares que hay en el país. *(Fuente: Nielsen Media Research)*

250

Poblaciones

Cuando reúnes información acerca de un grupo, ese grupo se llama **población.** Una población puede ser pequeña, como por ejemplo los niños de quinto grado de una escuela. Pero la población también puede ser grande, como por ejemplo todos los habitantes de los Estados Unidos. También se pueden formar poblaciones de animales o juguetes.

Tamaño de una muestra

Cuando quieres tener una idea general de toda una población, tomas una muestra. Necesitas reunir suficientes datos para asegurarte de que tus conclusiones sean confiables.

Dos de cada tres dentistas recomiendan
Pasta dental Brisa Fresca

EJEMPLO: ¿Qué información te da una idea acerca de este producto?

Un dato que debes saber es cuántos dentistas fueron consultados. Puedes confiar mucho más en una muestra de 300 ó 3000 dentistas que en una muestra de apenas 3 dentistas.

Muestras aleatorias

Una **muestra aleatoria** es un grupo que representa a toda una población.

EJEMPLO: Quieres saber qué alimentos prefieren los estudiantes de tu ciudad. ¿A quiénes les preguntarías? ¿Tal vez a los muchachos del equipo de béisbol? Dejarías por fuera a las niñas. ¿Los estudiantes de una escuela elemental? Dejarías por fuera a los estudiantes mayores. Además, no habría estudiantes de todos los vecindarios de tu ciudad. Para que la muestra funcione, tienes que seleccionar personas al azar que representen a toda la población de estudiantes, incluso niños y niñas de otras culturas y otros vecindarios.

Una forma de hacerlo es que una persona se pare en la mañana al frente de cada escuela y le haga la misma pregunta a uno de cada diez estudiantes que pasen por ahí. La muestra aleatoria quedará conformada por todos los estudiantes entrevistados.

Anotar datos

Cuando reúnes datos, necesitas tener una forma de organizarlos. Por eso, ayuda mucho reunirlos de manera ordenada. Si no lo haces así, puedes pasar por alto datos importantes. A veces es bueno usar tablas o diagramas para anotar tus datos.

EJEMPLO: Imagina que tú haces las observaciones del estado del tiempo para una emisora local de televisión. Todas las mañanas a las 6 A.M., debes informar la temperatura y la cantidad de precipitación nueva (lluvia o nieve).

Esta es una tabla que te ayuda a llevar un registro de los datos que reúnes.

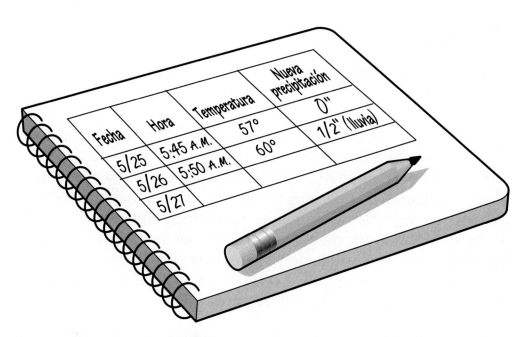

Fecha	Hora	Temperatura	Nueva precipitación
5/25	5:45 A.M.	57°	0"
5/26	5:50 A.M.	60°	1/2" (lluvia)
5/27			

Conteo

A lo mejor haz hecho marcas de conteo desde que estabas en kínder. Las marcas de conteo son una manera fácil de llevar un registro a medida que vas contando. También te ayudan cuando quieres contar sucesos a medida que van ocurriendo y no puedes llevar la cuenta mentalmente. Pero no son tan útiles una vez que hayas reunido todos los datos y los tengas escritos de modo que puedas contarlos.

EJEMPLO: Todos los años, la gente le ayuda a la Sociedad Audubon a contar aves en diciembre. Tú también puedes ayudar si cuentas todas las aves que llegan al comedero de pájaros de tu jardín durante cierto período de tiempo. Una buena forma de asegurarte de contar todos los pájaros que ves es con marcas de conteo.

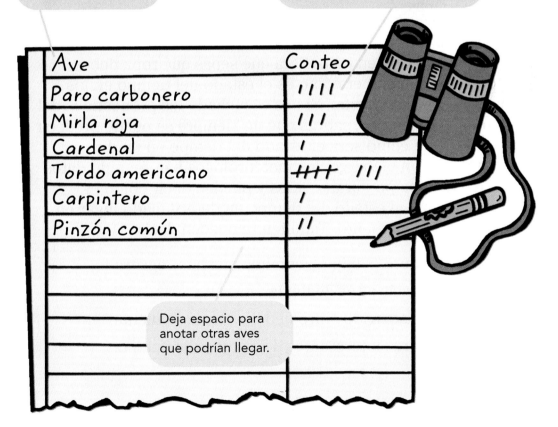

Anota los nombres de las aves que llegan a tu jardín.

Luego, haz una marca de conteo por cada ave que aterriza en el comedero o cerca de él.

Ave	Conteo
Paro carbonero	IIII
Mirla roja	III
Cardenal	I
Tordo americano	HHII III
Carpintero	I
Pinzón común	II

Deja espacio para anotar otras aves que podrían llegar.

Resumir datos con estadística

Vas a ir a México en julio. Para que sepas qué ropa debes empacar, debes saber cómo es el estado del tiempo en los lugares que vas a visitar. Si has escuchado los pronósticos del tiempo en tu ciudad, sabrás que no siempre se puede predecir exactamente cómo será el estado del tiempo en un día específico. Sin embargo, los meteorólogos han reunido datos acerca del tiempo durante años y pueden decir cómo es generalmente el estado del tiempo en determinado lugar en determinado momento. También te pueden decir:

- la temperatura máxima y mínima que han registrado,
- los niveles más altos de lluvia,
- tiempo transcurrido entre una lluvia y la siguiente,
- otros registros interesantes del estado del tiempo.

Variabilidad de los datos   256

No todos tus compañeros y compañeras de clase tienen la misma estatura, pero todos tienen entre 1 pie y 10 pies de altura. **Variabilidad** es qué tanto se extienden o varían los datos de un grupo. El rango y los valores extremos son medidas de la variabilidad de los datos y te ayudan a entenderlos mejor. También te sirven para que hagas una gráfica en la que te quepan todos los datos.

Rango   257

El **rango** de un conjunto de datos es igual a la diferencia entre el número más grande y el más pequeño del conjunto. Si el rango es un número pequeño, los datos están más cercanos entre sí.

EJEMPLO: Los siguientes datos corresponden a una semana de pesca en marzo de 2003 en el área de San Diego. ¿Cuál es el rango de los datos?

Lago	Personas que pescan
El Capitán	625
Loveland	94
Jennings	547
Otay Alto	38
Otay Bajo	558
Murray	313

(Fuente: www.sdfish.com)

Para hallar el rango, pon los números en orden de menor a mayor. 38, 94, 313, 547, 558, 625

La diferencia entre el número más pequeño y el más grande es 625 − 38 = 587

⭐ El rango es 587 personas. Puedes decir que el número de personas que pescan es muy diferente en cada lago.

Valores extremos

Cuando usas juegos de vídeo, ¿has obtenido alguna vez un puntaje muy bueno o muy malo en comparación con todos tus otros puntajes? En estadística, los datos que parecen alejarse mucho hacia los extremos del rango se llaman **valores extremos.** Los valores extremos influyen en la forma en que interpretas tus datos.

EJEMPLO: Las personas que pescan en el lago Jennings en una semana de marzo de 2003, pescaron (y conservaron) los peces que aparecen en la tabla. ¿Hay valores extremos en este conjunto de datos?

Tipo de pez	Cantidad de peces
Trucha arcoiris	650
Róbalo	79
Pez roda	15
Bagre	9

(Fuente: www.sdfish.com)

Para decidir a simple vista si hay o no valores extremos, escribe los números en una recta numérica. Luego fíjate cómo están agrupados los datos. Si hay un número mucho menor o mucho mayor que los demás, has encontrado un valor extremo.

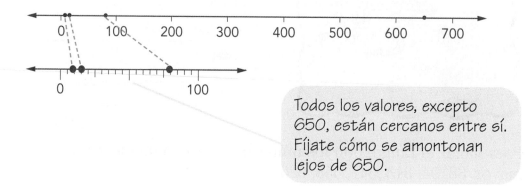

Todos los valores, excepto 650, están cercanos entre sí. Fíjate cómo se amontonan lejos de 650.

⭐ 650 es un valor extremo porque está alejado de todos los demás datos. En cambio 9 no es un valor extremo porque está cerca de los demás datos.

Tipos de promedios

Si tuvieras que escoger un número para describir todas las estaturas de los estudiantes de tu clase, ¿cuál escogerías? Para hallar un número de estos, por lo general ponemos los datos en orden de menor a mayor. Luego, escogemos un número en algún lugar en medio de todos los datos que esté rodeado de muchos datos. Este número es un promedio. Hay tres tipos de promedios: *la media*, *la mediana* y *la moda*.

Estas tres formas de describir un promedio son útiles en diferentes situaciones.

1. Para conjuntos de datos de números no muy grandes ni muy pequeños, la media funciona bien.

2. Para conjuntos de datos que tienen unos cuantos valores mucho más grandes o pequeños que la mayoría, la mediana funciona bien.

3. Para conjuntos de datos que tienen muchos puntos idénticos, la moda es mucho mejor.

Lee bien la pregunta que necesitas responder antes de decidir qué tipo de promedio debes usar.

¿Cuál es la estatura promedio de los jugadores de este equipo?

Media

En matemáticas, la **media** es un promedio. Si los números de un conjunto de datos se *nivelaran* para hacerlos iguales, ese número de nivelación sería la media.

CASO 1 Cuando todos los datos están juntos, la media está cerca de todos los datos.

EJEMPLO 1: La tabla muestra el número de estudiantes que estuvieron ausentes de la clase de la maestra Doris cada día de una semana. ¿Cuál es la media diaria de estudiantes que estuvieron ausentes?

Día	Número de estudiantes ausentes
Lunes	2
Martes	5
Miércoles	2
Jueves	1
Viernes	5

 UNA FORMA Halla la media nivelando los números.

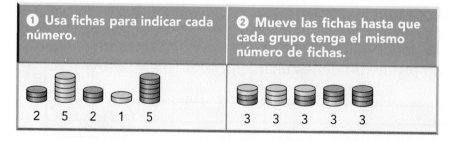

❶ Usa fichas para indicar cada número.	❷ Mueve las fichas hasta que cada grupo tenga el mismo número de fichas.
2 5 2 1 5	3 3 3 3 3

 OTRA FORMA Halla la media mediante un cálculo.

❶ Suma todos los valores.	❷ Divide la suma por el número de sumandos.
$2 + 5 + 2 + 1 + 5 = 15$	$15 \div 5 = 3$

 De cualquier forma, el promedio diario de estudiantes ausentes es 3.

CASO 2 Cuando una parte de los datos es mucho mayor o mucho menor que los demás, puede hacer que la media se aleje del grupo principal de datos.

EJEMPLO 2: Para convencer a tus padres de que te aumenten la mesada, reúnes datos entre tus amigos y amigas. ¿Cuál es la media de sus mesadas semanales?

MÁS AYUDA

ver 258

Fíjate que una de tus amigas recibe una mesada mucho más grande que todos los demás. Primero, busca el valor de la media sin tener en cuenta ese valor extremo.

❶ Suma los valores.	❷ Divide la suma por el número de sumandos.
$4.50 + $6.50 + $6.00 + $5.00 = $22.00	$22.00 ÷ 4 = $5.50

Ahora, mira lo que ese valor extremo le hace a la media.

❶ Suma todos los valores.	❷ Divide la suma por el número de sumandos.
$4.50 + $6.50 + $6.00 + $50.00 + $5.00 = $72.00	$72.00 ÷ 5 = $14.40

⭐ La mesada promedio semanal es $14.40

Cuando hallaste la media de los valores que estaban cercanos entre sí, la media también estaba cercana a los otros valores. Luego hallaste la media teniendo en cuenta el valor extremo. Este valor extremo alejó la media tanto de los demás que la hizo más grande que todos los valores, excepto el mismo valor extremo. Pero ninguno de tus amigos ni amigas reciben mesadas cercanas a $14.40.

Mediana

Ordena un conjunto de datos de menor a mayor. La **mediana** es el número que cae exactamente en la mitad. Si no hay espacios grandes en la mitad de los datos, la mediana es el mejor número para describirlos a todos.

CASO 1 Cuando hay un número impar de valores, la mediana es el número de la mitad.

EJEMPLO 1: ¿Cuál es la mediana de tiempo de las canciones en este disco compacto? ¿Por qué la mediana es un buen promedio de estos datos?

Canción	Tiempo (min)
New San Antonio Rose	2:45
Texas Swing	2:45
The Yellow Rose of Texas	2:58
Remember the Alamo	2:48
No Place But Texas	2:59
El Paso	4:58
Panhandle Rag	2:46
Ballad of the Alamo	2:52
Lone Star Rag	2:59
Deep in the Heart of Texas	2:50
Cross the Brazos at Waco	2:47

(Fuente: Great Songs About the Great State of Texas)

MÁS AYUDA

ver 010, 260

❶ Ordena los tiempos de menor a mayor.	2:45, 2:45, 2:46, 2:47, 2:48, 2:50, 2:52, 2:58, 2:59, 2:59, 4:58,
❷ Busca el tiempo de la mitad.	2:45, 2:45, 2:46, 2:47, 2:48, 2:50, 2:52, 2:58, 2:59, 2:59, 4:58,

⭐ La mediana para este conjunto de datos es 2:50.

Le media es aproximadamente 3:03. Casi todas las canciones duran menos de 3 minutos. Entonces, la *mediana* es un mejor tiempo promedio.

CASO 2 Un número par de valores en un conjunto de datos tiene dos números intermedios. En este caso, tienes que buscar la media de los dos números. Al hacerlo, se produce un número medio *falso* para el conjunto de datos.

EJEMPLO 2: Una tienda de música está abierta seis días por semana, de lunes a sábado. La siguiente tabla muestra el número de discos compactos que la tienda vendió en el verano durante una semana específica. ¿Cuál es la mediana de discos vendidos cada día?

	Lun.	Mar.	Miér.	Jue.	Vier.	Sab.
Número de CDs vendidos	313	2301	395	412	221	686

❶ Ordena los números de menor a mayor. Busca los dos números de la mitad.	❷ Busca la media de los dos números de la mitad. Este el número medio *falso*.
221, 313, 395, 412, 686, 2301	395 + 412 = 807 807 ÷ 2 = 403.5

 La mediana es 403.5 discos compactos.

Se vendieron más discos compactos el martes que en cualquiera de los otros días. ¡Esto se debió a que la tienda organizó su gran promoción anual ese día! Si hubieras usado la media para describir el número promedio de discos compactos vendidos diariamente, el día de promoción habría hecho aumentar el promedio. La mediana no se altera por un número muy alto. Por eso, puedes decir que en un día típico de verano, la tienda vende unos 404 discos compactos.

Moda

Algunas veces, la mejor manera de describir lo más típico de un conjunto de datos es usar el valor más frecuente. Ese valor se llama la **moda.** Por ejemplo, en el conjunto de datos 2, 3, 5, 5, 6, la moda es 5 porque se encuentra más veces que cualquiera de los otros números.

CASO 1 A veces hay un valor que ocurre con más frecuencia que los demás.

EJEMPLO 1: La tabla muestra el resultado de una encuesta realizada en la clase del señor Dombrowski. ¿Cuál es la moda de los datos?

Número de niños en la familia	Número de estudiantes
1	ⵏⵏⵏ
2	ⵏⵏⵏ ⵏⵏⵏ I I
3	ⵏⵏⵏ I
4	III
5	I

Si observas los datos, verás que hay más estudiantes con 2 niños en su familia.

 La moda es 2.

Para hallar la mediana, escribe todos los datos en orden.

1 1 1 1 1 2 2 2 2 2 2 2 2 2 2 2 3 3 3 3 3 3 4 4 4 5
↑
mediana

La mediana de estos datos es el catorceavo número, es decir 2. Entonces, cuando hablamos de las familias en la clase del señor Dombrowski, tiene sentido decir que las familias típicas tienen 2 niños.

CASO 2 Algunas veces hay más de un valor que se presenta con mayor frecuencia. En tal caso, todos esos valores son modas del conjunto de datos.

EJEMPLO 2: La tabla muestra las edades de los niños exploradores de una tropa. ¿Cuál es la moda?

Edad	Número de exploradores
9	1
10	4
11	4
12	2

⭐ Puedes decir que las edades son **bimodales** (dos modas: 10 y 11). Hay 4 exploradores que tienen 10 años y 4 que tienen 11.

CASO 3 A veces no hay valores que ocurran con más frecuencia que los demás. En tal caso, tampoco hay moda. Cuando no hay moda, puedes usar la media o la mediana para describir un conjunto de datos.

263

¡ATENCIÓN! La estadística puede engañarte

Antes de que saques conclusiones con base en la estadística, piensa bien. La estadística puede engañarte.

EJEMPLO: La piscina pública informó que la edad promedio de los nadadores de los lunes por la mañana es de 15 años. ¿Puedes estar seguro de que casi todos los que van a nadar son quinceañeros?

Hay muchos grupos de edades cuya media puede ser 15. Aquí hay dos ejemplos:

- 12, 13, 13, 14, 16, 17, 17, 18
- 4, 5, 6, 6, 24, 24, 25, 26

⭐ No. No puedes estar seguro de que todos los que van a nadar los lunes por la mañana son quinceañeros.

Mostrar los datos

Mostrar los datos te puede ayudar a demostrar lo que quieres. También te ayuda a aprender de ellos. Cuando muestras los datos con claridad, puedes ver tendencias, hacer predicciones y comparar ideas. ¡Y si sabes leer gráficas en detalle, te puedes dar cuenta si alguien está tratando de engañarte!

Una parte importante de mostrar los datos es decidir cómo los quieres mostrar. Si quieres mostrar cómo se relacionan los datos de las mascotas de tus amigos, puedes usar un diagrama de Venn. Si quieres ver cómo ha cambiado el precio del chicle con los años, puedes usar una gráfica lineal. Para comparar el número de partidos que han ganado tus equipos preferidos, podrías usar una gráfica de barras. Cualquiera que sea el tipo de datos que tengas, habrá algún diagrama o gráfica que te ayudará a ver el panorama general que esconden tus datos.

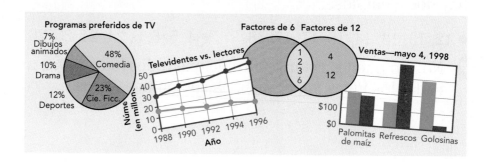

Geometría de coordenadas

Una cuadrícula es de gran ayuda. Las calles de algunas ciudades están organizadas en cuadrículas y así es muy fácil mostrarle a una persona cómo ir de un lugar a otro.

Ciudad de Nueva York

Una cuadrícula de coordenadas sirve para ubicar puntos en un plano. Para hacer una cuadrícula de coordenadas, dibuja una recta numérica horizontal y una recta numérica vertical.

Puedes nombrar cada punto en este plano con dos números. Esos números se llaman **coordenadas.** La pareja de números *siempre* se escribe en orden (primero x, luego y), y se llama **par ordenado.**

Escribe: (3, 4)
Dí: *punto tres cuatro*

La recta numérica vertical se llama **eje-y** o **eje vertical.**

El segundo número es la **coordenada-y.** Indica la distancia en el eje-y.

La recta numérica horizontal se llama **eje-x** o **eje horizontal.**

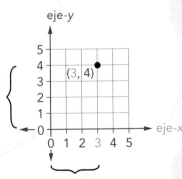

El punto donde se encuentran los ejes (0, 0), se llama **origen.**

El primer número es la **coordenada-x.** Indica la distancia desde el origen en el eje-x.

Puntos en una cuadrícula de coordenadas

MÁS AYUDA

ver 269–271

ver 269–271

CASO 1 A veces tienes las coordenadas de un punto y necesitas colocar (marcar) el punto en la cuadrícula. Cada vez que marques un punto, comienza donde se cruzan los ejes. En esta cuadrícula, el punto corresponde a (12, 30). Deja que la coordenada-x te diga qué tanto debes moverte horizontalmente (→). Luego, deja que la coordenada-y te diga qué tanto debes moverte verticalmente (↑).

EJEMPLO 1: Necesitas dibujar una gráfica que muestre cómo cambia la temperatura durante la tarde. A la 1 P.M. es de 40°. Marca el punto (1, 40).

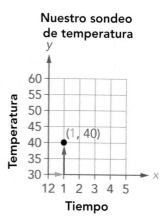

Nuestro sondeo de temperatura

CASO 2 Algunas veces conoces el punto pero tienes que identificarlo.

EJEMPLO 2: La cuadrícula muestra las ubicaciones de algunos lugares de la ciudad. ¿Qué par ordenado marca la ubicación del teatro de cine?

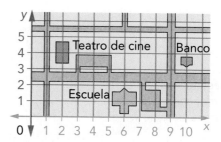

1. Busca la distancia a lo largo del eje-*x*.
   Lee el número: 2.

2. Busca la distancia a lo largo del eje-*y*.
   Pon un dedo encima del teatro. Ahora sigue el eje-*y*.
   Lee el número: 4.

⭐ El teatro de cine se encuentra en (2, 4).

Tablas de datos   **267**

Imagina que tienes muchos datos sobre un tema. Puedes hacer una tabla que te facilite buscar y comparar datos.

EJEMPLO: Busca el número de medallas de bronce que ganó Alemania en los juegos olímpicos de verano de 2000.

País	Oro	Plata	Bronce	Total
Alemania	14	17	26	57
Francia	13	14	11	38
Italia	13	8	13	34

(Fuente: World Almanac)

Sigue la hilera que dice Alemania hasta que encuentres el número en la columna *Bronce.* El número es 26.

 Alemania ganó 26 medallas de bronce.

Tablas de frecuencia   **268**

Una tabla de frecuencia es una forma de mostrar cuántas veces ocurre un objeto, un número o un rango de números.

EJEMPLO: A veces, algunas palabras y frases dificultan la presentación oral si las repites demasiado. Para practicar tu presentación, pídele a una de tus amigas que cuente esas palabras y frases. ¿Cómo puedes reunir los datos?

 Haz una tabla de frecuencia. Escribe el nombre de cada palabra. Luego, cuenta y anota el número de veces que dices cada una.

"Como iba diciendo, eh, mis plantas crecieron mejor, eh, o sea, cuando, este, las regué, y, este, o sea, es decir, todos los, este, todos los días ..."

Cuando haces una gráfica de barras o una gráfica lineal, comienzas con una cuadrícula, es decir, una serie de líneas que se cruzan. Pero para que tu cuadrícula sea una gráfica, tienes que indicar qué representan las líneas.

270 Rotular los ejes

MÁS AYUDA

ver 265–266

Los **ejes** de una gráfica son líneas de referencia. Son una línea horizontal y otra vertical que se cruzan. Todas las líneas de una cuadrícula tienen nombres o números. Si tienen números, por lo general el más pequeño está donde se cruzan las líneas. El nombre que les des a los ejes depende de tus datos.

EJEMPLO: Imagina que necesitas hacer una gráfica que muestre la temperatura promedio diaria en tu ciudad en cada mes del año. ¿Cómo rotularías los dos ejes?

⭐ Dado que quieres mostrar las temperaturas de cada mes, uno de los ejes debe representar los meses. El otro eje debe representar las temperaturas.

Una gráfica de barras se puede hacer en cualquiera de estas cuadrículas. La primera resultaría en una gráfica de barras verticales. La segunda resultaría en una gráfica de barras horizontales. En las gráficas lineales, el tiempo se representa generalmente en el eje horizontal.

Definir la escala

Luego de que hayas rotulado los ejes, define tu **escala** —es decir, los números que aparecen a lo largo de los ejes de tu gráfica. La diferencia entre los números de una recta numérica y la otra se llama **intervalo.** El intervalo depende del rango de tus datos y del número de líneas en tu papel cuadriculado. Si puedes, trata de escoger escalas sencillas que comiencen en 0 y que vayan aumentando por 1, u otro número fácil.

MÁS AYUDA

ver 257

EJEMPLO: Define las escalas para una gráfica con los siguientes datos.

Temperaturas en mi pueblo												
Mes	E	F	M	A	M	J	J	A	S	O	N	D
Temperatura maxima promedio (°C)	0	1	9	17	23	28	30	29	25	19	9	1

Puedes anotar los meses a lo largo del eje horizontal y las temperaturas a lo largo del eje vertical. El rango de temperatura es 30°. Puedes escoger el intervalo entre las líneas de la cuadrícula.

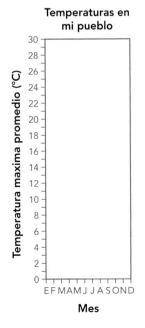

- Si escoges un intervalo de 1, obtendrás una gráfica alta y delgada.

- Si escoges un intervalo de 5, obtendrás una gráfica más cuadrada.

- Si escoges un intervalo de 10, obtendrás una gráfica corta y ancha.

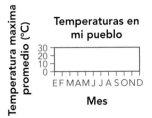

Gráficas para comparar

Algunas gráficas sirven para comparar datos.

- Algunas gráficas muestran el mismo tipo de datos en diferentes tiempos y lugares.

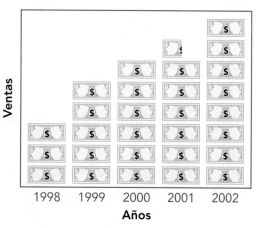

Ventas de boletos de cine en mi ciudad

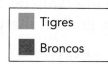

= $100,000

- Las gráficas pueden mostrar diferentes conjuntos de datos en el mismo tiempo y lugar .

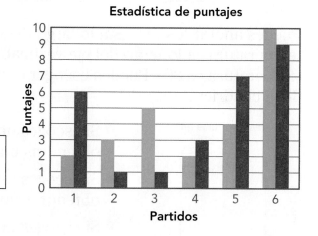

Estadística de puntajes

Tigres

Broncos

- Las gráficas pueden mostrar diferentes tipos de datos que conforman el 100% de un grupo de datos.

Edades de los niños de cuarto grado

9 años

10 años

Gráficas de barras sencillas

En una gráfica de barras, la longitud de las barras representa números.

Monstruos Inc., obtuvo más ingresos en su fin de semana de estreno que cualquiera de las otras tres películas.

EJEMPLO: Esta es una lista de las cuatro primeras películas según los ingresos que obtuvieron en su fin de semana de estreno, julio de 2002. Haz una gráfica de barras para comparar estas sumas.

Película	Semana de estreno (aproximado al millón de dólares más cercano)
El hombre araña	$115,000,000
Harry Potter y la piedra filosofal	$90,000,000
Star Wars Episodio II	$80,000,000
El planeta de los simios	$69,000,000

(Fuente: www.boxofficeguru.com)

❶ Ponle un título a tu gráfica. Dibuja y rotula los ejes.

❷ Escoge incrementos para la escala. El rango de los datos va de 69 millones hasta 115 millones.

❸ Escribe los títulos de las películas en el eje horizontal. Estima dónde debería corresponder cada cantidad en el eje vertical. Luego, dibuja una barra a esa altura.

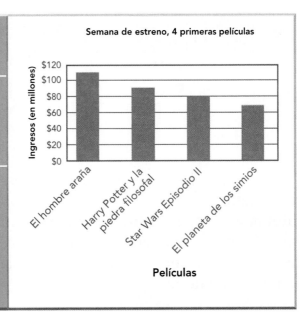

Graficas de barras dobles

Para comparar conjuntos de datos, a veces es mejor usar una gráfica de barras dobles que una gráfica de barras sencillas. Este tipo de gráfica se llama **gráfica de barras dobles.**

EJEMPLO: El administrador de la sala de cine lleva el registro de los refrescos que venden en una tabla. La gráfica muestra la información de la tabla. ¿Qué observaciones puedes hacer?

	Matiné	Nocturno
Palomitas de maíz	$438	$421
Refrescos	$386	$738
Golosinas	$556	$215

La gráfica de barras se construyó tomando la cantidad de ingresos por ventas y estimando dónde deben ir en el eje vertical. Luego se dibujan las barras hasta esa altura.

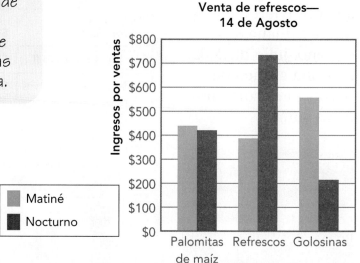

Venta de refrescos— 14 de Agosto

Matiné
Nocturno

⭐ Cuando miras los datos en forma de barras dobles, puedes hacer algunas observaciones interesantes. Las ventas de palomitas de maíz fueron casi iguales en las funciones de matiné y noche. Sin embargo, las ventas de golosinas fueron mucho mayores en las funciones de matiné que en las funciones de noche.

Pictografías

¿Te gustaría comparar datos de una forma más llamativa que con una gráfica de barras? Las **pictografías** se valen de símbolos para comparar datos.

EJEMPLO: Haces un sondeo aleatorio para averiguar qué tipo de películas prefieren los estudiantes de tu escuela. Haz una pictografía que muestre tus resultados.

Tipo de película	Número de votos
Drama	15
Comedia	25
Musical	10
Aventuras	45
Ciencia ficción	20
Dibujos animados	15

❶ Ponle un título a tu gráfica.

❷ Dibuja y rotula los ejes. Escribe las categorías de datos que estás midiendo.

❸ Escoge un símbolo para tus datos y dibuja una clave. En esta gráfica, un 🧍 representa 5 votos.

❹ Dibuja el número correcto de símbolos junto a cada categoría.

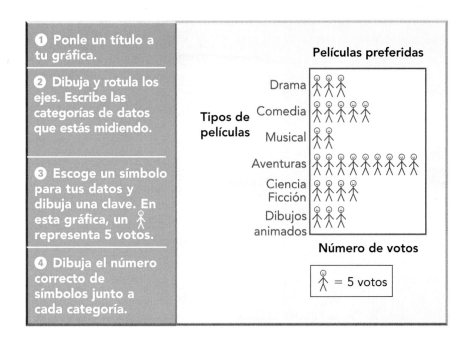

Gráficas circulares

Una **gráfica circular** es una forma útil de organizar datos. A veces las gráficas circulares también se llaman "gráficas de pastel".

EJEMPLO: Una bolsa de dulces duros contiene 15 dulces de los siguientes colores: 7 rojos, 2 amarillos, 1 anaranjado, 3 verdes y 2 morados. Haz una gráfica circular mostrando estos datos.

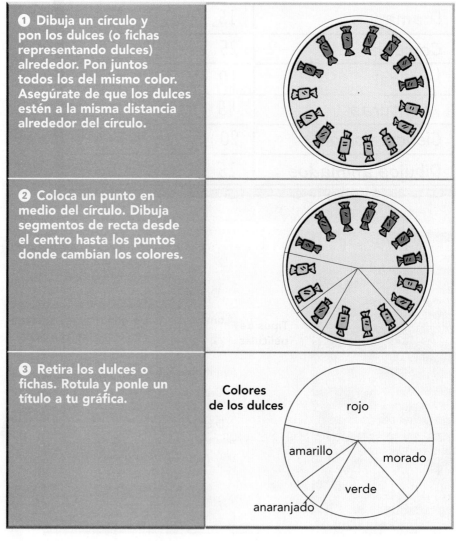

❶ Dibuja un círculo y pon los dulces (o fichas representando dulces) alrededor. Pon juntos todos los del mismo color. Asegúrate de que los dulces estén a la misma distancia alrededor del círculo.

❷ Coloca un punto en medio del círculo. Dibuja segmentos de recta desde el centro hasta los puntos donde cambian los colores.

❸ Retira los dulces o fichas. Rotula y ponle un título a tu gráfica.

Colores de los dulces

rojo

amarillo

morado

verde

anaranjado

OTRA FORMA

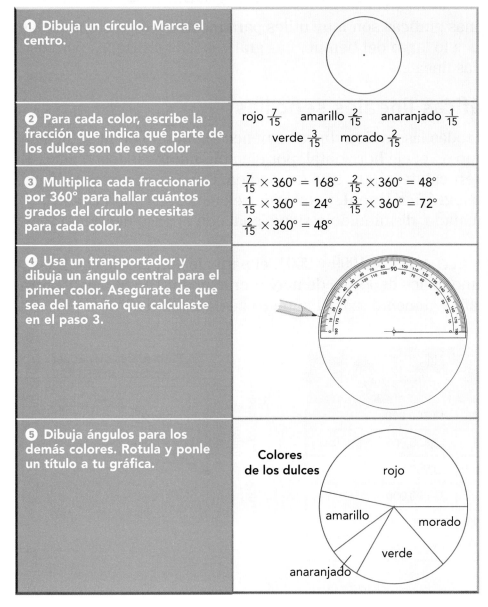

1 Dibuja un círculo. Marca el centro.

2 Para cada color, escribe la fracción que indica qué parte de los dulces son de ese color

rojo $\frac{7}{15}$ amarillo $\frac{2}{15}$ anaranjado $\frac{1}{15}$

verde $\frac{3}{15}$ morado $\frac{2}{15}$

3 Multiplica cada fraccionario por 360° para hallar cuántos grados del círculo necesitas para cada color.

$\frac{7}{15} \times 360° = 168°$ $\frac{2}{15} \times 360° = 48°$

$\frac{1}{15} \times 360° = 24°$ $\frac{3}{15} \times 360° = 72°$

$\frac{2}{15} \times 360° = 48°$

4 Usa un transportador y dibuja un ángulo central para el primer color. Asegúrate de que sea del tamaño que calculaste en el paso 3.

5 Dibuja ángulos para los demás colores. Rotula y ponle un título a tu gráfica.

Colores de los dulces

rojo

amarillo

morado

verde

anaranjado

La gráfica circular muestra que casi la mitad de los dulces son rojos y que hay pocos dulces anaranjados. En una gráfica de barras sería fácil ver que no hay muchos dulces anaranjados. Pero no sería tan fácil ver que casi la mitad de los dulces son rojos.

Gráficas que muestran cambios a lo largo del tiempo

Algunas gráficas son muy útiles para mostrar cómo cambian las cosas a lo largo del tiempo. Las gráficas más utilizadas para esto son las lineales.

278

Gráficas lineales sencillas

Casi todas las gráficas lineales tienen algún tipo de medida de tiempo en el eje horizontal, por ejemplo minutos, días o años. El eje vertical tiene otro tipo de medida. Cuando observas la línea de una **gráfica lineal,** puedes darte cuenta si alguna cosa a aumentado, disminuido o sigue igual con el paso del tiempo.

EJEMPLO 1: Entre 1999 y 2001, el patinaje con patines de línea fue uno de los deportes de mayor crecimiento en el país. ¿Entre qué años aumentó más el número de patinadores?

Año	Número de patinadores (al 100,000 más cercano)
1991	7,300,000
1993	12,400,000
1995	23,900,000
1997	26,600,000
1999	24,100,000
2001	19,200,000

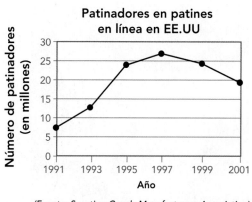

(Fuente: Sporting Goods Manufacturers Association)

Para encontrar el año en el cual aumentó más el patinaje con patines en línea, busca el segmento de recta más pendiente. Esa recta abarca de 1993 a 1995.

 El número de patinadores aumentó más entre 1993 y 1995.

EJEMPLO 2: Esta tabla muestra el número total de lesiones en el patinaje entre 1992 y 1996. Haz una gráfica lineal con estos datos.

Año	Número de lesiones (al millar más cercano)
1992	29,000
1993	37,000
1994	75,000
1995	100,000
1996	103,000

(Fuente: National Electronic Injury Surveillance System)

❶ **Ponle un título a tu gráfica. Dibuja y rotula los ejes.**

❷ **Escribe los años en el eje horizontal. Escoge incrementos para la escala del eje vertical. Los datos van de 29,000 a 103,000. Incrementos de 20,000 a 120,000 deben funcionar bien.**

❸ **Estima dónde debe ir cada cantidad en el eje vertical. Luego, marca ese lugar con un punto. Conecta los puntos.**

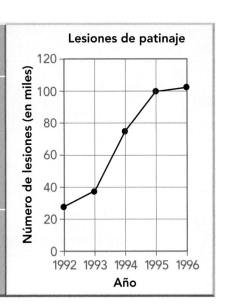

La gráfica muestra que el número de lesiones en el patinaje aumentó cada año. Esto no es tan sorprendente, dado que aumentó el número de patinadores con patines en línea durante el mismo período.

Gráficas lineales multiples

Imagina que quieres comparar dos o más cantidades que aumentan o disminuyen con el paso del tiempo. Puedes hacerlo con una **gráfica lineal múltiple.** Cada línea muestra un conjunto de datos.

EJEMPLO: La tabla y la gráfica muestran el número de jugadores de fútbol y jugadores de sóftbol desde 1991 hasta 2001. ¿Qué te dice la gráfica?

Año	Jugadores de fútbol (al 100,000 más cercano)	Jugadores de sóftbol (al 100,000 más cercano)
1991	10,000,000	19,600,000
1993	10,300,000	17,900,000
1995	12,000,000	17,600,000
1997	13,700,000	16,300,000
1999	13,200,000	14,700,000
2001	13,900,000	13,200,000

(Fuente: National Sporting Goods Association)

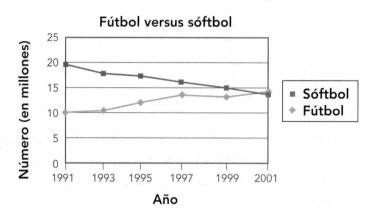

La línea de fútbol sube. Eso significa que el fútbol se está volviendo más popular. La línea de sóftbol baja. Entonces el sóftbol no se está volviendo más popular. Si las dos tendencias continúan, el número de jugadores de fútbol será mayor que el número de jugadores de sóftbol cada año. Pero estos datos no nos dicen *por qué* existe esta tendencia.

Líneas de tiempo

Una línea de tiempo es una gráfica. En realidad, es una recta numérica con números que representan años, fechas o las horas del día. Los sucesos del pasado se pueden graficar en una línea de tiempo. Los sucesos que se planean para el futuro también se pueden graficar. Incluso puedes graficar tu horario del día en una línea de tiempo.

EJEMPLO: Estos son los planes de José para hoy. Haz una línea de tiempo con los datos.

Levantarse...	6:00 a.m.
Llega el bus...	7:00 a.m.
Comienzan las clases...	7:30 a.m.
Práctica de fútbol...	2:30 p.m.
Sale el ultimo bus...	4:00 p.m.
Cena...	6:00 p.m.
Tareas...	7:30 p.m.
Hora de dormir...	10:00 p.m.

1 Título de tu gráfica   Horario para hoy

2 Dibuja una recta numérica. Mira las horas. Marca los incrementos para todas estas horas.

3 Escribe cada suceso en la línea de tiempo donde le corresponde.

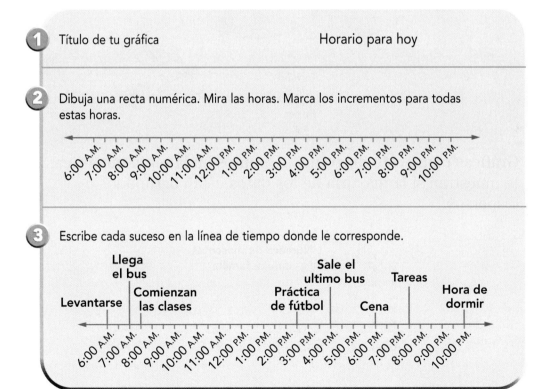

Algunas gráficas te permiten ver muy bien cómo están agrupados los datos.

- Gráficas como este diagrama de Venn, te muestran qué datos van juntos.

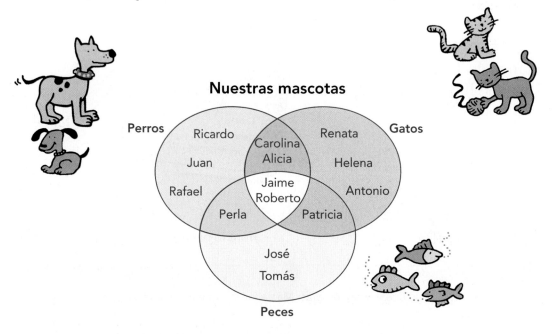

Nuestras mascotas

Perros — Ricardo, Juan, Rafael, Carolina, Alicia, Jaime, Roberto, Perla

Gatos — Renata, Helena, Antonio, Patricia

Peces — José, Tomás

- Gráficas como este diagrama de puntos en la recta numérica, te muestran si la mayoría de los datos están agrupados o dispersos.

Número de mascotas en una familia

Las gráficas que muestran agrupaciones de datos se llaman **gráficas de puntos** porque por lo general sólo se marcan los puntos individuales. No se dibujan barras ni líneas.

Gráficas de puntos

A veces, en lugar de comparar datos o mostrar tendencias, quieres mostrar cómo se distribuyen los datos. Esto lo puedes hacer con una **gráfica de puntos.** En una gráfica de puntos puedes identificar rápidamente el rango, la moda y los valores extremos.

EJEMPLO: Quince estudiantes estimaron cuánta televisión ven semanalmente. La tabla muestra sus estimaciones. Muestra estos resultados en una gráfica de puntos. Luego, identifica la moda de los datos y los valores extremos que logres ver.

Estudiantes	Horas
Ana	14
Bárbara	16
Carlos	12
Débora	14
Eric	14
Francisca	11
Luisa	20
Hans	12
Julio	10
Kami	16
Lee	15
Marco	17
Nancy	5
Luis	15
Patricia	10

MÁS AYUDA

ver 257–258, 262

❶ Ponle un título a tu gráfica. Dibuja una recta numérica en una hoja. La escala de los números debe incluir el valor más alto y el más bajo del conjunto de datos.

❷ Para cada dato, marca una x encima del número correspondiente.

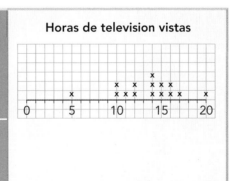

Horas de television vistas

⭐ La mayoría de las x están encima de 14. Cinco está aparte de todos los datos. Entonces, 5 es un valor extremo.

283

Diagramas de Venn

Un **diagrama de Venn** es un grupo de círculos que se intersecan. Cada círculo lleva el nombre de los datos que muestra. Los datos que pertenecen a más de un círculo van donde los círculos se superponen.

EJEMPLO: Haz un diagrama de Venn para mostrar los datos.

Ciudad	Clima más caluroso
San Francisco	9–20 de Septiembre
Seattle	15 de Julio–2 de Agosto
Phoenix	11–12 de Julio
Dallas	26 de Julio–7 de Agosto
Minneapolis	15 de Julio–2 de Agosto
St. Louis	22–23 de Julio
Atlanta	3–4 de Agosto

(Fuente: National Climatic Data Center)

❶ Escoge un título para tu diagrama. Piensa cuántos grupos de datos tienes. Luego, dibuja un círculo para cada grupo. Los datos representan un período de 3 meses. Entonces 3 círculos funcionan bien.

❷ Escribe los datos en los círculos que les corresponden. Si un dato le corresponde a más de un círculo, asegúrate de escribirlo donde esos círculos se superponen.

Clima más caluroso

Julio — Septiembre

Phoenix
St. Louis

San Francisco

Dallas
Seattle
Minneapolis

Atlanta

Agosto

Diagramas de tallo y hojas

Los **diagramas de tallo y hojas** te permiten organizar tus datos con los números mismos.

EJEMPLO: La policía local controló durante una hora la velocidad de todos los autos que pasaron por el punto de control.

Auto	1	2	3	4	5	6	7	8	9	10
Velocidad	35	30	32	45	30	28	42	25	33	35

Haz un diagrama de tallo y hojas. ¿Qué te dice el diagrama?

❶ Ponle un título a tu diagrama.	Velocidad de los autos
❷ Escribe los datos en orden, de menor a mayor.	25 28 30 30 32 33 35 35 42 45
❸ Busca el valor más pequeño y el más grande.	25 es el valor más pequeño 45 es el valor más grande.
❹ Escoge los tallos. Cada dígito de tu lista en la posición de las decenas es un tallo.	Los tallos son 2, 3 y 4.
❺ Escribe los tallos como una línea vertical de números, de menor a mayor.	Velocidad de los autos 2 | 3 | 4 |
❻ Las hojas son todos los dígitos de las unidades de tu lista. Escríbelos junto a los tallos que forman pareja con los dígitos de las decenas.	Velocidad de los autos 2 | 5 8 3 | 0 0 2 3 5 5 4 | 2 5
❼ Haz una clave que explique cómo leer los tallos y hojas.	Clave: 2 | 5 significa 25 millas por hora

⭐ De acuerdo con la distribución de los valores, puedes ver que la velocidad de casi todos los autos está entre 30 y 35 millas por hora.

Probabilidad

Siempre es bueno saber si algo puede o no suceder. Pero es más útil si puedes usar un número para describir esa probabilidad.

La probabilidad te ayuda a decidir con qué frecuencia puede suceder una cosa; pero por lo general no te puede decir cuándo sucederá.

286   Sucesos y resultados

Un **suceso** es algo que puede suceder. La **probabilidad** de un suceso puede ser cualquier número entre 0 y 1. Se puede escribir como fracción, decimal o porcentaje. Si la probabilidad de un suceso es 0, entonces es imposible que ocurra. Si un suceso es seguro, la probabilidad es 1. Cuanto menos posible sea un suceso, su probabilidad estará más cerca de 0. Cuanto más posible sea un suceso, su probabilidad estará más cerca de 1.

Probabilidad

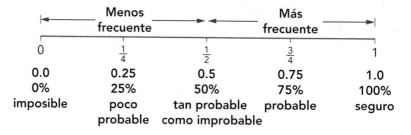

EJEMPLO 1: Cuando lanzas una moneda, pueden suceder dos cosas. Esas dos cosas se llaman resultados.

 La moneda puede caer con la cara de Lincoln hacia arriba. Esto se llama **cara.** Probabilidad: $= \frac{1}{2}$.

 La moneda puede caer con el monumento de Lincoln hacia arriba. Esto se llama **cruz.** Probabilidad: $= \frac{1}{2}$.

La probabilidad de lanzar al aire una moneda de un centavo que caiga con la cara de Washington hacia arriba es 0.

EJEMPLO 2: Si lanzas un cubo con uno de los dígitos de 1 a 6 en cada cara, pueden suceder seis cosas: cualquiera de los seis dígitos puede caer cara arriba. Todos estos sucesos tienen la misma probabilidad de ocurrir. Entonces, la probabilidad de que salga 6 es $\frac{1}{6}$.

EJEMPLO 3: Cuando haces girar una aguja sobre un círculo que es $\frac{3}{4}$ azul y $\frac{1}{4}$ verde, pueden suceder dos cosas: La probabilidad de que caiga azul es 0.75, ó $\frac{3}{4}$. La probabilidad de que caiga verde es 0.25, ó $\frac{1}{4}$. Los dos sucesos no tienen la misma probabilidad.

EJEMPLO 4: Los meteorólogos pronostican que la probabilidad de lluvias en Daytona Beach el día de hoy es 75%. Eso significa que hay más probabilidad de que llueva a que no llueva. No quiere decir que *va a llover* hoy en Daytona Beach.

EJEMPLO 5: Es seguro que el Sol sale todas las mañanas. Entonces, la probabilidad de que el Sol salga es 100%, ó 1.

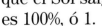

287 Notación y cálculo probabilístico

Digamos que quieres saber qué probabilidad tienes de que la flecha giratoria caiga en rojo. Vamos a llamar **suceso** al rojo.

La rueda tiene 8 secciones de igual tamaño. La flecha tiene la misma probabilidad de caer en cualquiera de las 8. Podemos decir que hay 8 **resultados posibles,** todos igualmente probables. Hay 3 secciones rojas. Podemos decir que hay 3 **resultados favorables.** Cuando todos los resultados son igualmente probables, puedes usar una razón para calcular la probabilidad de un suceso.

Escribe: $P \text{ (suceso)} = \frac{\text{número de resultados favorables}}{\text{número de resultados posibles}}$

MÁS AYUDA

ver 178, 286

Dí: *La probabilidad de un suceso es la razón del número de resultados favorables al número de resultados posibles.*

La probabilidad de que caiga rojo es:

$P \text{ (rojo)} = \frac{3}{8}$

número de resultados favorables (Hay 3 secciones rojas).

número de resultados posibles (Hay 8 secciones iguales).

288 Muestreo

Cuando realizas un experimento para formarte una idea acerca de las probabilidades de algo, estás haciendo un **muestreo.** Un muestreo a lo mejor no te suministra exactamente el mismo número que la razón de resultados favorables a posibles. Pero si ensayas tu experimento varias veces, llegarás muy cerca.

Los sondeos también son una forma de muestreo. Los candidatos presidenciales usan muestras para averiguar qué probabilidad tienen de ganar. La muestra es grande, pues representa a todos los grupos de personas que votan.

¡ATENCIÓN! El muestreo puede engañarte

Cuando un experimento de probabilidad tiene pocas pruebas, los resultados pueden ser engañosos. Por ejemplo, si lanzaste tres veces un cubo numérico marcado de 1–6 y sacaste 5 dos de las tres veces, el experimento te haría pensar que la probabilidad de sacar un 5 es $\frac{2}{3}$; pero tú ya sabes que la probabilidad de sacar 5 es la misma que sacar cualquier otro número. La cantidad de cincos comparada con el número de veces que lanzas el cubo debe disminuir cuanto más lances el cubo.

Espacio muestral

Para calcular probabilidades, necesitas saber todas las cosas que pueden suceder. Un **espacio muestral** es una lista de todos los resultados posibles que tiene un suceso.

EJEMPLO: Digamos que haces girar la flecha. Haz el espacio muestral de un giro.

La flecha puede caer en 12 áreas diferentes. Para definir el espacio muestral, escribe todos los resultados posibles.

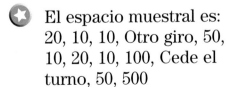 El espacio muestral es: 20, 10, 10, Otro giro, 50, 10, 20, 10, 100, Cede el turno, 50, 500

Diagramas de árbol

Tal vez puedas hallar todos los resultados posibles en un espacio muestral dibujando un diagrama de árbol o haciendo una lista ordenada.

EJEMPLO: Un carrito de salchichas vende dos sabores: normal y picante. Además, puedes comprar tu salchicha en pan de molde o pan de hot dog. Puedes agregarle picadillo de pepinillos en vinagre o dulce. ¿Cuántas combinaciones de sabor, pan y picadillo puedes hacer?

Haz un diagrama de árbol para mostrar todas las combinaciones posibles (resultados) del espacio muestral.

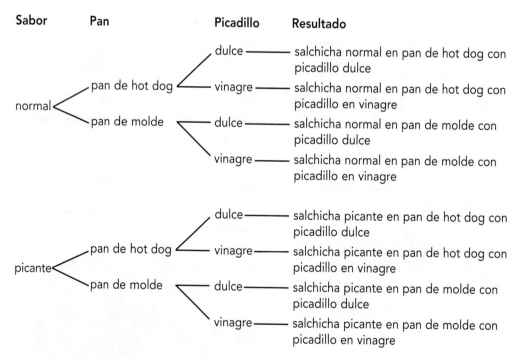

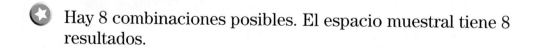

Hay 8 combinaciones posibles. El espacio muestral tiene 8 resultados.

Principio de conteo

El **principio de conteo** te dice cómo puedes hallar el número de resultados cuando hay más de una forma de juntar cosas. Si empiezas con dos opciones y cada una de ellas conduce a tres opciones más, entonces puedes juntar cosas de 2 × 3 maneras.

EJEMPLO 1: Unas camisas vienen en 4 colores y con mangas largas o cortas. ¿Cuántas opciones de camisas hay?

 Puedes hacer un dibujo.

 Puedes multiplicar los colores por el tipo de mangas.

Opciones = colores × mangas

$$4 \times 2 = 8$$

⭐ De cualquier forma, hay 8 opciones de camisas.

EJEMPLO 2: Hay 6 candidatos para las elecciones del salón de clases. La persona que obtenga más votos será presidente. La persona que quede segundo será vicepresidente. ¿Cuántas parejas de presidente y vicepresidente son posibles?

Diferentes parejas = opciones para presidente × opciones para vicepresidente

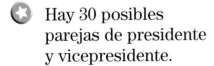

$$6 \times 5 = 30$$

⭐ Hay 30 posibles parejas de presidente y vicepresidente.

> Sólo hay 5 opciones para vicepresidente, porque una persona no puede ser presidente y vicepresidente al mismo tiempo.

Medición

¿ Qué distancia hay hasta el parque? ¿Cuánto calor hace? ¿Cuánto falta para la cena? Para responder estas preguntas tienes que saber medición.

Por lo general, usamos dos sistemas de medición: el sistema métrico y el sistema inglés. Los usamos para medir longitud, área, volumen, capacidad, peso o masa, y temperatura.

MÁS AYUDA

ver 485–487

Longitud

MÁS AYUDA

ver 012, 485–486

¿Qué estatura tienes? ¿A qué distancia vives de la escuela? Para responder estas preguntas, tienes que saber cómo se mide la longitud.

Estas son algunas unidades de medidas de longitud.

Unidades inglesas de longitud	Unidades métricas de longitud
pulgada (in.)	milímetro (mm) 1 mm = 0.001 m
pie (ft) 1 ft = 12 in.	centímetro (cm) 1 cm = 0.01 m
yarda (yd) 1 yd = 3 ft	metro (m)
milla (mi) 1 mi = 5280 ft	kilómetro (km) 1 km = 1000 m

Estos son algunos puntos de referencia para que entiendas mejor el tamaño de cada unidad.

El diámetro de una moneda de veinticinco centavos es más o menos una pulgada.

El marco de una puerta tiene más o menos una yarda de ancho.

Una moneda de diez centavos tiene más o menos un milímetro de grosor.

El ancho de una uña es más o menos un centímetro.

295 Perímetro

La palabra *perímetro* está formada por dos palabras griegas que se juntan. *Peri* significa alrededor, y *metron* significa medida. La distancia alrededor de una figura se llama **perímetro.** Para hallar el perímetro de cualquier figura, suma las longitudes de sus lados.

EJEMPLO: ¿Cuál es la distancia alrededor de este parque?

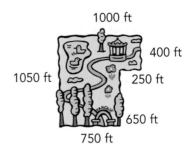

1000 ft
400 ft
1050 ft
250 ft
650 ft
750 ft

Para hallar la respuesta, calcula el perímetro del parque. Suma las longitudes de los lados.

$650 + 750 + 1050 + 1000 + 400 + 250 = 4100$

⭐ La distancia alrededor del parque es 4100 pies.

Perímetro de un triángulo

296

CASO 1 Para hallar el perímetro de un triángulo cualquiera, suma las longitudes de sus lados.

EJEMPLO 1: Busca el perímetro de este parque de juegos.

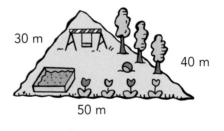

30 m
40 m
50 m

Para hallar el perímetro, suma.
$30 + 40 + 50 = 120$

⭐ El perímetro del parque de juegos es 120 metros.

MÁS AYUDA

ver 362

CASO 2 Si el triángulo es equilátero (todos sus lados tienen la misma longitud), multiplica la longitud de un lado por 3 para hallar el perímetro.

EJEMPLO 2: Halla el perímetro de este jardín.

Todos los lados del jardín tienen la misma longitud. Para hallar el perímetro, puedes sumar $20 + 20 + 20$. También puedes multiplicar la longitud de un lado por 3.
$3 \times 20 = 60$

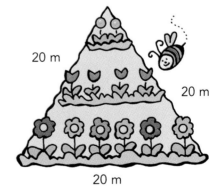

20 m
20 m
20 m

⭐ El perímetro del jardín es 60 metros.

Perímetro de un cuadrilátero

CASO 1 Para hallar el perímetro de un cuadrilátero cualquiera, suma la longitud de sus lados.

EJEMPLO 1: Halla la distancia alrededor del terreno de la biblioteca.

El terreno de la biblioteca tiene forma de cuadrilátero. Para hallar la distancia alrededor del terreno, calcula el perímetro del cuadrilátero. Suma las longitudes de los lados.

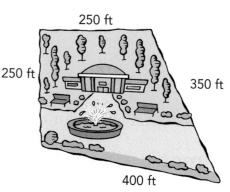

250 ft
250 ft
350 ft
400 ft

$250 + 250 + 350 + 400 = 1250$

⭐ La distancia alrededor del terreno de la biblioteca es 1250 pies.

MÁS AYUDA

ver 212–214, 364–366

CASO 2 Para hallar el perímetro de rectángulos y cuadrados, puedes usar una fórmula.

EJEMPLO 2: ¿Cuál es la distancia alrededor de esta piscina rectangular?

En un rectángulo, los lados opuestos tienen la misma longitud.

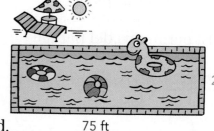

25 ft
75 ft

Perímetro (rectángulo) es 2 veces la longitud más 2 veces el ancho

$P = 2l + 2a$
$P = 2 \times 75 + 2 \times 25$
$P = 150 + 50$
$P = 200$

Recuerda el orden de las operaciones. Multiplica primero. Suma después.

⭐ La distancia alrededor de la piscina es 200 pies.

EJEMPLO 3: Halla el perímetro de esta piscina de inflar.

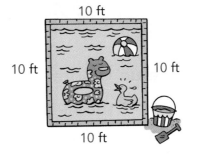

Un cuadrado es un rectángulo muy especial. Todos los cuatro lados de un cuadrado tienen la misma longitud.

*P*erímetro (cuadrado) es 4 veces la longitud de un lado (*s*)

$P = 4s$
$P = 4 \times 10$
$P = 40$

⭐ El perímetro de la piscina de inflar es 40 pies.

Circunferencia   298

Los círculos son tan particulares que tienen un nombre especial para el perímetro: **circunferencia.** Esta palabra viene del latín: *circum* (alrededor) y *ferre* (cargar).

> **MÁS AYUDA**
>
> ver 107, 142, 367

*C*ircunferencia = pi × diámetro
$C \qquad\qquad = \pi d$
Ó
*C*ircunferencia = 2 × pi × radio
$C \qquad\qquad = 2\pi r$

> Tiene sentido, porque el diámetro es el doble del radio.

EJEMPLO: En algunas ciudades hay glorietas para el tráfico en lugar de intersecciones.
¿Cuál es la circunferencia de esta glorieta?

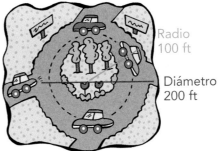

Radio 100 ft

Diámetro 200 ft

$C = \pi d$ Ó $C = 2\pi r$
$C \approx 3.14 \times 200$ $C \approx 2 \times 3.14 \times 100$
$C \approx 628$ $C \approx 628$

> Pi es más o menos 3.14. Cuando los números son aproximados, usa ≈ en lugar de =.

 La circunferencia de la glorieta es más o menos 628 pies.

Área

MÁS AYUDA

ver 364–365

Área es el número de unidades cuadradas que se necesitan para llenar una figura. Las unidades que se usan para medir el área se basan en unidades de longitud. Por ejemplo, un área se puede medir en pulgadas cuadradas.

Una **pulgada cuadrada** es el tamaño de un cuadrado que mide exactamente 1 pulgada en cada lado.

1 in.

1 in.

1 in.

1 in.

Escribe: 1 in.²
Dí: *una pulgada cuadrada*

Estas son algunas unidades para medir área.

Unidades inglesas de área	Unidades métricas de área
pulgada cuadrada (in².)	centímetro cuadrado (cm²)
pie cuadrado (ft²)	metro cuadrado (m²)

También puedes hallar un área contando cuadros.

EJEMPLO: ¿Cuál es el área de esta habitación?

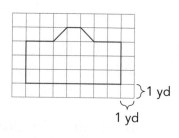

1 yd

1 yd

Puedes hallar el área calculando el número de cuadros que hay dentro de la figura. En esta figura, puedes contar todos los cuadros completos y todas las mitades de cuadros.

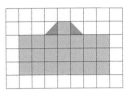

2 medios cuadros ⟶ 1 cuadro completo
22 cuadros completos ⟶ + 22 cuadros completos
Total   23 cuadros completos

También puedes hallar el área buscando un rectángulo más grande que rodee la figura. Halla el área de este rectángulo. Luego, réstale el área de la parte que debes quitarle para obtener la figura original.

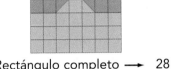

Rectángulo completo ⟶   28 cuadros completos
Parte extra ⟶   − 5 cuadros completos
                          23 cuadros completos

De cualquier forma, el área de la habitación es 23 yd^2.

Escribe: 23 yd^2.
Dí: *veintitrés yardas cuadradas*

¡ATENCIÓN! Un cuadrado de 4 pies no es lo mismo que 4 pies cuadrados

Este es un cuadrado de cuatro pies de lado.

Si cuentas todos los pies cuadrados en la figura, verás que el área es 16 pies cuadrados, ó 16 ft^2.

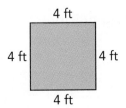

4 ft
4 ft   4 ft
4 ft

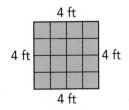

4 ft
4 ft   4 ft
4 ft

MÁS AYUDA

ver 246

Puedes hallar el área de un rectángulo contando cuadros o multiplicando.

EJEMPLO 1: En 1785, el Congreso estableció la Ordenanza de Tierras. Un distrito era un cuadrado de 6 millas de lado. Luego, cada distrito se dividió en secciones de 1 milla cuadrada. ¿Cuántas secciones había en un distrito?

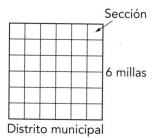

Sección

6 millas

Distrito municipal

(Fuente: The United States and its People)

 UNA FORMA Puedes hallar el área de un rectángulo contando el número de unidades cuadradas que hay adentro. El cuadrado de un distrito contenía 36 cuadros. Cada cuadro tenía 1 milla de lado.

 OTRA FORMA Multiplica el largo por el ancho.

Área de un rectángulo = **l**argo × **a**ncho
A = la
$\downarrow$
$6 \times 6 = 36$

Dado que el largo y el ancho de un cuadrado son iguales, puedes decir que el A (de un cuadrado) = s × s, ó s².

⭐ De cualquier forma, un distrito tenía 36 secciones.

Área de un paralelogramo · 302

Los rectángulos son un tipo de paralelogramo. Puedes usar lo que sabes acerca de rectángulos para hallar el área de un paralelogramo. Si recortas un paralelogramo, puedes organizar los pedazos de tal modo que se forme un rectángulo.

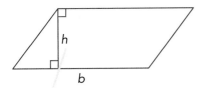

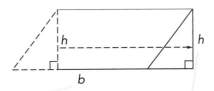

Esta h te dice la distancia que hay entre un lado del paralelogramo y el lado opuesto. Es perpendicular a la base y se llama altura.

Esta b representa la longitud del lado del paralelogramo desde el cual mediste la altura. Se llama base.

Esta h es la misma que la anterior, sólo que esta vez indica uno de los lados del rectángulo.

Para formar el rectángulo, usaste todo el paralelogramo. Nada más. Por consiguiente, el área no cambió. Para hallar el área del paralelogramo, halla el área del rectángulo que formaste.

Área de un rectángulo $= largo \times ancho$
Área de un paralelogramo $= base \times altura (h)$
$A = bh$

MÁS AYUDA

ver 301, 364–366

EJEMPLO: Antes de comprar pintura, necesitas saber cuántos pies cuadrados vas a pintar. Cada franja en el andén es un paralelogramo. ¿Cuál es el área de una franja?

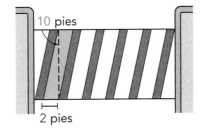

10 pies

2 pies

$A = bh$

$2 \times 10 = 20$

⭐ El área de una franja es 20 ft².

Área de un triángulo

Si puedes hallar el área de un paralelogramo, también puedes hallar el área de cualquier triángulo. ¡Esto es porque un triángulo es la mitad de un paralelogramo!

CASO 1 Un triángulo rectángulo es la mitad de un rectángulo.

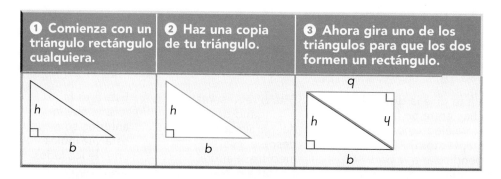

❶ Comienza con un triángulo rectángulo cualquiera.	❷ Haz una copia de tu triángulo.	❸ Ahora gira uno de los triángulos para que los dos formen un rectángulo.

Un rectángulo es un paralelogramo especial. El área de este paralelogramo especial es *bh*. Entonces, la fórmula para el área de un triángulo rectángulo es $\frac{1}{2}bh$.

MÁS AYUDA

ver 167–170, 301, 361

EJEMPLO 1: Usa la fórmula para hallar el área del △*DIM*.

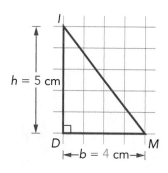

$$A = \frac{1}{2}bh$$

$$\frac{1}{2} \times 4 \times 5 = 10$$

⭐ El área del △*DIM* es 10 cm².

Dí: *El área del triángulo D I M es diez centímetros cuadrados.*

CASO 2 Todo triángulo es la mitad de un paralelogramo.

❶ Comienza con un triángulo cualquiera.	❷ Haz una copia de tu triángulo.	❸ Gíralo para que un par de lados correspondientes queden unidos.
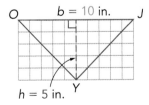 h b	h b	q h q b

MÁS AYUDA

ver 365

El área de cualquier paralelogramo es bh. Entonces, la fórmula para el área de un triángulo cualquiera es $\frac{1}{2}bh$.

En ambos casos, la fórmula es la misma. Tiene sentido, porque de todas maneras un triángulo rectángulo sigue siendo un triángulo.

EJEMPLO 2: Usa la fórmula para hallar el área del $\triangle JOY$.

MÁS AYUDA

ver 167–170, 302, 359

O $b = 10$ in.   J

$h = 5$ in.   Y

$A = \frac{1}{2}bh$

$\frac{1}{2} \times 10 \times 5 = 25$

⭐ El área del $\triangle JOY$ es 25 in.²

Área de un trapecio

Para hallar el área de un trapecio, lo puedes descomponer.

EJEMPLO: Busca el área de este trapecio.

La base menor es b_1. La base mayor es b_2.

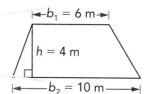

Escribe: b_1
Dí: *b sub uno*
ó simplemente
b uno

MÁS AYUDA

ver 167–170, 212–214, 301, 303

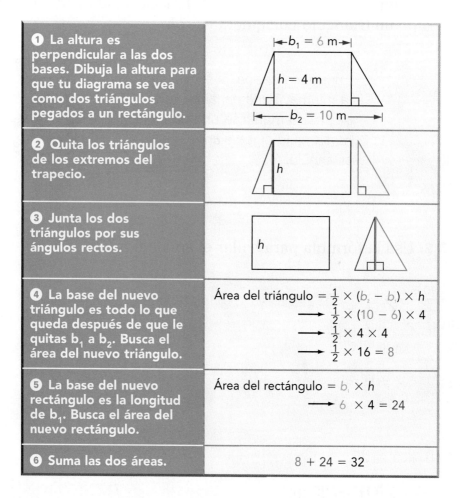

❶ La altura es perpendicular a las dos bases. Dibuja la altura para que tu diagrama se vea como dos triángulos pegados a un rectángulo.	
❷ Quita los triángulos de los extremos del trapecio.	
❸ Junta los dos triángulos por sus ángulos rectos.	
❹ La base del nuevo triángulo es todo lo que queda después de que le quitas b_1 a b_2. Busca el área del nuevo triángulo.	Área del triángulo $= \frac{1}{2} \times (b_2 - b_1) \times h$ $\frac{1}{2} \times (10 - 6) \times 4$ $\frac{1}{2} \times 4 \times 4$ $\frac{1}{2} \times 16 = 8$
❺ La base del nuevo rectángulo es la longitud de b_1. Busca el área del nuevo rectángulo.	Área del rectángulo $= b_1 \times h$ $6 \times 4 = 24$
❻ Suma las dos áreas.	$8 + 24 = 32$

★ El área del trapecio es 32 unidades cuadradas.

Área de un círculo

Puedes ver cómo funciona la fórmula del área de un círculo si divides un círculo en cuñas y luego las ordenas como si fueran un paralelogramo.

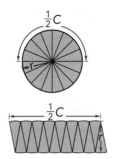

En tu paralelogramo de cuñas, cada base corresponde a la mitad de la circunferencia del círculo.

MÁS AYUDA

ver 298, 302, 367–368

La altura es el radio del círculo.

Área de un paralelogramo $= b$ase $\times a$ltura (h)

$$\longrightarrow \tfrac{1}{2}Cr$$

¡Pero para hallar la circunferencia necesitas otra fórmula!

Circunferencia $= 2 \times pi \times r$adio

$$\longrightarrow 2\pi r$$

Pon toda esta información junta en una sola fórmula.

Área de un círculo $= \tfrac{1}{2} \times c$ircunferencia $\times r$adio

$$\longrightarrow \tfrac{1}{2} \times 2\,\pi\,r \times r$$
$$\longrightarrow 1 \times \pi \times r^2 = \pi r^2$$

EJEMPLO: Halla el área de este círculo.

$A = \pi r^2$

$\longrightarrow \dfrac{22}{7} \times 7^2$

$\longrightarrow \dfrac{22}{7} \times 7 \times 7 \approx 154$

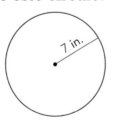

7 in.

⭐ El área del círculo es aproximadamente 154 in².

MÁS AYUDA

ver 067, 168, 368

Puedes usar el valor aproximado de pi que te facilite más el cálculo. Es más fácil multiplicar 49 por $\frac{22}{7}$ que por 3.14.

Área total de un prisma

MÁS AYUDA

ver 383–384

El área total de un prisma es igual a la suma de las áreas de sus caras (inclusive las bases).

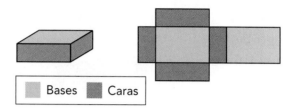

Bases ■ Caras

307

Área total de cubos y prismas rectangulares

Las bases de los prismas rectangulares son rectángulos. Cada cara de un prisma rectangular tiene una cara paralela igual.

EJEMPLO: Esta caja es un prisma rectangular. Busca el área total de la caja.

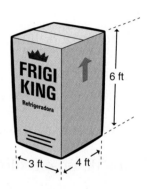

FRIGI KING

Refrigeradora

6 ft

3 ft 4 ft

❶ Usa la fórmula $A = la$ para hallar el área de un rectángulo de cada par idéntico.	❷ Suma las áreas de todas las caras.
atrás: Igual que el frente.	frente: 18 ft²
3 ft	arriba: 12 ft²
Lado 2: Igual que el lado 1. 6 ft	atrás: 18 ft²
lado 1: 6 × 4 = 24	fondo: 12 ft²
3 ft	lado 1: 24 ft²
4 ft 6 ft 4 ft	+ lado 2: 24 ft²
arriba: 4 × 3 = 12	suma: 108 ft²
frente: 6 × 3 = 18 fondo: Igual que arriba.	

 El área total de la caja es 108 ft².

Las seis caras de un cubo son idénticas. Entonces puedes hallar el área total multiplicando el área de una cara por 6.
$AT = 6s^2$.

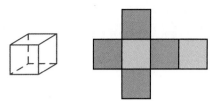

Área total de un prisma triangular

308

Los prismas triangulares tienen dos bases triangulares pero sus caras son rectángulos.

EJEMPLO: Algunas cajas de correo para enviar carteles son prismas triangulares. Busca el área total de esta caja.

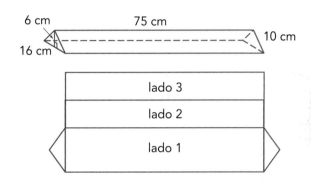

❶ Busca el área de las dos bases.	$A = \frac{1}{2}b\,h$ → $\frac{1}{2} \times 16 \times 6 = 48$	**A de dos bases = 96 cm²**
❷ Busca el área del lado 1.	$A = l\,a$ → $75 \times 16 = 1200$	**A del lado 1 = 1200 cm²**
❸ Los lados 2 y 3 son idénticos. Busca su área.	$A = l\,a$ → $75 \times 10 = 750$	**A de los lados 2 y 3 = 1500 cm²**
❹ Suma todas las áreas.	$96 + 1200 + 1500 = 2796$	

MÁS AYUDA

ver 167–170, 301, 303

⭐ El área total de la caja es 2796 cm².

Volumen de un prisma

MÁS
AYUDA

ver 301,
383–384

El **volumen** de un prisma te dice cuántos cubos de determinado tamaño se necesitan para llenar el prisma. Por eso, el volumen se mide en unidades cúbicas. Las unidades que se usan para medir el volumen se basan en las unidades que se usan para medir longitud. Por ejemplo, el volumen se puede medir en pulgadas cúbicas. Una **pulgada cúbica** es el tamaño de un cubo de exactamente 1 pulgada por cada lado.

Escribe: 1 in^3.
Dí: *una pulgada cúbica*

Recuerda: el volumen siempre se mide en unidades cúbicas.

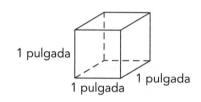

1 pulgada

1 pulgada

1 pulgada

Estas son algunas unidades para medir volumen.

Medidas inglesas de volumen	Medidas métricas de volumen
pulgada cúbica (in.^{3})	centímetro cúbico (cm^3)
pie cúbico (ft^3)	metro cúbico (m^3)

Volumen de un prisma rectangular

El volumen de un prisma rectangular es el espacio que ocupa el prisma.

La relación que existe entre en número de cubos que caben en la base y el número de capas de cubos siempre es verdadera.

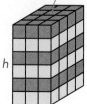

B

h

Hay 6 capas de cubos. Cada capa tiene 12 cubos. Entonces, el volumen es 72 unidades cúbicas.

Volumen (prisma) = Área de una *B*ase × altura (*h*)
V　　　　　　　　$= Bh$
　　　→ lah

EJEMPLO: Halla el volumen de espacio que hay dentro de esta nevera.

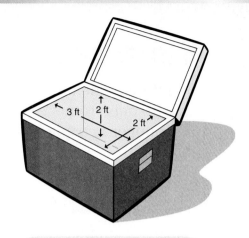

❶ Usa la fórmula del área de un rectángulo para hallar el área de la base.	$A = la$ → $3 \times 2 = 6$
❷ Usa la fórmula del área de un prisma para hallar el volumen.	$V = Bh$ → $6 \times 2 = 12$

Cuando multiplicas ft^2 por pies, obtienes ft^3.

⭐ El volumen dentro de la nevera es 12 ft^3.

Volumen de un cubo 311

Un cubo es un prisma rectangular especial. Tiene la misma longitud, ancho y altura.

Volumen de un prisma rectangular $= l \times a \times h$

Volumen de un cubo $= s \times s \times s = s^3$

Cuando multiplicas tres veces por el mismo número, estás buscando el **cubo** de ese número.

312

¡ATENCIÓN! Un cubo de 2 pies no es lo mismo que 2 pies cúbicos

Este es un cubo de 2 pies de lado.

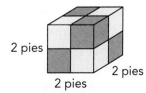

Si cuentas todos los pies cúbicos que hay en el cubo, verás que su volumen es 8 pies cúbicos, ó 8 ft^3.

313

MÁS AYUDA

ver 485–487

Capacidad

¿Cuánto jugo de naranja tenemos que comprar? ¿Cuánto remedio debo tomar? Para responder estas preguntas, tienes que conocer la capacidad o volumen de los líquidos.

314 Sistema inglés para medir la capacidad

Estas son algunas unidades de capacidad del sistema inglés.

Unidades de capacidad del sistema inglés			
onza (oz)		cuarto (qt)	1 qt = 2 pt
taza (c)	1 c = 8 oz	galón (gal)	1 gal = 4 qt
pinta (pt)	1 pt = 2 c		

Estos recipientes te ayudarán a entender el tamaño de las unidades en el sistema inglés.

½ galón ó 2 cuartos

1 galón

1 cuarto

1 taza (8 onzas)

1 pinta

EJEMPLO: Cuál de las siguientes es una medida más razonable de la capacidad de una bañera: ¿2 cuartos o 25 galones?

Dado que 2 cuartos es lo mismo que medio galón, piensa en la cantidad de líquido que contiene medio galón de leche. ¡No es suficiente para llenar una bañera! Necesitas mucho más.

⭐ La medida más razonable de la capacidad de una bañera es 25 galones.

Sistema métrico para medir la capacidad

Estas son algunas medidas métricas de capacidad.

Estos objetos de referencia te ayudarán a entender el tamaño de las unidades del sistema métrico.

Unidades métricas de capacidad

mililitro (mL)

litro (L) 1 L = 1000 mL

MÁS AYUDA

ver 309–312

Un mililitro equivale más o menos a 10 gotas.

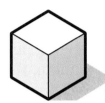

Un mililitro de líquido ocupa 1 centímetro cúbico de espacio.

Un litro equivale más o menos a 4 tazas.

EJEMPLO: Quieres comprar una botella pequeña de perfume. ¿Comprarías 10 mililitros o 10 litros?

Si 1 mL equivale más o menos a 10 gotas, entonces 10 mL equivalen a 100 gotas. Si 1 L equivale a 4 tazas, 10 L serían unas 40 tazas.

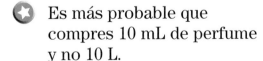

Es más probable que compres 10 mL de perfume y no 10 L.

316

Peso y masa

Masa y peso son parecidos, pero no son lo mismo. **Masa** es una medida de la cantidad de materia que tiene un objeto. **Peso** es una medida que indica cuánto pesa ese objeto.

MÁS AYUDA

ver 468, 485–487

Las balanzas se usan para medir la masa.

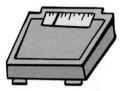

Las pesas se usan para medir el peso.

La fuerza de gravedad influye en el peso pero no afecta la masa. Si estuvieras en otro planeta, tu peso sería diferente pero tu masa sería la misma. El peso se mide usando unidades del sistema inglés. La masa se mide usando unidades del sistema métrico.

317 Peso

Estos objetos de referencia te ayudarán a entender el tamaño de las unidades del sistema inglés.

Unidades de peso del sistema inglés	
onza (oz)	
libra (lb)	1 lb = 16 oz
tonelada (t)	1 t = 2000 lb

Una tajada de pan pesa alrededor de 1 onza.

Un pan de molde pesa alrededor de una libra.

Un auto compacto pesa alrededor de 1 tonelada.

EJEMPLO: Cuál de las siguientes es una medida más razonable del peso de una canasta de frutas: ¿10 onzas, 10 libras ó 10 toneladas?

Si 10 onzas pesan más o menos lo mismo que 10 tajadas de pan y 10 toneladas es el peso de 10 autos, el peso más razonable es 10 libras.

⭐ La medida más razonable del peso de la canasta de frutas es 10 libras.

Masa 318

Estos objetos de referencia te ayudarán a entender el tamaño de las unidades de masa del sistema métrico.

Unidades métricas de masa	
gramo (g)	
kilogramo (kg)	1 kg = 1000 g

Un cordón de zapato tiene una masa aproximada de 1 gramo.

Una moneda de 5 centavos tiene una masa de unos 5 gramos.

Un libro de texto tiene una masa aproximada de 1 kilogramo.

EJEMPLO: Qué medida de masa es más razonable para una bicicleta: ¿12 g ó 12 kg?

Si la masa de un cordón de zapato es de 1 gramo, 12 cordones tendrán una masa de 12 gramos. ¡Tiene sentido que una bicicleta tenga una masa 1000 veces más grande! Entonces, 12 kg es lo más razonable.

 La medida más razonable de masa de la bicicleta es 12 kg.

Temperatura

La temperatura se mide con un termómetro. El líquido de color en el termómetro se expande y sube por el tubo a medida que se calienta. A medida que se enfría, el líquido ocupa menos espacio y baja por el tubo.

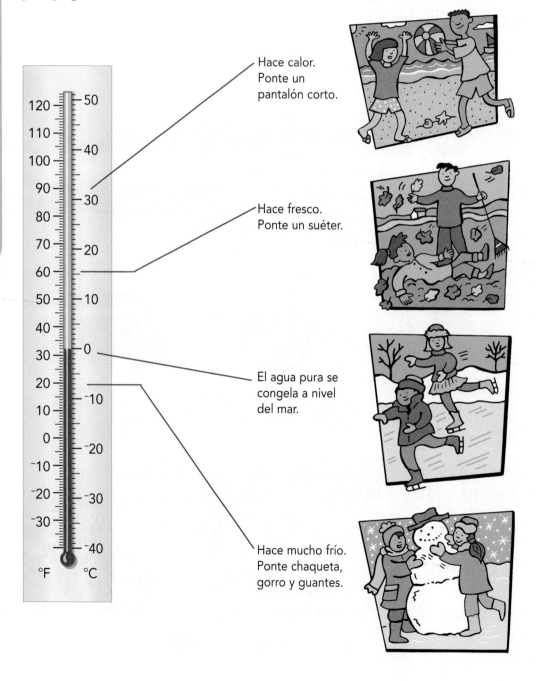

Hace calor.
Ponte un
pantalón corto.

Hace fresco.
Ponte un suéter.

El agua pura se
congela a nivel
del mar.

Hace mucho frío.
Ponte chaqueta,
gorro y guantes.

Fahrenheit 320

En el sistema inglés de medición, la temperatura se mide en la escala **Fahrenheit.** En esta escala, el punto de congelación del agua pura a nivel del mar es 32°F.

Escribe: 32°F
Dí: *treinta y dos grados Fahrenheit*

En los Estados Unidos se usa la escala Fahrenheit para medir la temperatura.

Celsius 321

El sistema métrico de medición usa una escala que se basa en 100 para medir la temperatura. Esta se llama escala **Celsius.** A veces se le llama escala centígrada. Una cosa interesante acerca de esta escala, es que el punto de congelación del agua pura a nivel del mar es 0°C.

Escribe: 0°C
Dí: *cero grados Celsius*

Casi todos los países —excepto los Estados Unidos y otros— miden la temperatura en la escala Celsius.

EJEMPLO: ¿De qué país proviene el pronóstico del tiempo?

Compara las dos escalas. Te darás cuenta de que te sentirías mucho mejor vistiendo pantalón corto a 25° Celsius que a 25° Fahrenheit.

La temperatura máxima hoy será 25°.

Canadá
EE.UU

 El pronóstico del tiempo debe venir de Canadá.

Tiempo

Medimos el tiempo tal como medimos otras cosas. Las herramientas para medir son relojes y calendarios en lugar de reglas y balanzas. Si quieres saber cuánto tiempo se demora realizar una tarea o cuánto tiempo a transcurrido desde que sucedió algo, tienes que hacer cálculos de tiempo. Lo importante es que mantengas las diferentes unidades separadas.

Estas son algunas unidades para medir tiempo.

Unidades de tiempo			
segundo (s)		mes	1 mes = 28, 29, 30, ó 31 d
minuto (min)	1 min = 60 s	año	1 año = 12 meses
hora (h)	1 h = 60 min		
día (d)	1 d = 24 h		

La palabra día puede ser confusa. Significa un período de 24 horas que abarca desde la medianoche hasta la siguiente. Pero la gente también la usa para referirse a la parte del día cuando hay luz y están en el trabajo o la escuela.

Algunos términos que usarás cuando midas el tiempo son:

A.M. (*ante meridiem:* antes de mediodía) entre medianoche y mediodía

P.M. (*post meridiem:* después de mediodía) entre mediodía y medianoche

Horarios

Un horario es una lista organizada. Te dice el orden y el momento en que deben suceder diferentes cosas. El plan diario de un estudiante es un horario.

EJEMPLO: Estos son los horarios de la escuela y de actividades de Ramón. Ayúdale a organizar su horario de la semana.

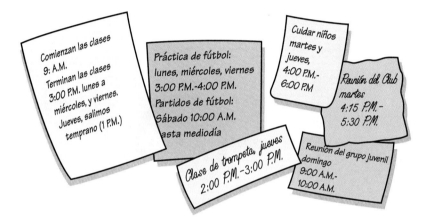

Comienzan las clases
9: A.M.
Terminan las clases
3:00 P.M. lunes a miércoles, y viernes. Jueves, salimos temprano (1 P.M.)

Práctica de fútbol:
lunes, miércoles, viernes
3:00 P.M.-4:00 P.M.
Partidos de fútbol:
Sábado 10:00 A.M. hasta mediodía

Cuidar niños martes y jueves,
4:00 P.M.-6:00 P.M

Reunión del Club martes
4:15 P.M.-5:30 P.M.

Clase de trompeta, jueves
2:00 P.M.-3:00 P.M.

Reunión del grupo juvenil domingo
9:00 A.M.-10:00 A.M.

Tu lista debe tener 7 días. Cada día debe mostrar las horas y las actividades de ese día en orden.

	Dom.	Lun.	Mar.	Mie.	Jue.	Vie.	Sab.
9:00 A.M.	Grupo juvenil	Escuela	Escuela	Escuela	Escuela	Escuela	Fútbol
10:00 A.M.		Escuela	Escuela	Escuela	Escuela	Escuela	Fútbol
11:00 A.M.		Escuela	Escuela	Escuela	Escuela	Escuela	
12:00 noon		Escuela	Escuela	Escuela	Escuela	Escuela	
1:00 P.M.		Escuela	Escuela	Escuela	Escuela	Escuela	
2:00 P.M.		Escuela	Escuela	Escuela	Trompeta	Escuela	
3:00 P.M.		Escuela	Escuela	Fútbol	Escuela	Fútbol	
4:00 P.M.		Fútbol					
5:00 P.M.		4:15: Club	Cuidar niños		Cuidar niños		
6:00 P.M.		Club hasta las 5:30	Cuidar niños		Cuidar niños		

MÁS AYUDA

ver 325

El tiempo que pasó entre las 8:00 A.M. y las 8:30 A.M., se llama tiempo **transcurrido.** Puedes hallar el tiempo transcurrido contando el tiempo de principio a fin.

EJEMPLO: Vas a volar de Chicago a Dallas haciendo escala en Atlanta. Tu avión sale de Chicago a las 9:15 A.M. y llega a Dallas a la 1:05 P.M. Chicago y Dallas están en la misma zona horaria. ¿Cuánto tiempo dura tu vuelo?

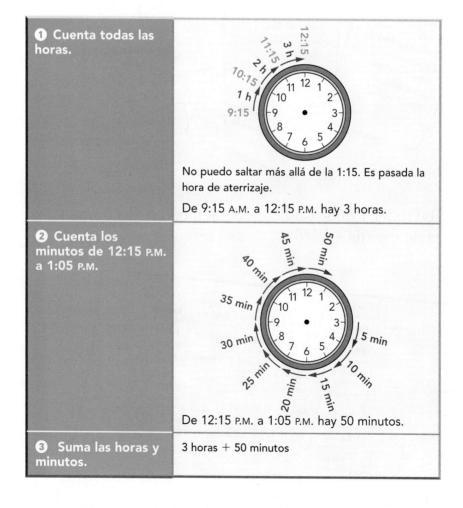

❶ Cuenta todas las horas.	No puedo saltar más allá de la 1:15. Es pasada la hora de aterrizaje. De 9:15 A.M. a 12:15 P.M. hay 3 horas.
❷ Cuenta los minutos de 12:15 P.M. a 1:05 P.M.	De 12:15 P.M. a 1:05 P.M. hay 50 minutos.
❸ Suma las horas y minutos.	3 horas + 50 minutos

⭐ La duración del vuelo es de 3 horas 50 minutos.

Zonas horarias

El mundo está dividido en 24 zonas horarias, una por cada hora del día. Si vives una zona horaria al oeste de tus amigos, tu hora es una hora más temprano que la de ellos. Pero si vives una zona horaria al este de ellos, tu hora es una hora más tarde.

Nombre de la zona horaria	Si es mediodía en Chicago, ¿qué hora es en esta zona horaria?
Hora del este	1:00 P.M.
Hora del centro	mediodía
Hora de montaña	11:00 A.M.
Hora del Pacífico	10:00 A.M.
Hora de Alaska	9:00 A.M.
Hora de Hawai y las Aleutianas	8:00 A.M.

EJEMPLO: Si son las 8:00 A.M. en Baltimore, ¿sería buena idea llamar a tus amigos que viven en Seattle?

Para responder esta pregunta, necesitas saber cuál es la hora en Seattle. Baltimore queda en la zona horaria del este. Seattle queda en la zona horaria del Pacífico, es decir, 3 horas más temprano que la hora del este. Réstale 3 horas a las 8:00 A.M. En Seattle son las 5:00 A.M.

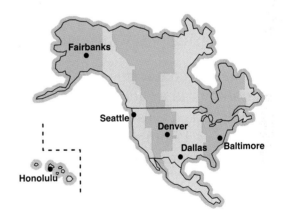

⭐ Dado que son las 5:00 A.M. en Seattle, tal vez es demasiado temprano para llamarlos . . . ¡a menos que a tus amigos les guste madrugar!

¿SABÍAS QUE...

las zonas horarias dependen del primer meridiano que pasa por Greenwich, cerca de Londres, Inglaterra? Se dice que el tiempo está horas adelante o atrás del Tiempo Promedio de Greenwich (GMT).

326 Cálculos con medidas

Cuando sumas 2 pies y 24 pulgadas, el resultado no es 26 pies ni 26 pulgadas. Entonces, ¿cuál es el resultado? Hay ciertas reglas que te permiten hacer cálculos con unidades que no son iguales.

327 Convertir una unidad a otra

Si quieres sumar 2 pies y 24 pulgadas, podrías convertir las 24 pulgadas a pies y luego sumar.

Cuando conviertes una unidad de medida a otra, tienes que conocer la relación que existe entre ambas. Para convertir pulgadas a pies o pies a pulgadas, tienes que saber que 1 pie = 12 pulgadas. Las tablas de medidas que hay en el Almanaque te dan esa información.

EJEMPLO 1: Convierte 6 yardas a pies.

MÁS AYUDA

ver 149, 485–487

Unidades inglesas de longitud	Unidades métricas de longitud
pulgada (in.)	milímetro (mm) 1 mm = 0.001
pie (ft) 1 ft = 12 in.	centímetro (cm) 1 cm = 0.01
yarda (yd) 1 yd = 3 ft	metro (m)
milla (mi) 1 mi = 5280 ft	kilómetro (km) 1 km = 1000 m

Dado que los pies son más cortos que las yardas, entonces tendrás más pies que yardas. Tu respuesta será más que 6, entonces multiplica 6 por 3.

 6 yardas = 18 pies

EJEMPLO 2: Convierte 9 cuartos a galones.

Unidades inglesas de capacidad			
onza (oz)		cuarto (qt)	1 qt = 2 pt
taza (tz)	1 c = 8 oz	galón (gal)	1 gal = 4 qt
pinta (pt)	1 pt = 2 c		

Dado que un galón es más que un cuarto, tendrás menos galones que cuartos. Tu respuesta será menos que 9, entonces divide 9 por 4.

Cuando divides 9 cuartos por 4, obtienes 2 y 1 de residuo. Para hallar el número exacto de galones, escribe el residuo como fracción.

  9 cuartos = $2\frac{1}{4}$ galones.

Convertir unidades del sistema métrico es como convertirlas en el sistema inglés, sólo que en el sistema métrico usamos decimales en lugar de fracciones y tampoco mezclamos las medidas.

MÁS AYUDA

ver 153–155

EJEMPLO 3: Convierte 256 centímetros a metros.

Unidades inglesas de longitud		Unidades métricas de longitud	
pulgada (in.)		milímetro (mm)	1 mm = 0.001
pie (ft)	1 ft = 12 in.	centímetro (cm)	1 cm = 0.01
yarda (yd)	1 yd = 3 ft	metro (m)	1 m = 100 cm
milla (mi)	1 mi = 5280 ft	kilómetro (km)	1 km = 1000 m

Dado que un metro es más largo que un centímetro, obtendrás menos metros que centímetros. Como ya sabes que la respuesta es menos de 256, divide 256 por 100.

  256 centímetros = 2.56 metros.

328 **Cálculos con medidas mixtas**

Una **medida mixta** es aquella que tiene más de un tipo de unidades. Por ejemplo, si dices que tienes 4 ft 8 in. de estatura, estás usando una medida mixta.

A menudo tendrás que hacer cálculos con medidas mixtas. A veces hay más de una manera de solucionarlos.

329 ## Sumar medidas mixtas

EJEMPLO: Halla el perímetro del siguiente triángulo.

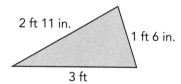

2 ft 11 in.
1 ft 6 in.
3 ft

 Puedes sumar y reagrupar unidades.

MÁS AYUDA

ver 122, 295–298, 486

❶ Suma las pulgadas y reagrupa.	❷ Suma los pies.
1 ft	1 ft
1 ft 6 in.	1 ft 6 in.
3 ft 17 in. = 1 ft 5 in.	3 ft
+ 2 ft 11 in.	+ 2 ft 11 in.
5 in.	7 ft 5 in.

 Puedes convertir todo a pulgadas o todo a pies y luego sumar.

MÁS AYUDA

ver 028–034, 486

Convierte todo a pulgadas.	Ó, convierte todo a pies.
1 ft 6 in. → 12 in. + 6 in. → 18 in.	1 ft 6 in. → $1\frac{6}{12}$ ft
3 ft 36 in.	3 ft 3 ft
+ 2 ft 11 in. 24 in. + 11 in. → + 35 in.	+ 2 ft 11 in. → + $2\frac{11}{12}$ ft
89 in.	$6\frac{17}{12}$ ft
89 ÷ 12 → 7 R5	
89 in. = 7 ft 5 in. or $7\frac{5}{12}$ ft	$6\frac{17}{12} = 6 + 1\frac{5}{12} = 7\frac{5}{12}$

 De cualquier forma, el perímetro es 7 ft 5 in.

Restar medidas mixtas

A veces tienes que restar medidas mixtas.

EJEMPLO: Marcos mide 4 ft 9 in. de estatura. Su hermano mayor, Ernesto, mide 6 ft 2 in. ¿Cuánto tiene más de estatura Ernesto que Marcos?

Para solucionar el problema, réstale 4 ft 9 in. a 6 ft 2 in.

Puedes reagrupar las unidades y luego restar. Es lo mismo que haces cuando restas números naturales.

MÁS AYUDA

ver 131–132, 486

❶ Reagrupa. Luego resta las pulgadas.	❷ Resta los pies.
6 ft 2 in. ⟶ 5 ft 14 in. 12 in. + 2 in. = 14 in. − 4 ft 9 in. − 4 ft 9 in. 5 in.	5 ft 14 in. 6 ft 2 in. − 4 ft 9 in. 1 ft 5 in.

Puedes convertir todo a pulgadas o a pies y luego restar.

MÁS AYUDA

ver 165–166

Convierte todo a pulgadas.	6 ft 2 in. ⟶ 72 in. + 2 in. ⟶ 74 in. − 4 ft 9 in. ⟶ 48 in. + 9 in. ⟶ − 57 in. 17 in. $17 ÷ 12$ ⟶ 1 R5 17 in. = 1 ft 5 in. or $1\frac{5}{12}$ ft
Ó, convierte todo a pies.	6 ft 2 in. ⟶ $6\frac{2}{12}$ ft ⟶ $\overset{5\frac{14}{12}}{6\frac{2}{12}}$ ft − 4 ft 9 in. ⟶ $4\frac{9}{12}$ ft $-4\frac{9}{12}$ ft $1\frac{5}{12}$ ft

De cualquier forma, Ernesto es 1 pie 5 pulgadas más alto que Marcos.

Multiplicar y dividir medidas mixtas

CASO 1 Algunas veces necesitas multiplicar o dividir una medida por un número.

EJEMPLO 1: Busca el perímetro de este cuadrado. Usa la fórmula $P = 4s$.

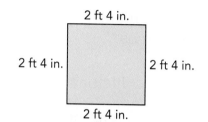

2 ft 4 in.

2 ft 4 in.   2 ft 4 in.

2 ft 4 in.

Para hallar el perímetro, multiplica 2 ft 4 in. por 4.

 UNA FORMA Puedes multiplicar y reagrupar unidades. Esto es parecido a multiplicar números naturales.

❶ Multiplica las pulgadas y reagrupa.	❷ Multiplica los pies. Suma el pie que reagrupaste.
1 ft 2 ft 4 in. 4 × 4 in. = 16 in. × 4 16 in. = 1 ft 4 in. 4 in.	1 ft 2 ft 4 in. × 4 9 ft 4 in.

 OTRA FORMA También puedes convertir todo a pulgadas o todo a pies y luego multiplicar.

MÁS AYUDA

ver 136–144, 295–298, 485

Convierte todo a pulgadas.	Ó, convierte todo a pies.
2 ft 4 in. → 24 in. + 4 in. → 28 in. 28 × 4 = 112 112 ÷ 12 → 9 R4 112 in. = 9 ft 4 in., $9\frac{4}{12}$ ft, ó $9\frac{1}{3}$ ft	2 ft 4 in. → $2\frac{4}{12}$ ft = $2\frac{1}{3}$ ft $2\frac{1}{3}$ × 4 ↓ $\frac{7}{3} \times \frac{4}{1} = \frac{28}{3}$ ó $9\frac{1}{3}$

⭐ De cualquier forma, el perímetro del cuadrado es 9 ft 4 in. También puedes decir que el perímetro es $9\frac{1}{3}$ ft.

CASO 2   Para multiplicar o dividir una medida por otra medida, asegúrate de que todas las medidas estén en la misma unidad antes de comenzar.

EJEMPLO 2: Quieres hacer cuñas para puertas con bolsas de arroz. Tienes 6 lb 4 oz de arroz y quieres meter 1 lb 9 oz en cada bolsa. ¿Cuántas bolsas puedes llenar?

Para solucionar el problema, divide 6 lb 4 oz por 1 lb 9 oz.

Unidades inglesas de peso	
onza (oz)	
libra (lb)	1 lb = 16 oz
tonelada (t)	1 t = 2000 lb

Convierte todo a onzas.	Ó, convierte todo a libras.
6 lb 4 oz $\longrightarrow$ 96 oz + 4 oz $\longrightarrow$ 100 oz 1 lb 9 oz $\longrightarrow$ 16 oz + 9 oz $\longrightarrow$ 25 oz $100 \div 25 = 4$	6 lb 4 oz $\longrightarrow$ $6\frac{4}{16}$ lb $= 6\frac{1}{4}$ lb 1 lb 9 oz $\longrightarrow$ $1\frac{9}{16}$ lb $6\frac{1}{4} \div 1\frac{9}{16}$ $\downarrow$ $\frac{25}{4} \div \frac{25}{16}$ $\downarrow$ $\frac{25}{4} \times \frac{16}{25} = \frac{400}{100}$ ó 4

MÁS AYUDA

ver 034, 176, 485

 De cualquier forma, puedes llenar 4 bolsas.

¡ATENCIÓN! Cuidado con las unidades

332

Cuando vayas a multiplicar unas unidades de medida por otras, siempre recuerda dos cosas importantes:

1. Asegúrate de que las unidades sean las mismas. Por ejemplo, puedes multiplicar pulgadas por pulgadas o pies por pies, pero no multipliques pulgadas por pies.

2. Asegúrate de que tu respuesta muestre la unidad correcta. Por ejemplo, si multiplicaste pulgadas por pulgadas obtendrás pulgadas cuadradas. Tal como $4 \times 4 = 4^2$, in. $\times$ in. = in.^{2}.

Geometría

Te sorprenderías si vieras toda la geometría que usas a diario. Cuando das instrucciones, juegas al fútbol, montas en bicicleta o construyes algo, usas palabras como *recto*, *curva*, *giro*, *redondo* y *esquina*. Estas palabras te ayudan a expresar ideas geométricas.

Los números y los cálculos nos ayudan a expresar *cantidades* o *tamaños* para comparar cosas. La geometría nos ayuda a explicar dónde están las cosas, hacia dónde van y qué formas tienen.

334 Conceptos básicos de geometría

Puntos, planos, rectas y curvas son conceptos que nos ayudan a construir puentes, hacer dibujos y dibujar mapas. También nos permiten hablar de forma, posición y dirección.

335 Puntos

En geometría, un **punto** es un lugar en el espacio. Un punto no tiene largo ni ancho. No lo puedes tocar ni medir. Pero puedes describir su ubicación. Por lo general, cuando hablas de un punto lo representas con una letra mayúscula.

Hay un punto en el lugar donde se **intersectan** (cruzan) dos rectas.

MÁS
AYUDA

ver 337, 340

Dos puntos determinan una recta (y sólo una) que pasa por ambos.

Planos 336

En geometría, un plano es como una gran llanura. Un **plano** es una superficie infinitamente larga e infinitamente ancha, pero no tiene grosor. Esto significa que no puedes medir la longitud ni el ancho de un plano. Tampoco puedes contar el número de puntos o de líneas en un plano porque son infinitos.

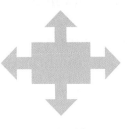

MÁS AYUDA

ver 340

CASO 1 Los planos se pueden intersectar y forman una recta.

CASO 2 Dos planos pueden ser paralelos entre sí.

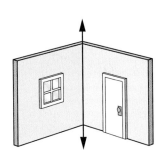

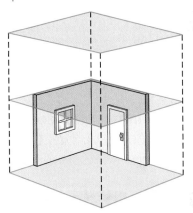

Rectas 337

Una **recta** es un camino de puntos que no termina. Continúa en dos direcciones para siempre. Cuando dibujas una recta, puedes marcar dos puntos en ella y darles nombres de letras. También puedes llamarla con una sola letra. Debes dibujar flechas para indicar que la línea continúa en ambas direcciones sin detenerse.

Escribe: $\overleftrightarrow{FG}$ ó $\overleftrightarrow{GF}$ ó a
Di: *línea F G ó línea G F, ó línea a*

Di línea cuando veas la recta con las dos flechitas.

Rayos

Haz una línea y córtala en cualquier lugar. Elimina una de las partes. Lo que tienes ahora es un rayo. Un **rayo** tiene sólo *una* dirección y nunca se detiene. Por eso sólo tiene un **extremo.** Para nombrar un rayo, di primero el nombre de su extremo y luego el nombre de otro punto en el rayo.

Escribe: $\overrightarrow{OP}$
Di: *rayo O P*

Di rayo cuando veas la flechita sencilla.

EJEMPLO: Nombra los rayos que tienen un extremo en O.

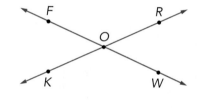

⭐ Hay cuatro rayos con extremo en O: $\overrightarrow{OF}$, $\overrightarrow{OR}$, $\overrightarrow{OK}$ y $\overrightarrow{OW}$

Segmento de recta

Un **segmento de recta** es una parte de una recta que se puede medir. Tiene dos extremos y comprende todos los puntos que hay entre esos dos extremos. Para nombrar un segmento de recta, usa los extremos.

EJEMPLO: Nombra los segmentos de recta que forman este rectángulo.

⭐ El rectángulo tiene 4 lados. Cada lado es un segmento de recta. Estos son: $\overline{AB}$, $\overline{BC}$, $\overline{CD}$, y $\overline{DA}$.

Escribe: $\overline{AB}$
Di: segmento de recta *A B*

Cuando veas este pequeño segmento encima de las letras que nombran los extremos, di segmento de recta.

Rectas paralelas y rectas que se intersectan

Rectas paralelas son rectas que están en el mismo plano. Nunca se cruzan porque siempre están separadas por la misma distancia. No comparten puntos. Los segmentos de rectas paralelas también son paralelos.

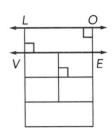

MÁS AYUDA

ver 336

Escribe: $\overleftrightarrow{LO} \parallel \overleftrightarrow{VE}$
Di: *la recta LO es paralela a la recta VE*

Cuando veas el pequeño signo de paralelas, di: *es paralelo a.*

Las rectas **de intersección** son rectas que sí se cruzan. Tienen un punto común. Los segmentos de recta también se pueden intersectar.

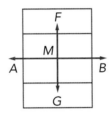

El segmento *AB* intersecta el segmento *FG*. El punto de intersección es *M*.

EJEMPLO: Nombra otro par de segmentos de recta paralelos y un par de segmentos que se intersectan en este diagrama de una cancha de tenis.

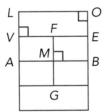

Una cancha de tenis es un rectángulo y todas sus líneas forman rectángulos.

- $\overline{LO}$ y $\overline{AB}$ son segmentos paralelos. También los son $\overline{VE}$ y $\overline{AB}$.

- Los segmentos $\overline{LA}$ y $\overline{VE}$ se intersectan. También se intersectan $\overline{LA}$ y $\overline{AB}$, $\overline{VE}$ y $\overline{FG}$, $\overline{VE}$ y $\overline{OB}$, $\overline{LO}$ y $\overline{OB}$, $\overline{AB}$ y $\overline{OB}$, y $\overline{AB}$ y $\overline{FG}$.

Puedes acordarte del significado de estos términos si te fijas cómo se ven.

p a r a l e l o ↕

i n t e r s e c t a r

Rectas perpendiculares

Las **rectas perpendiculares** son rectas que se intersectan y forman ángulos rectos en el punto de intersección. Los segmentos de rectas perpendiculares también pueden ser perpendiculares.

MÁS AYUDA

ver 331, 337

Perpendiculares

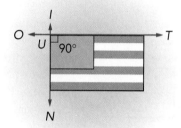

No son perpendiculares

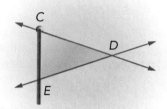

Los ángulos formados por la intersección de $\overleftrightarrow{CD}$ y $\overleftrightarrow{DE}$ no son ángulos rectos.

Escribe: $\overleftrightarrow{OT} \perp \overleftrightarrow{IN}$
Di: *La recta O T es perpendicular a la recta I N*

Cuando veas la pequeña T invertida, di *perpendicular a*.

EJEMPLO: Nombra los segmentos perpendiculares que hay en esta figura.

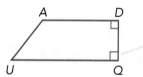

El pequeño cuadrado de la esquina indica que este es un ángulo recto. Mide 90°.

⭐ Esta figura es un trapecio. Tiene dos ángulos rectos: *Q* y *D*.

Ángulo	Segmentos de recta que se intersectan
Ángulo Q	$\overline{DQ} \perp \overline{QU}$
Ángulo D	$\overline{QD} \perp \overline{DA}$

¡ATENCIÓN! No asumas que dos rectas son perpendiculares

Si ves el dibujo de un cuadrado en la esquina donde se intersectan dos segmentos de recta, puedes estar seguro de que son perpendiculares. Pero si no ves un cuadrado y no hay más pistas de que las dos rectas sean perpendiculares, entonces no asumas que lo son. Otras pistas aparte del símbolo son:

- Un triángulo rectángulo o un ángulo recto
- Una figura cuadrada o rectangular

Curvas

343

Imagina que puedes doblar una recta o un segmento de recta sin formar esquinas. El resultado es una **curva.** Una curva puede ser abierta o cerrada.

Curvas abiertas   **Curvas cerradas**

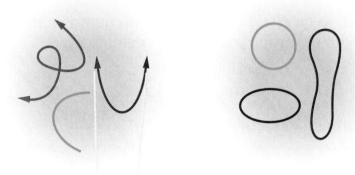

Las flechas indican que la curva continúa indefinidamente.

Ángulos

MÁS AYUDA

ver 467

Piensa que un ángulo es como un giro. También puedes hacer de cuenta que son como una esquina. Consulta el Almanaque para que aprendas a usar un transportador para medir ángulos.

Partes de un ángulo

Los **ángulos** están formados por dos rayos que comparten el mismo extremo. Ese extremo se llama **vértice.** Los ángulos se forman siempre que se intersectan rectas o segmentos de rectas. Puedes nombrar un ángulo de tres formas diferentes.

- Usa tres letras *en el siguiente orden:* un punto en uno de los rayos, uno en el vértice y otro en el segundo rayo.

  Escribe: $\angle BAG$ ó   Escribe: $\angle GAB$
  Di: *ángulo B A G*   Di: *ángulo G A B*

- Pon una letra en el vértice.

  Escribe: $\angle A$
  Di: ángulo A

- Escribe un número en medio de los rayos que forman el ángulo.

  Escribe: $\angle 1$
  Di: ángulo 1

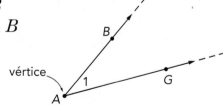

Cuando veas este signo en punta, di *ángulo.*

Medidas de un ángulo | 346

Cuando das la vuelta para mirar hacia atrás, dices: ¡*Giré 180*!
¿Por qué 180? Porque un ángulo es como girar alrededor de un
punto. La medida del ángulo nos dice
cuánto se ha alejado un lado del otro
lado: 0° significa que no ha girado.
360° significa que hizo un giro
completo. Entonces, 180° es medio
giro y 90° un cuarto de giro.

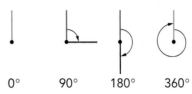

0°   90°   180°   360°

Nombres de ángulos de diferentes tamaños | 347

Los ángulos reciben sus nombres según como se relacionen con
90° ó 180°.

Movimiento desde 0° en sentido contrario de
las agujas del reloj:

MÁS AYUDA

ver 516, 529,
533–535

- menos de 90°   Agudo

Acuérdate de los nombres de los ángulos con
esta frase tonta:

Las ardillas y las ranas oyeron llorar al conejo.

g	e	b	a	ó
u	c	t	n	n
d	t	u	o	c
o	o	s		a
		o		v
				o

- exactamente 90°   Recto

- más de 90° y   Obtuso
  menos de 180°

- exactamente 180°   Llano

- más de 180° y   Cóncavo
  menos de 360°

Relaciones entre ángulos

A veces los ángulos se parecen o tienen un valor especial. Cuando esto ocurre, llevan nombres especiales.

349

Ángulos congruentes

Cuando dos ángulos tienen la misma medida, decimos que son **congruentes.** Esto quiere decir que cualquiera de los ángulos concuerda exactamente encima del otro.

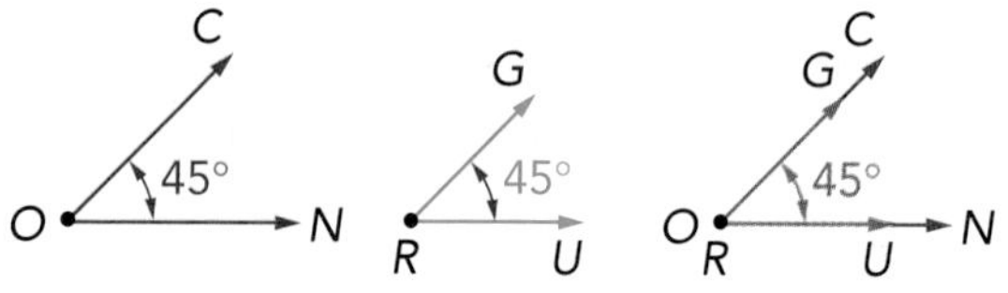

Escribe: $\angle CON \cong \angle GRU$
Di: *el ángulo C O N y el ángulo G R U son congruentes.*

Cuando veas el signo de igualdad con el pequeño segmento ondulado encima, di: *son congruentes.*

¿SABÍAS QUE...

congruente se refiere a las figuras geométricas, e *igual* se refiere a los números? Ambos significan *"lo mismo que".*

350

Ángulos suplementarios

Si la suma de las medidas de dos ángulos es 180°, entonces los dos ángulos son **suplementarios.**

Suplementarios

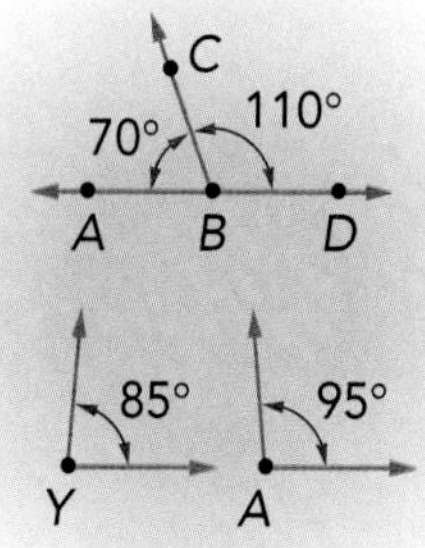

No son suplementarios

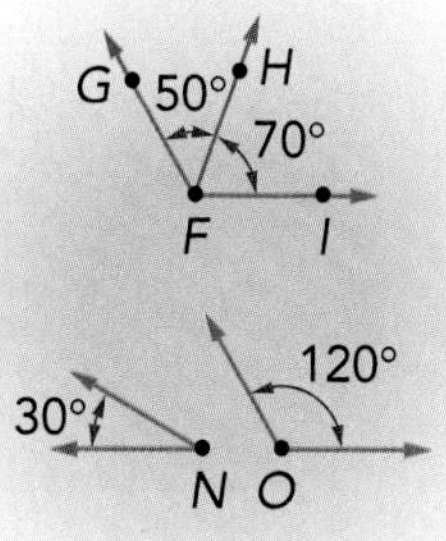

Ángulos complementarios

Si la suma de las medidas de dos ángulos es 90°, entonces los
dos ángulos son **complementarios.**

Complementarios   **No son complementarios**

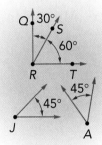   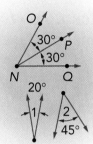

Bisectriz de un ángulo

La bisecrtiz de un ángulo es un rayo que divide el ángulo en dos
ángulos congruentes.

EJEMPLO 1: ¿El rayo $\overrightarrow{BD}$ es la bisectriz del $\angle ABC$?

$\overrightarrow{BD}$ divide el $\angle ABC$ en dos ángulos. Estos dos
ángulos tienen la misma medida.

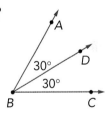

 $\overrightarrow{BD}$ es bisectriz del ángulo.

EJEMPLO 2: ¿El rayo $\overrightarrow{FH}$ es la bisecriz del $\angle EFG$?

$\overrightarrow{FH}$ divide el $\angle EFG$ en dos ángulos. Estos dos
ángulos no tienen la misma medida.

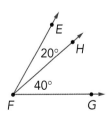

 $\overrightarrow{FH}$ no es bisecrtiz del ángulo.

Ángulos formados por rectas que se intersectan

Cuando dos rectas se intersectan, forman cuatro ángulos que miden menos de 180°. En este caso, dos ángulos que se encuentran uno al lado de otro se llaman **ángulos adyacentes.** De igual manera, los ángulos que *no* están uno al lado de otro se llaman **ángulos opuestos por el vértice.** Mira cómo se relacionan cada uno de estos ángulos.

Los cuatro ángulos se hallan alrededor de un punto. Por consiguiente, la suma de sus medidas es 360°.

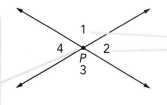

Los ángulos adyacentes forman un ángulo llano. Por consiguiente son suplementarios.

Si sumas las medidas de los ángulos 1 y 4, el resultado es 180°. Si sumas las medidas de los ángulos 1 y 2, el resultado también es 180°. Esto significa que los ángulos 2 y 4 deben medir lo mismo. Los ángulos opuestos por el vértice siempre miden igual.

Ángulos opuestos por el vértice

Ángulos suplementarios

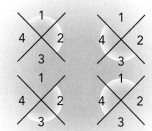

Suma de los ángulos internos de un triángulo

Mira el interior de un triángulo. Hay tres ángulos que se llaman ángulos internos. Ahora, mira lo que sucede cuando rompes las esquinas del triángulo y alineas los ángulos.

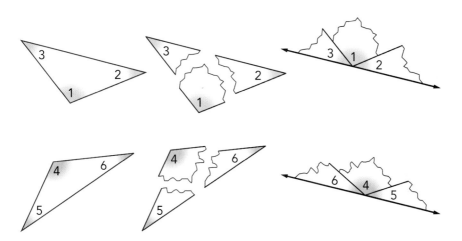

En cualquier triángulo, si unes sus ángulos internos obtendrás un ángulo llano. Entonces, la suma de las medidas de los ángulos internos de todo triángulo es 180°.

Ángulos centrales de un círculo

Si dibujas radios desde el centro de un círculo, formas ángulos centrales. Recuerda que un giro completo son 360°. Por lo tanto, si sumas todas las medidas de los ángulos centrales de un círculo cualquiera, obtendrás 360°.

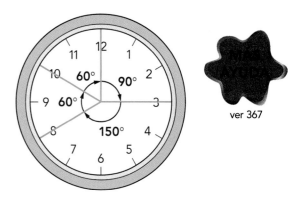

ver 367

$$90 + 150 + 60 + 60 = 360$$

Los matemáticos escogieron el número 360 para representar los grados de un círculo porque es fácil dividirlo por muchos números.

Figuras planas

MÁS AYUDA

ver 336

¿Alguna vez has proyectado figuras de sombras en la pared con las manos? Esas imágenes que proyectas en la pared son planas. Cuadrados, triángulos y otras figuras también son planas y se llaman **figuras planas** porque están en un plano.

En geometría, un plano es una superficie bidimensional perfectamente plana e infinitamente larga. Aunque son del todo planas, los planos y las figuras planas son muy útiles en nuestro mundo tridimensional. Piensa en los mapas de las ciudades, los diagramas de las jugadas de básquetbol y los juegos de computadora.

Las figuras planas tienen diferentes tamaños y formas. Les damos nombres según el número, tamaño y posición de sus lados y ángulos. Estos son algunos términos que usarás cuando hables de figuras planas.

Cuando hables sobre más de un vértice, di vértices.

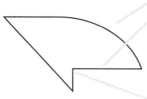

lado: curva o segmento que forma parte de una figura.

vértice: esquina donde se encuentran dos segmentos de recta.

Polígonos

Un polígono es una figura cerrada cuyos lados son segmentos de recta. En un polígono regular, todos los lados tienen la misma longitud.

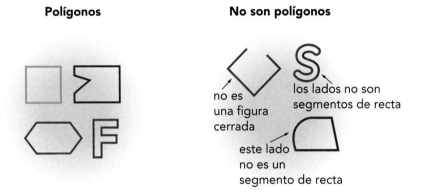

Polígonos

No son polígonos

no es una figura cerrada

los lados no son segmentos de recta

este lado no es un segmento de recta

Una **diagonal** de un polígono es un segmento de recta que une dos vértices que no están juntos.

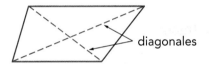

diagonales

Triángulos

Los triángulos son polígonos de tres lados. Los triángulos son importantes en la construcción porque son rígidos. Si tratas de formar un triángulo diferente con los mismos lados pero con diferentes ángulos, no lo lograrás. Los lados sólo se juntan de una forma. Pero con otros polígonos no ocurre lo mismo.

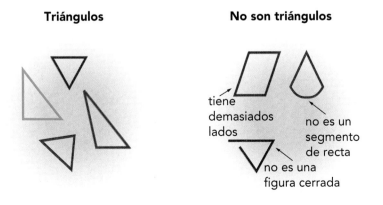

Triángulos

No son triángulos

tiene demasiados lados

no es un segmento de recta

no es una figura cerrada

359

Partes de un triángulo

MÁS
AYUDA

ver 341

Cualquiera de los lados de un triángulo se puede llamar **base**. El segmento de recta que sale del vértice y cae perpendicular sobre la base es la **altura.**

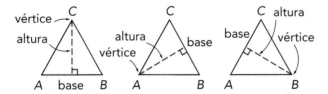

Nota: Un mismo triángulo puede tener tres parejas diferentes de bases y alturas. Sin embargo, el producto de base por altura será el mismo para todas.

Para nombrar un triángulo o cualquier otra figura, nombra los vértices en cualquier orden. Hay 6 formas de nombrar este triángulo: $\triangle ABC$, $\triangle BCA$, $\triangle CAB$, $\triangle ACB$, $\triangle BAC$ y $\triangle CBA$.

Escribe: $\triangle ABC$
Di: *triángulo A B C*

360

Longitud de los lados de un triángulo

Tal vez habrás escuchado decir que la distancia más corta entre dos puntos es una recta. En realidad, se debería decir *segmento de recta*, no solo *recta*. Verás que esto es verdad con la ayuda de un triángulo.

El camino más corto entre A y C es de A a C, no de A a B a C.

Te darás cuenta que la suma de las longitudes de dos lados cualesquiera de un triángulo es mayor que la longitud del tercer lado.

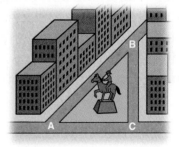

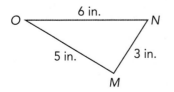

3 in. + 6 in. > 5 in.
3 in. + 5 in. > 6 in.
5 in. + 6 in. > 3 in.

Clasificar triángulos según el tamaño de sus ángulos

En cualquier triángulo, la suma de las medidas de sus ángulos siempre es 180°. Estos son algunos nombres de triángulos que se basan en los ángulos.

Nombre	Descripción	Ejemplo
Triángulo acutángulo	Todos los ángulos miden menos de 90°.	65° 35° 80°
Triángulo equiángulo ¡Un triángulo equiángulo trambién es equilátero!	Todos lo ángulos miden 60° exactamente.	60° 60° 60°
Triángulo obtusángulo	Uno de los ángulos mide más de 90°.	40° 110° 30°
Triángulo rectángulo	Uno de los ángulos mide 90° exactamente.	60° 30° 90°

Clasificar triángulos según la longitud de sus lados

Estos son algunos nombres de triángulos que se basan en la longitud de los lados.

Nombre	Descripción	Ejemplo
Triángulo equilátero ¡Un triángulo equilátero también es equiángulo!	Los tres lados tienen la misma longitud.	4 cm 4 cm 4 cm
Triángulo isósceles	Dos lados tienen la misma longitud.	5 in. 5 in. 6 in.
Triángulo escaleno	Ningún lado tiene la misma longitud.	6 ft 3 ft 4 ft

Diferentes clasificaciones para el mismo triángulo

Puedes nombrar un triángulo por la relación que tienen sus lados y por la relación que tienen sus ángulos. Esto significa que todo triángulo puede describirse de varias maneras.

	Equilátero	Isósceles	Escaleno
Agudo	60° 60° 60°	40° 70° 70° Los lados con marcas son iguales.	60° 80° 40°
Recto	Los triángulos equiláteros siempre son equiángulos. No puede haber un triángulo con 3 ángulos rectos, de manera que no puede haber un triángulo equilátero rectángulo.	45° 90° 45°	90° 60° 30°
Obtuso	Los triángulos equiláteros siempre son equiángulos. No puede haber un triángulo con 3 ángulos mayores de 90°, de manera que no puede haber un triángulo equilátero obtusángulo.	40° 100° 40°	40° 110° 30°

Para leer la tabla, piensa en los términos *siempre es, puede ser* o *nunca es.* Por ejemplo, un triángulo rectángulo *puede ser* escaleno o isósceles, pero *nunca es* obtuso.

Cuadriláteros

Un cuadrilátero es un polígono. Sus cuatro lados son segmentos de rectas.

Cuadriláteros

No son cuadriláteros

no es
una figura
cerrada

tiene
demasiados
lados

no es
un segmento
de recta

Clasificación de los cuadriláteros

Algunos cuadriláteros tienen características especiales y por eso tienen nombres especiales.

MÁS AYUDA

ver 340

Nombre	Descripción	Ejemplo	
Trapecio	Exactamente un par de lados paralelos		Los lados *AB* y *CD* son paralelos
Paralelogramo	Lados opuestos paralelos y del mismo tamaño.		Los lados *JK* y *LM* son paralelos. Los lados *KL* y *MJ* son paralelos.
Rectángulo	Paralelogramo con cuatro ángulos rectos.		Los lados *RS* y *TU* son paralelos. Los lados *ST* y *UR* son paralelos.
Rombo	Paralelogramo con todos los lados iguales.		Los lados *ZA* y *BC* son paralelos. Los lados *AB* y *CZ* son paralelos.
Cuadrado	Rectángulo con todos los lados iguales.		Los lados *HI* y *JK* son paralelos. Los lados *IJ* y *KH* son paralelos.

366 Diferentes clasificaciones para el mismo cuadrilátero

Piensa en un árbol genealógico. José es el *marido* de Ana. También es el *papá* de Jaime y el *abuelo* de Sara. José es sólo uno de los miembros de la familia, pero lo llaman con varios nombres. Muchos cuadriláteros se pueden describir con más de un nombre. Este diagrama muestra las relaciones que existen entre diferentes cuadriláteros.

Para leer este diagrama, piensa en frases como *siempre es*, *puede ser* y *nunca*. Por ejemplo, un rombo *puede ser* un cuadrado, pero un rombo *nunca* es un trapecio.

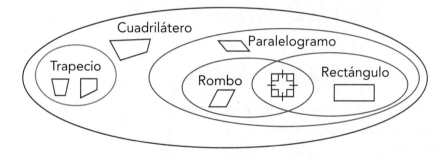

367 Círculos

Un **círculo** es un conjunto de puntos en un plano que se encuentran a la misma distancia de un punto dado. Ese punto es el **centro** del círculo.

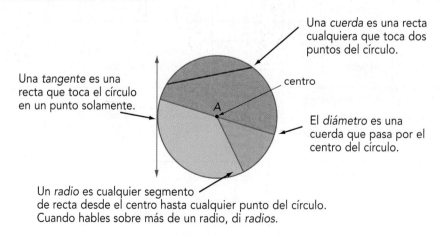

Una *cuerda* es una recta cualquiera que toca dos puntos del círculo.

centro

Una *tangente* es una recta que toca el círculo en un punto solamente.

El *diámetro* es una cuerda que pasa por el centro del círculo.

A

Un *radio* es cualquier segmento de recta desde el centro hasta cualquier punto del círculo. Cuando hables sobre más de un radio, di *radios*.

Pi

368

En todo círculo, la razón entre la circunferencia y el diámetro (*C/d*) siempre es la misma. Esta razón se llama pi (π). El valor de π es aproximadamente 3.14, ó $\frac{22}{7}$. Eso significa que la circunferencia de un círculo es poco más que tres veces la longitud de su diámetro.

MÁS AYUDA

ver 178, 298

Semejanza

369

Por lo general, cuando la gente dice que dos cosas son semejantes, quieren decir que son parecidas. En geometría, las figuras semejantes se parecen en cosas muy específicas.

● Tienen la misma forma

● Pueden ser o no ser del mismo tamaño

Mira estos tres dibujos: uno es el original, otro es una ampliación del original y el tercero es una reducción del original. Dado que los tres tienen la misma forma, son semejantes.

Estos dos polígonos son semejantes.

Dos polígonos semejantes tienen ángulos correspondientes que miden igual y lados correspondientes que son proporcionales .

Estos dos lados se llaman lados correspondientes.

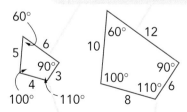

MÁS AYUDA

ver 178, 181

Las razones entre las longitudes de lados correspondientes son iguales.

Estos dos ángulos se llaman ángulos correspondientes.

Dibujos a escala

Un **dibujo a escala** tiene la misma forma pero *no* tiene el mismo tamaño del objeto que ilustra. Los planos y los mapas son ejemplos de dibujos a escala.

Escala: 1 pulgada = 10 pies

EJEMPLO: La habitación que aparece en este plano es rectangular. ¿Cuál es su verdadera longitud y su ancho?

La escala indica que una pulgada en el dibujo corresponde a diez pies en tamaño real. En este dibujo, la habitación tiene una pulgada de ancho, de modo que en realidad mide diez pies de ancho. Para hallar la longitud, usa una proporción.

MÁS AYUDA

ver 184, 365

① Mide el dibujo.	La habitación mide 2 pulgadas de largo.
② Escribe una proporción.	$\dfrac{\text{longitud de la escala}}{\text{longitud real}} \rightarrow \dfrac{1\text{ in.}}{10\text{ ft}} = \dfrac{2\text{ in.}}{\blacksquare} \leftarrow \dfrac{\text{longitud en el dibujo}}{\text{longitud real}}$
③ Soluciona la proporción.	$\dfrac{1 \times 2}{10 \times 2} = \dfrac{2}{20}$
④ Decide qué unidades quieres usar.	La escala es de pulgadas a pies. Mediste en pulgadas, pero debes dar la respuesta en pies.

⭐ La habitación mide 10 pies de ancho por 20 pies de largo.

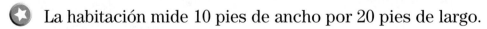
Cuando trabajas con razones, no tienes que convertir todas las unidades a lo mismo, pero sí tienes que indicar las unidades correctas en tu respuesta.

¡ATENCIÓN! Cambios de escala

371

EJEMPLO: Haz unos dibujos a escala de un cuadrado de 8 cm de lado. Primero usa una escala de 1 unidad = 2 cm. Luego usa una escala de 1 unidad = 1 cm. ¿Cómo cambia el área del cuadrado en tu dibujo cuando cambias la escala?

MÁS AYUDA

ver 301

Escala:
1 unidad = 2 cm

Escala:
1 unidad = 1 cm

Cuanta de dos en dos a medida que dibujas. Cada lado tiene 4 unidades de largo. El área de este dibujo a escala tiene 16 unidades cuadradas.

Para mostrar lados de 8 cm de largo en esta escala, dibuja lados de 8 unidades de largo. El área de este dibujo a escala tiene 64 unidades cuadradas.

⭐ Cuando cambiaste la escala de 1 unidad = 2 cm a 1 unidad = 1 cm, multiplicaste por cuatro el área del cuadrado en la escala.

Congruencia

372

Las figuras que tienen la misma forma y tamaño son **congruentes.** Puedes colocar una encima de otra y cazan perfectamente.

Congruentes

No son congruentes

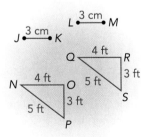

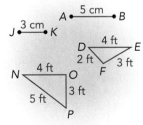

Escribe: $\triangle NOP \cong \triangle QRS$
Di: el triángulo N O P es congruente con el triángulo Q R S

Cuando veas el signo de igualdad con el pequeño segmento ondulado encima, di: son congruentes.

Segmentos y ángulos congruentes

Cuando comparas segmentos y ángulos por sí solos, te fijas en su tamaño para decidir si son congruentes. Hay tres formas para determinar si los segmentos y los ángulos son congruentes.

CASO 1 Puedes medir segmentos o ángulos para determinar si son congruentes.

 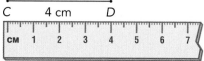

El segmento AB es más corto que el segmento CD. Entonces, $\overline{AB}$ y $\overline{CD}$ no son congruentes.

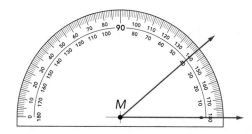 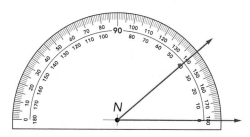

El ángulo M mide lo mismo que el ángulo N. Entonces, $\angle M \cong \angle N$.

MÁS AYUDA

ver 365

CASO 2 Si las medidas están dadas, las puedes comparar.

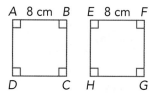

El lado AB y el lado EF miden igual. Puedes decir que $\overline{AB} \cong \overline{EF}$. Si el problema te dice que ABCD y EFGH son cuadrados, entonces sabes que todos los lados y todos los ángulos de un cuadrado son congruentes con todos los lados y todos los ángulos del otro cuadrado.

CASO 3 Los segmentos marcados como iguales son congruentes.

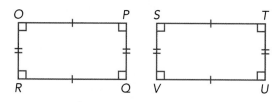

$\overline{OP}$ y $\overline{QR}$, y $\overline{ST}$ y $\overline{UV}$ y tienen una marca. Son congruentes. $\overline{PQ}$ y $\overline{RO}$, y $\overline{TU}$ y $\overline{VS}$ tienen dos marcas. Son congruentes. Todos los ángulos de las dos figuras son ángulos rectos. Entonces, todos los ángulos son congruentes.

Figuras congruentes

374

Cuando dos figuras son congruentes, sus lados y ángulos correspondientes son congruentes.

MÁS AYUDA

ver 369

EJEMPLO: Estos dos triángulos son congruentes. ¿Cuál es la longitud del lado *OP*?

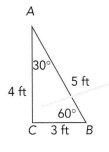

Dado que la suma de las medidas de los ángulos de un triángulo es 180°, estos dos ángulos deben medir 90° cada uno.

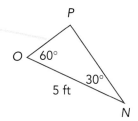

Los lados más largos son correspondientes. $\overline{AB}$ y $\overline{NO}$ son los lados más largos. Si $\overline{AB}$ y $\overline{NO}$ son correspondientes, entonces $\overline{BC}$ y $\overline{OP}$ son correspondientes. $\overline{CA}$ y $\overline{PN}$ también son correspondientes.

 $\overline{OP}$ tiene la misma medida que $\overline{BC}$. Tiene 3 pies de largo.

Transformaciones

375

Cuando transformas una cosa, la cambias. En geometría, cuando mueves una figura haces una **transformación** de la figura.

CASO 1 Puedes hacer que la figura se traslade. Esto se llama *traslación*.

CASO 2 Puedes girar la figura. Esto se llama *rotación*.

CASO 3 Puedes voltear la figura sobre un eje. Esto se llama *reflexión*.

Traslaciones

En una **traslación** todos los puntos de una figura se trasladan la misma distancia en la misma dirección.

traslación

traslado

EJEMPLO: ¿En este diagrama se muestra traslación?

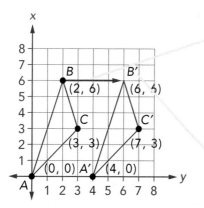

Puedes usar una **flecha de traslado** para indicar la dirección y la distancia del movimiento.

Escribe: punto B¹
Di: punto B prima

MÁS AYUDA

ver 265–266

Mira la flecha de traslado. Te indica que el punto B se mueve 4 unidades a lo largo del eje x, y 0 unidades hasta el punto B^1 a lo largo del eje y. Revisa los otros vértices.

El punto A se mueve de 0 a 4 (4 unidades) por el eje x, y no se mueve por el eje y.

El punto C se mueve de 3 a 7 (4 unidades) por el eje x, y no se mueve por el eje y.

 Dado que cada vértice se mueve la misma distancia en la misma dirección, puedes estar seguro de que cada punto de la figura también se mueve. El diagrama sí muestra una traslación.

Rotaciones

Cuando una cosa rota, está girando. En geometría, rotar una figura significa hacerla girar alrededor de un punto. El punto puede estar en la figura o puede ser cualquier otro punto. Este punto se llama **centro de giro,** o **centro de rotación.**

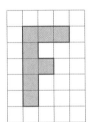 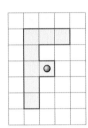 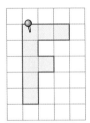 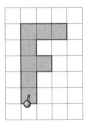

Cuando giras una figura alrededor de un punto, el punto sólo da vuelta en el mismo sitio, pero los demás puntos de la figura se mueven.

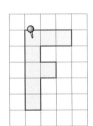 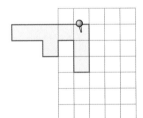 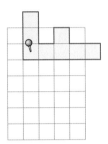

Cuando rotas una figura, puedes describir la rotación indicando dos cosas:

1. la dirección
2. el ángulo de rotación de la figura en el centro de rotación

Piensa en un reloj. Las agujas se mueven en un sentido. Si se mueven para el otro lado, entonces se dice que van en el sentido contrario de las agujas del reloj.

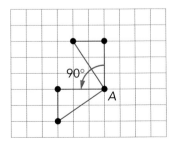

La figura rotó 90° alrededor del punto A en sentido contrario de las agujas del reloj.

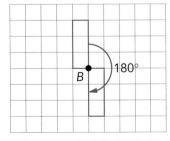

La figura rotó 180° alrededor del punto B en el mismo sentido de las agujas del reloj.

Simetría de rotación

Si rotas una figura cualquiera 360°, regresas al punto de partida. Eso no tiene misterio. Pero con algunas figuras, parece que estuvieras en el punto de partida *antes* de hacer una rotación completa. Se dice que esas figuras tienen simetría de rotación.

Simetría de rotación

No tienen simetría de rotación

EJEMPLO: ¿El rectángulo *ABCD* tiene simetría de rotación?

Una forma de averiguar si la figura tiene simetría de rotación, es calcarla para ver qué tanto tienes que rotar el calco para que la figura corresponda de nuevo con el original exactamente.

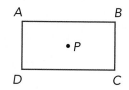

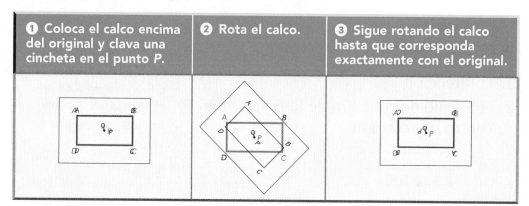

❶ Coloca el calco encima del original y clava una cincheta en el punto *P*.	❷ Rota el calco.	❸ Sigue rotando el calco hasta que corresponda exactamente con el original.

⭐ Media rotación (180°) alrededor del punto P hace que *ABCD* corresponda de nuevo exactamente. Entonces, el rectángulo *ABCD* tiene simetría de rotación.

Cuando una figura rota 180° y corresponde exactamente sobre sí misma, también tiene **simetría central**.

Reflexión

Párate delante de un espejo. Pon tu mano derecha sobre tu oído derecho.

Ahora, mira a un amigo. Pongan ambos la mano derecha sobre el oído derecho.

¡Lo que ves en un espejo es la imagen inversa del objeto que estás mirando! Derecha se vuelve izquierda e izquierda se vuelve derecha. En geometría, una **reflexión** es una transformación mediante la cual una figura da la vuelta sobre un eje. Cada punto de una imagen reflejada y el punto que le corresponde en la figura original están a la misma distancia del eje.

EJEMPLO: ¿Este diagrama muestra una reflexión?

Esta es la línea de reflexión. Funciona como un espejo para reflejar la figura.

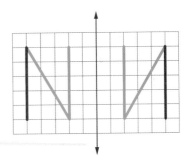

❶ Mira los segmentos rojos.	❷ Mira los segmentos verdes.	❸ Mira los segmentos azules.
Todos los puntos rojos están a 5 unidades de la línea de reflexión. Los dos segmentos miden 5 unidades de longitud. Están directamente en frente uno de otro.	Todos los puntos verdes están a 2 unidades de la línea de reflexión. Los dos segmentos miden 5 unidades de longitud. Están directamente en frente uno de otro.	Los dos segmentos azules conectan la parte de arriba del segmento rojo con la parte de abajo del segmento verde.

  El diagrama muestra una reflexión.

Eje de simetría

Cuando doblas una figura para formar dos partes que cazan perfectamente, tienes una figura con un **eje de simetría,** o dicho simplemente, simetría. La línea se dobla por el **eje de simetría.** Una figura puede tener un eje de simetría, más de un eje de simetría o ningún eje de simetría.

Eje de simetría

Sin eje de simetría

EJEMPLO: ¿La figura *KITE* tiene eje de simetría?

Una forma de saber si una figura tiene eje de simetría es calcarla y luego doblar el calco para ver si las dos partes cazan exactamente.

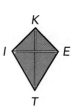

❶ Calca la figura *KITE*. Dóblala a lo largo del eje vertical.	❷ Ahora dóblala por el eje horizontal.	❸ Dóblala al azar.
Al doblar la figura por la diagonal *KT,* las dos partes cazan.	Si doblas la figura por la diagonal *IE,* las dos partes no cazan.	No hay otra forma de doblar la figura para que las dos partes cacen.

⭐ La figura tiene un eje de simetría: la línea *KT*.

Teselados

En un teselado, una figura o un patrón de figuras se repiten para cubrir una superficie plana. Las figuras deben cazar perfectamente para que ninguna sobresalga de la otra y para que no se formen espacios. Se pueden formar teselados con diferentes polígonos.

Figura	Ejemplo
Rectángulo	Los rectángulos cubren la superficie sin sobresalir ni formar espacios. Entonces, los rectángulos son teselados.
Triángulo equilátero	Los triángulos cubren la superficie sin sobresalir ni formar espacios. Entonces, los triángulos son teselados.
Pentágono regular	Los pentágonos regulares no cubren la superficie sin sobresalir y sin formar espacios. Entonces, los polígonos regulares no son teselados.
Octágono regular y cuadrado	Algunos teselados tienen más de una figura.

Tú también puedes crear tus propias formas de teselados.

❶ Recorta un cuadrado.	❷ Recorta una muesca en el cuadrado.	❸ Mueve la muesca al lado opuesto.	❹ ¡Haz copias y forma un teselado.

Figuras sólidas

Imagina un mundo en el que la gente construye cosas sin importar las formas. ¿Cómo sería si las ruedas tuvieran forma de prisma en lugar de forma cilíndrica? ¿Y qué tal una caja esférica de cereal en la alacena? ¿Cuánto espacio tendría arriba una casa en forma de cono?

Dado que vivimos en un mundo tridimensional y no plano, las figuras sólidas son importantes. Cuando hablamos de **figuras sólidas**, no nos referimos a sólido en el sentido corriente de la palabra. Nos referimos a una figura que no es plana sino de tres dimensiones.

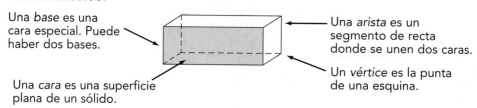

Una *base* es una cara especial. Puede haber dos bases.

Una *arista* es un segmento de recta donde se unen dos caras.

Una *cara* es una superficie plana de un sólido.

Un *vértice* es la punta de una esquina.

Los **prismas** tienen dos bases idénticas y una cara de 4 lados por cada lado de la base.

Las **pirámides** tienen una base y una cara por cada lado de la base.

Los **cilindros** tienen dos bases circulares. Las bases están conectadas por una superficie curva.

Los **conos** tienen una base circular. Una superficie curva conecta la base con el vértice.

Las esferas tienen una superficie curva. Todos los puntos están a la misma distancia del centro.

Prismas

Los prismas tienen dos bases paralelas idénticas y caras que son
polígonos.

Prismas

No son prismas

Los prismas reciben su nombre según la forma de su base.

Nombre	Forma de la base	Número de caras	Ejemplo
Prisma rectangular	Rectángulo	4	
Prisma cuadrado o cubo	Cuadrado	4	
Prisma pentagonal	Pentágono	5	

MÁS AYUDA

ver 349, 347

Esta figura sólida tiene dos bases paralelas y caras que son
polígonos. Es un *prisma*. Sus bases son triángulos y por eso es
un *prisma* triangular.

La altura (*h*) es la longitud de un
segmento que une las bases
formando ángulos rectos.

Las bases de un prisma
son congruentes y
paralelas.

Las *caras* de este prisma son
rectángulos.

384

Red de un prisma

Si pudieras cortar un prisma por las aristas para abrirlo, obtendrías la **red** del prisma. Por lo general, un prisma tiene más de una red.

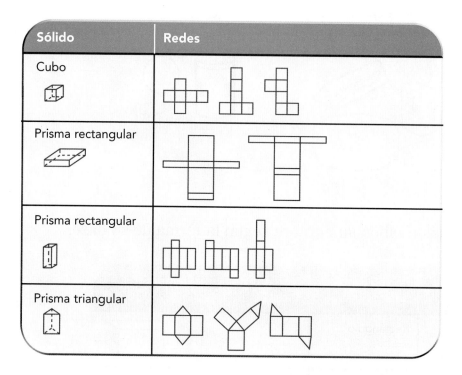

Sólido	Redes
Cubo	
Prisma rectangular	
Prisma rectangular	
Prisma triangular	

385 | **Pirámides**

Las **pirámides** tienen una base y una cara triangular por cada lado de la base. Esta pirámide es una pirámide cuadrada. El ápice está directamente encima del centro de la base. La altura va del ápice al centro de la base.

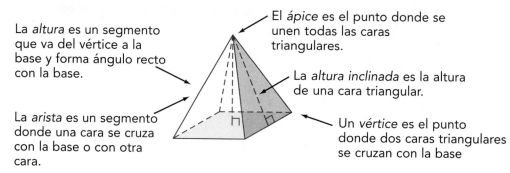

La *altura* es un segmento que va del vértice a la base y forma ángulo recto con la base.

El *ápice* es el punto donde se unen todas las caras triangulares.

La *altura inclinada* es la altura de una cara triangular.

La *arista* es un segmento donde una cara se cruza con la base o con otra cara.

Un *vértice* es el punto donde dos caras triangulares se cruzan con la base

Tipos de pirámides

Las pirámides reciben su nombre según la forma de su base.

Nombre	Forma de la base	Número de caras	Ejemplo
Pirámide triangular	Triángulo	3	
Pirámide cuadrada	Cuadrado	4	
Pirámide rectangular	Rectángulo	4	

Red de una pirámide

Puedes desdoblar una pirámide para mostrar todas sus caras. Ésta figura desdoblada se llama la **red de la pirámide.**

Sólido	Redes
Pirámide triangular	
Pirámide cuadrada	
Pirámide rectangular	

Cilindros

Casi todas las latas son cilindros. También los rollos de papel, los tubos de correo y las tuberías de agua.

Los cilindros tienen dos bases que son círculos. Como en los prismas, las dos bases son congruentes y paralelas. Pero dado que un círculo tiene un solo *lado*, un cilindro apenas tiene otra cara.

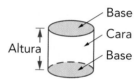

La *altura* de un cilindro es un segmento que se cruza con las dos bases formando ángulos rectos.

Red de un cilindro

Si recortas las bases y la cara de un cilindro, ¡puedes desenrollarlo para formar un rectángulo!

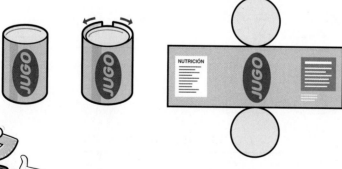

¿Quieres comprobar tú mismo que un cilindro se desenrolla para formar un rectángulo? Quítale el rótulo a cualquier lata en forma de cilindro.

Seguramente habrás visto muchos objetos en forma de cono. Los conos tienen una base circular. Una superficie curva conecta la base con el ápice.

La *altura inclinada* es la distancia más corta desde el ápice hasta la base por la cara.

El *ápice* es la punta que forma la superficie curva.

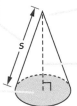

La *base* es un círculo u otra forma curva.

La *altura* es el segmento desde el vértice hasta la base que forma un ángulo recto con la base.

Red de un cono

Si recortas el círculo y la cara del cono hasta el ápice, puedes desenrollar el cono formando una red.

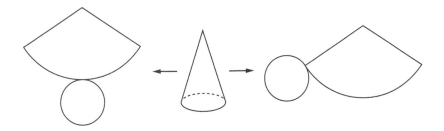

Una esfera es una superficie curva lisa donde cada punto está a la misma distancia del centro.

centro — radio

El centro de una esfera se encuentra a la misma distancia de todos los puntos en la esfera.

Solución de problemas

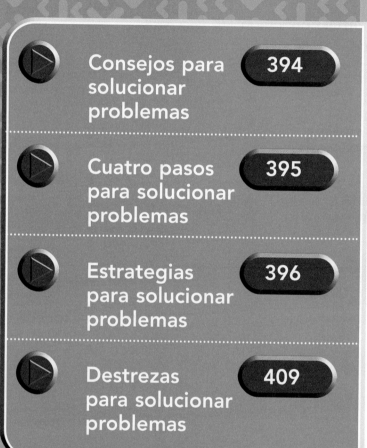

Tal vez no recuerdes todos los problemas que tienes que
solucionar a diario. A lo mejor has tratado de mejorar tu
puntaje en un videojuego, arreglar tu bicicleta, pensar en qué
empacar cuando pasas la noche en casa de tus amigos, o a qué
hora hacer tus labores para que te quede tiempo libre para ver
tus programas preferidos. Siempre encuentras una forma de
solucionar todas estas cosas. Puedes hacer lo mismo con los
problemas de matemáticas. Al igual que con cualquier otro
problema, para solucionar un problema de matemáticas
necesitas saber de qué se trata y qué quieres averiguar. Piensa
en una solución que funcione. A lo mejor te sorprendas al darte
cuenta de que todo lo que sabes te sirve para solucionar
problemas matemáticos.

Consejos para solucionar problemas

Inténtalo de nuevo

¿Te imaginas a un jugador de béisbol que falla al bate cuando le lanzan la primera pelota y nunca más intenta batear de nuevo? ¡Los grandes jugadores no existirían si se dieran por vencidos tan rápido! Cuando trabajas para solucionar un problema, tal vez no encuentres la respuesta la primera vez. No te preocupes. ¡Y no te rindas! Revisa lo que hiciste e inténtalo de nuevo. Una de las cosas que distingue a las personas que saben solucionar problemas, es que aprenden de cada error para no repetirlo.

¡Arriésgate!

Piensa de nuevo en el béisbol. Si no lanzas el bate no lograrás golpear la pelota. Igual, si no tratas de solucionar un problema, no hallarás la respuesta. Inténtalo. No tienes nada que perder. Si no lo logras una vez, lanza el bate de nuevo. A veces, solucionar un problema es más fácil que el béisbol porque puedes intentarlo cuantas veces quieras.

Piensa positivo

¿Recuerdas la tranquilidad que sentiste cuando encontraste la tarea perdida luego de buscarla todo el día? ¿O la satisfacción de arreglar tu computadora, anotar un gol en el partido de fútbol o lograr algo que jamás imaginaste lograr? La próxima vez que trabajes en un problema, recuerda lo bien que te sientes cuando hallas una solución.

Usa lo que sabes

Después de mojarte bajo la lluvia en una excursión, siempre recordarás empacar un impermeable en tus excursiones futuras. Usa tu experiencia para solucionar problemas. Busca cosas que sean familiares. A lo mejor recuerdas algún método que hayas usado o visto en alguna parte.

Practica

Ya sea que toques el piano, juegues al fútbol o hagas cualquier

otra actividad, cuanto más practiques mejor lo harás. Lo mismo sucede al solucionar problemas. Cada problema resuelto te enseña algo nuevo. Así estarás mejor preparado para solucionar otros problemas en el futuro.

Fíjate en lo que haces

Cuando trabajes en un problema, piensa bien en el método que usarás para solucionarlo. ¿Te ayuda a buscar la solución o estás haciendo muchos cálculos que no sirven para nada? Si crees que vas por buen camino, continúa así. Pero si

crees que no estás avanzando, para y mira a tu alrededor. A lo mejor te conviene tomar otro camino.

Descansa

A veces tienes que solucionar un problema muy difícil y piensas que ya ensayaste todo lo que sabes. Es bueno que

lo olvides por un rato. Deja descansar tu cerebro. En el pasado, científicos, matemáticos, generales y personas de todas las profesiones han hallado grandes soluciones después de descansar.

Cuatro pasos para solucionar problemas

Cuando no encuentras salida de un problema, puedes usar un plan de cuatro pasos que funciona como un mapa. No te va a solucionar el problema, pero te puede ayudar a encontrar la forma de solucionarlo.

ENTENDER 1 Imagina que vas a la tienda pero no sabes lo que tienes que comprar. Tal vez termines por comprar lo que no necesitas. Para solucionar un problema, lo primero que tienes que hacer es entenderlo. Pregúntate: *¿Qué se? ¿Qué necesito averiguar?*

Si no entiendes el problema, ensaya estos consejos.

- Lee el problema de nuevo, lentamente. Toma notas o haz dibujos de apoyo.

- Estudia bien las ilustraciones, las tablas o los diagramas.

- Busca el significado de las palabras y signos que no conozcas.

PLANIFICAR 2 Cuando no estés seguro de cómo solucionar el problema, toma el tiempo que necesites para pensar qué hacer. Puedes ensayar una o más estrategias.

ENSAYAR 3 Pon en práctica tu plan. Trabaja con cuidado y sigue pensando a medida que trabajas. Recuerda: si tu primer ensayo no funciona, intenta otra cosa.

REVISAR 4 Cuando encuentres la respuesta, revisa lo que hiciste.

- ¿Tu respuesta tiene sentido?

- ¿Responde la pregunta del problema?

- ¿Hiciste bien tus cálculos?

- ¿Si ensayas de otra forma, obtendrías la misma respuesta?

Estrategias para solucionar problemas

Hay muchas maneras para ir de un sitio a otro: a pie, en bicicleta, en patines, en auto, en autobús, en tren o en avión. Solucionar problemas es como viajar: vas de no conocer la respuesta a conocerla, y hay muchas maneras de llegar. Los métodos que se usan para solucionar se llaman **estrategias para solucionar problemas.**

Recuerda algunas cosas sobre las estrategias.

- Puedes usar más de una estrategia en un mismo problema.

- Puedes usar una estrategia que no está en la lista (incluso te puedes inventar una).

- Puedes usar cualquier estrategia que funcione. (Las estrategias no son ni buenas ni malas; las personas tienen diferentes fortalezas y gustos).

En ocasiones, puedes usar objetos para hacer ensayos. Puedes representar un problema con monedas, fichas, papel, canicas, cubos que se conectan u otros objetos que te faciliten ver lo que pasa.

EJEMPLO 1: ¿Cuántos dobleces tienes que hacerle a una hoja de papel para dividirla en 16 partes iguales?

- Quieres doblar el papel en 16 partes iguales.
- ¿Cómo puedes hacerlo con el mínimo de dobleces?

Te ayudaría ver cuántas partes produce un doblez. Usa una hoja de papel para representar el problema.

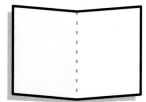

1 doblez produce
2 partes iguales.

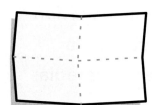

2 dobleces producen
4 partes iguales.

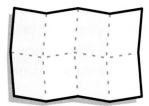

3 dobleces producen
8 partes iguales.

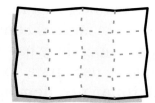

4 dobleces producen
16 partes iguales

¿Puedes producir 16 partes iguales con menos de 4 dobleces? No. Lo mejor que puedes hacer con cada doblez es duplicar el número de partes: $2 \times 2 \times 2 \times 2 = 16$

⭐ Necesitas hacer por lo menos 4 dobleces.

EJEMPLO 2: Un cubo tiene pintadas las letras *A–F,* con una letra en cada cara. La ilustración muestra el cubo en dos posiciones diferentes. ¿Qué letra queda encima cuando la letra *F* está en el fondo?

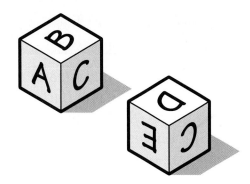

- Hay una letra en cada cara *(A, B, C, D, E, F).*
- ¿Qué letra está del lado opuesto de *F*?

Si tuvieras el cubo en las manos, sería más fácil ver la respuesta. Ensaya con cualquier sólido que tenga 6 lados. Haz un modelo.

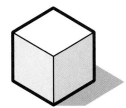

Busca una caja o haz una con papel y cinta pegante.

Escribe *A, B* y *C,* así.

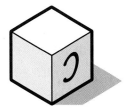

Dale vuelta a la caja, así.

Escribe *D* y *E,* así.

Sólo queda una cara para la *F.* Escribe una *F.* Dale vuelta al cubo para que veas la letra que está en la cara opuesta.

Revisa tu modelo. Fíjate que corresponda con estas figuras.

 La letra *C* queda encima cuando la letra *F* está en el fondo.

Si quieres explicar una jugada de fútbol o básquetbol, planear un desfile o diseñar una cartelera, puedes hacer un diagrama para organizar. No tienes que ser artista para dibujar diagramas útiles. Si incluyes la información más importante, los diagramas te ayudan a solucionar muchos problemas.

EJEMPLO 1: La liga de béisbol para niños piensa poner una valla para proteger a los jugadores que están en la caseta. Cada sección de la valla mide 6 pies de largo. ¿Cuántos postes se necesitan para sostener la valla si mide en total 30 pies de largo?

- Cada sección mide 6 pies de largo; la valla mide 30 pies de largo.
- La valla tiene postes a cada extremo.
- Hay un poste entre cada sección.
- ¿Cuántos postes se necesitan?

Es muy sencillo hacer un diagrama para este problema y te muestra lo que necesitas saber.

Haz y rotula un diagrama. Cuenta los postes. Hay 6 postes.

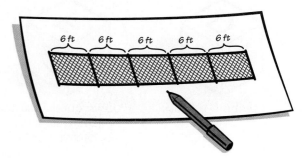

Asegúrate de que dibujaste y rotulaste bien el diagrama.

Se necesitan 6 postes para la valla.

Un diagrama no tiene que parecerse al problema. Lo importante es que te ayude a ver lo que está pasando.

EJEMPLO 2: Hay cinco equipos de básquetbol en un campeonato. Cada equipo debe jugar una vez contra todos los demás. ¿Cuántos partidos se jugarán en el campeonato?

 1
- Hay 5 equipos.
- Cada equipo juega una vez contra todos los demás.
- ¿Cuántos partidos se jugarán?

 2 Un diagrama te sirve para organizar todos los partidos.

3 Representa cada equipo con un punto. Conecta los puntos para mostrar todos los partidos.

Hay 10 segmentos de recta.

4
- ¿Conectaste todos los puntos?
- ¿Constaste correctamente?

⭐ Se jugarán 10 partidos en el campeonato.

Adivinar, verificar y revisar

Adivinar, verificar y revisar es la misma estrategia que usas para solucionar crucigramas. La clave está en pensar bien qué adivinar.

EJEMPLO: ¿Cuántos libros de pasta dura y cuántos de pasta blanda compró el cliente?

ENTENDER 1
- Los libros de pasta dura cuestan $9.00; los de pasta blanda cuestan $4.00.
- El cliente compró 12 libros y gastó $73.00.
- ¿Cuántos libros de cada clase compró el cliente?

PLANIFICAR 2 Adivina y verifica. Si resulta bien, ¡magnífico! Si no está bien, ensaya de nuevo. Usa el primer valor que adivinaste como referencia. Decide si debes aumentar o disminuir.

ENSAYAR 3

MÁS AYUDA

ver 212

Adivina (la suma debe dar 12)	Verifica (el total debe ser 73)	Evalúa y revisa
pasta dura: 6 pasta blanda: 6 (6 + 6 = 12)	(6 × 9) + (6 × 4) ↓ 54 + 24 = 78	¡Muy alto! Busca otro número que de un total más bajo.
pasta dura: 2 pasta blanda: 10 (2 + 10 = 12)	(2 × 9) + (10 × 4) ↓ 18 + 40 = 58	¡Muy bajo! Busca otro número que de un total más alto.
pasta dura: 5 pasta blanda: 7 (5 + 7 = 12)	(5 × 9) + (7 × 4) ↓ 45 + 28 = 73	¡Perfecto!

REVISAR 4
- ¿El costo total es $73? Sí, $(5 \times 9) + (7 \times 4) = 73$.
- ¿El número total de libros es 12? Sí, $5 + 7 = 12$.

El cliente compró 5 libros de pasta dura y 7 de pasta blanda.

Hacer una tabla 400

Poner la información en hileras y columnas te facilita controlar los números en un problema de matemáticas.

EJEMPLO: Una receta de cuadrados de jalea te pide $1\frac{1}{2}$ cucharaditas de mantequilla para hacer 12 cuadrados. Supongamos que tienes que hacer 60 cuadrados. ¿Cuánta mantequilla necesitas?

1 ENTENDER
- Necesitas $1\frac{1}{2}$ cucharaditas de mantequilla para hacer 12 cuadrados
- Quieres hacer 60 cuadrados.
- ¿Cuánta mantequilla necesitas?

2 PLANIFICAR
Si necesitas $1\frac{1}{2}$ cucharaditas para hacer 12 cuadrados, necesitarás $1\frac{1}{2}$ cucharaditas para hacer 12 cuadrados más. Puedes seguir agregando $1\frac{1}{2}$ cucharaditas hasta que tengas suficiente para 60 cuadrados. Lleva la cuenta en una tabla.

3 ENSAYAR
Haz una tabla. Rotúlala y llena la primera columna. Luego llena la segunda columna para mostrar que puedes hacer 12 cuadrados más con $1\frac{1}{2}$ cucharadita más de mantequilla. Sigue llenando la tabla hasta que llegues a 60 cuadrados.

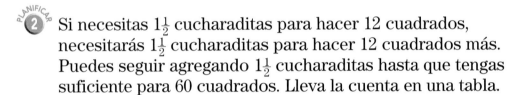

$+1\frac{1}{2}$

Cucharaditas de mantequilla	$1\frac{1}{2}$	3	$4\frac{1}{2}$	6	$7\frac{1}{2}$		
Cuadrados de jalea	12	24	36	48	60		

$+12$

MÁS AYUDA

ver 161, 267

4 REVISAR
- ¿Hallaste suficiente para 60 cuadrados? Sí.
  $12 + 12 + 12 + 12 + 12 = 60$
- ¿Hiciste bien tus cálculos? Sí.
  $1\frac{1}{2} + 1\frac{1}{2} + 1\frac{1}{2} + 1\frac{1}{2} + 1\frac{1}{2} = 7\frac{1}{2}$

 Necesitas $7\frac{1}{2}$ cucharaditas de mantequilla para hacer 60 cuadrados.

Imagina que tienes un perro que le gusta desenterrar las flores de tu vecino. Digamos que lo hace sólo cuando lo dejas salir antes de comer. Ese es un patrón de conducta. Puedes usar ese patrón para solucionar el problema: ¡dale de comer antes de dejarlo salir! Buscar patrones es una herramienta poderosa para solucionar problemas de matemáticas.

EJEMPLO: En el Museo del Espacio hay un modelo de un cohete a escala natural que gira en el sentido de las agujas del reloj, siempre a la misma velocidad día y noche. Cada hora completa un giro. A las 9:00 A.M. está apuntando hacia el norte. ¿En qué dirección estará apuntando a las 6:45 P.M.?

- El cohete apunta hacia el norte a las 9:00 A.M.
- Completa un giro cada hora.
- ¿Hacia dónde estará apuntando a las 6:45 A.M.?

Dado que el cohete siempre gira igual, tal vez hay un patrón que puedas observar.

3 Fíjate cómo se mueve el cohete durante algunas horas. Descubre un patrón.

9:00 A.M.	9:15 A.M.	9:30 A.M.	9:45 A.M.	10:00 A.M.	10:15 A.M.	10:30 A.M.	10:45 A.M.	11:00 A.M.
Norte	Este	Sur	Oeste	Norte	Este	Sur	Oeste	Norte

El cohete apunta hacia el oeste cada 45 minutos después de la hora.

4 • Asegúrate de que el patrón que escogiste continúa. En este caso, el patrón continúa porque el cohete gira a la misma velocidad.

⭐ A las 6:45 P.M. el cohete apuntará hacia el oeste.

402

¡ATENCIÓN! Los patrones no siempre continúan

Identificar un patrón no significa que continuará por siempre. Imagina que un equipo de béisbol anota 1 carrera en la primera entrada, 3 en la segunda entrada y 5 en la siguiente. Podrías hallar un patrón en los números 1, 3, 5, pero, ¿significa eso que el equipo marcará 7 carreras en la próxima entrada? Podría suceder, pero probablemente no. No existe razón para que el patrón continúe.

Siempre que uses un patrón para solucionar un problema, pregúntate: ¿existe alguna razón para que el patrón continúe?

	1	2	3	4	5
Gigantes	0	0	0		
Dodgers	1	3	5		

Si alguna vez has coleccionado estampillas o láminas de béisbol, te habrás dado cuenta que es más fácil encontrar la que necesitas si las tienes en orden. También te sirve para darte cuenta si tienes estampillas o láminas repetidas, o tal vez las que te hacen falta. Cuando haces una lista para solucionar problemas de matemáticas, también debes ordenarla.

A veces puedes poner las cosas en diferente orden sin que cambie el resultado, pero tienes que contar o leer con cuidado.

EJEMPLO: ¿Cuántas promociones de pizza de cubierta doble puedes formar en la pizzería de Pepe?

- La promoción ofrece 2 cubiertas diferentes.
- Hay 5 cubiertas de donde escoger.

Dado que necesitas contar las parejas posibles, ensaya escribir una lista. Usa un patrón para que no te falte ninguna cubierta y no repitas dos veces la misma pareja.

3 Representa las cubiertas con letras. Primero, haz una lista de las promociones con jamón, luego con aceitunas y así sucesivamente hasta completar todas.

Con jamón	Con aceitunas	Con salchicha	Con cebolla	Con pimentón
■	AJ	SJ	CJ	PJ
JA	■	SA	CA	PA
JS	AS	■	CS	PS
JC	AC	SC	■	PC
JP	AP	SP	CP	■

La lista muestra 20 parejas.

4 ¿En qué se diferencia la cubierta de aceitunas-jamón con la cubierta de jamón-aceitunas? ¡En nada! Es la misma pizza.

Recuerda: cada promoción lleva dos cubiertas *diferentes*.

Tienes que tachar una de cada dos parejas que se repiten.

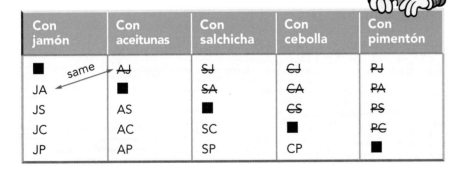

Con jamón	Con aceitunas	Con salchicha	Con cebolla	Con pimentón
■ ~~same~~	~~AJ~~	~~SJ~~	~~CJ~~	~~PJ~~
JA	■	~~SA~~	~~CA~~	~~PA~~
JS	AS	■	~~CS~~	~~PS~~
JC	AC	SC	■	~~PC~~
JP	AP	SP	CP	■

 Puedes formar 10 promociones con cubierta doble.

A veces, las cosas parecen más complicadas de lo que son. Si trabajas con números grandes que te confunden, puedes tratar de simplificarlos. Los números más sencillos te ayudan a pensar en un plan para solucionar el problema.

MÁS AYUDA

ver 185, 260, 324

EJEMPLO: Imagina que viajas en el auto con tu familia. A las 11:45 A.M. el contador de millaje indica 11,963 millas. Siguen viajando hasta la 1:15 P.M. y ahora las millas son 12,041. ¿Cuál fue la rapidez promedio durante ese tiempo?

ENTENDER 1
- De 11:45 A.M. a 1:15 P.M. el contador de millaje cambió de 11,963 a 12,041.
- ¿Cuál fue la rapidez promedio?

> La rapidez promedio de un auto se mide en millas por hora.

PLANIFICAR 2
Tal vez es más fácil ver cómo se relacionan los números si son más pequeños y redondeados.

ENSAYAR 3
Piensa en el mismo problema pero con números más sencillos. Lleva un control de los pasos que das para solucionarlo.

A la 1:00, el contador indica 100. A las 3:00 indica 500. ¿Cuál fue la rapidez promedio durante ese tiempo?

❶ Resta para hallar la distancia recorrida.	500 millas − 100 millas 400 millas
❷ Calcula el tiempo transcurrido.	De la 1:00 a las 3:00 transcurren 2 horas.
❸ Divide para hallar la rapidez promedio.	400 ÷ 2 = 200 400 millas ÷ 2 horas = 200 millas por hora

Naturalmente, esa respuesta no es muy real, pero no importa. Al fin de cuentas, te inventaste los números. Recuerda que no vas a usar la respuesta. Vas a usar los pasos. Sigue esos mismos pasos con los números que te da el problema.

MÁS AYUDA

ver 132, 176, 324

❶ Resta para hallar la distancia recorrida.	12,041 millas − 11,963 millas 78 millas
❷ Calcula el tiempo transcurrido	De las 11:45 A.M. a la 1:15 P.M. transcurren $1\frac{1}{2}$ horas.
❸ Divide para hallar la rapidez promedio.	$78 \div 1\frac{1}{2} = 78 \div \frac{3}{2}$ ↓ $78 \times \frac{2}{3} = 52$ 78 millas ÷ $1\frac{1}{2}$ horas = 52 millas por hora

REVISAR

4
- ¿La respuesta es razonable? Sí, siempre que no haya paradas y no disminuya la velocidad.

- ¿Tus cálculos son correctos? Sí. Restaste y dividiste correctamente. Calculaste las millas por hora correctamente.

⭐ Tu rapidez promedio entre las 11:45 A.M. y la 1:15 P.M. fue 52 millas por hora.

Trabajar hacia atrás

Seguramente sabes cómo ir de tu casa a la escuela. Para regresar a casa, puedes seguir el mismo camino de vuelta. Por supuesto, si giraste a la *derecha* en la esquina de la calle Washington con calle 7 de camino a la escuela, tienes que girar a la *izquierda* allí mismo cuando vayas de regreso a casa.

Puedes trabajar hacia atrás para solucionar algunos problemas de matemáticas. Si sabes cuál es el final y los pasos para llegar a él, entonces puedes hallar el principio recorriendo los mismos pasos en el orden contrario.

EJEMPLO: Francisca compró una camiseta con su nombre impreso. Normalmente, la camiseta cuesta $15.95, más cierta cantidad por cada letra. La tienda estaba en promoción: camisetas a mitad de precio. Francisca pagó $11.80. ¿Cuánto cuesta cada letra normalmente?

 ENTENDER
1
- Pagó $11.80 por una camiseta con 9 letras.
- El precio normal es $15.95 más cierta cantidad por letra.
- Pagó sólo la mitad de lo que cuesta la camiseta normalmente.
- ¿Cuánto cuesta cada letra normalmente?

 PLANIFICAR
2 Dado que ya conoces el final (lo que pagó) y todos los pasos (cómo se calcula el costo), puedes trabajar hacia atrás para hallar el comienzo (el costo de cada letra).

3 Primero, escribe los pasos para que veas cómo se calcula el costo de la camiseta de Francisca:

| costo normal por letra | × 9 → | costo normal de 9 letras | + $15.95 → | costo normal de la camiseta | ÷ 2 → | $11.80 lo que pagó |

MÁS AYUDA

ver 135, 142, 154

Ahora, escribe cada paso en sentido contrario. Haz la operación contraria en cada paso.

| $11.80 | × 2 → | costo normal de la camiseta | − $15.95 → | costo normal de 9 letras | ÷ 9 → | costo normal de cada letra |

Calcula cada paso en orden.

| $11.80 | × 2 → | $23.60 costo normal de la camiseta | − $15.95 → | costo normal de 9 letras | ÷ 9 → | costo normal de cada letra |

| $11.80 | × 2 → | $23.60 | − $15.95 → | $7.65 costo normal de 9 letras | ÷ 9 → | costo normal de cada letra |

| $11.80 | × 2 → | $23.60 | − $15.95 → | $7.65 | ÷ 9 → | $0.85 costo normal de cada letra |

4 Verifica tu respuesta trabajando hacia adelante.
Normalmente, el costo de las nueve letras es 9 × $0.85, ó $7.65. Si no estuviera en promoción, la camiseta costaría $15.95 + 7.65, ó $23.60. En promoción, el costo es $23.60, ó $11.80. Eso es lo que pagó Francisca. Entonces, verificaste la respuesta.

⭐ Normalmente, cada letra cuesta $0.85.

Puedes usar ecuaciones con números faltantes para describir un problema.

MÁS AYUDA

ver 125, 142, 237–243

EJEMPLO: Una venta de discos compactos por la Internet cobra $14.95 por cada disco, más un recargo de envío de $3.95 por pedido. ¿Cuánto debes pagar en total si compras cuatro discos compactos?

ENTENDER
1
- Cada disco cuesta $14.95. Pagas $3.95 por envío.
- ¿Cuánto pagas por los cuatro discos?

PLANIFICAR
2 Puedes plantear una ecuación para describir el problema. Luego, soluciona la ecuación para hallar el número que falta (la suma que debes pagar).

ENSAYAR
3

❶ Escribe una ecuación con palabras para mostrar la relación entre las cosas.	total = número de discos × precio por disco + costo de envío
❷ Escribe los números que tienes.	4 × $14.95 + $3.95
❸ Soluciona la ecuación.	$59.80 + $3.95 = $63.75

REVISAR
4
- ¿Planteaste y solucionaste la ecuación correctamente? Sí.
- ¿Tus cálculos son correctos? Haz una estimación para verificarlos.
  $14.95 ≈ $15.00, y 4 × $15.00 = $60.00.
  $3.95 ≈ $4.00, y $60.00 + $4.00 = $64.00.
  Tus cálculos son razonables.

Tienes que pagar $63.75 por los cuatro discos compactos.

Hacer una gráfica 407

Seguramente has hecho gráficas para que tus datos se vean más fácilmente. También puedes hacer gráficas para solucionar problemas de matemáticas.

MÁS AYUDA

ver 185, 278

EJEMPLO: Quieres ahorrar suficiente dinero para comprar un velocímetro para tu bicicleta que cuesta $22. Apenas tienes $2, pero te puedes ganar $4 por hora cortando céspedes. ¿Cuántas horas tienes que trabajar para reunir el dinero necesario para comprar tu velocímetro?

1
- Tienes $2. Ganas $4 por hora.
- ¿Cuántas horas tienes que trabajar para reunir por lo menos $22?

2
Puedes hacer una gráfica para mostrar cómo aumentan tus ganancias.

3

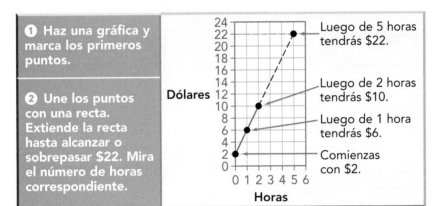

❶ Haz una gráfica y marca los primeros puntos.

❷ Une los puntos con una recta. Extiende la recta hasta alcanzar o sobrepasar $22. Mira el número de horas correspondiente.

Luego de 5 horas tendrás $22.

Luego de 2 horas tendrás $10.

Luego de 1 hora tendrás $6.

Comienzas con $2.

Dólares

Horas

4
- ¿Marcaste bien los puntos? Sí.
- ¿Es razonable pensar que tendrás suficiente dinero después de trabajar 5 horas? Sí.

⭐ Tendrás suficiente dinero después de trabajar 5 horas.

Imagina que la mamá de tu amiga las llevará al cine. Caminas hasta el garaje, tomas tu bicicleta y te vas montando hasta la casa de tu amiga. Luego, la mamá las lleva al cine. Combinaste caminar, montar en bicicleta y montar en auto para llegar al teatro. De la misma manera, puedes combinar estrategias diferentes para hallar la solución de un problema de matemáticas.

EJEMPLO: La señora López quiere poner unas baldosas de piedra alrededor de su jardín. Cada baldosa mide 1 pie cuadrado. El jardín tiene 24 pies de largo por 13 pies de ancho. ¿Cuántas baldosas necesita?

 ENTENDER 1

- Cada baldosa mide 1 pie de largo por 1 pie de ancho.
- El jardín mide 24 pies por 13 pies.
- ¿Cuántas baldosas se necesitan para completar el borde del jardín?

 PLANIFICAR 2

Puedes hacer un diagrama que muestre todas las baldosas, pero eso significa que tendrías que hacer un dibujo y contar todas las baldosas. Tal vez puedes simplificar el problema con un jardín más pequeño.

 ENSAYAR 3

Comienza con un jardín muy sencillo: 1 pie de largo por 1 pie de ancho. Luego, puedes agrandarlo poco a poco. Busca algún patrón. ¿Por qué depende el número de baldosas que se necesitan de la distancia alrededor del jardín (el perímetro)?

MÁS AYUDA

ver 207, 398, 400–401, 404

Tamaño	Diagrama	Perímetro	Número de baldosas
1 × 1		4	8
2 × 1		6	10
2 × 2		8	12
3 × 1		8	12

Ya empiezas a ver un patrón. Parece que el número de baldosas es 4 más que el perímetro. Trata de usar este patrón para solucionar el problema.

El jardín mide 24 pies de largo y 13 pies de ancho.

$$24 + 24 + 13 + 13 = 74$$
El perímetro es 74 pies.

$$74 + 4 = 78$$
Entonces, se necesitan 78 baldosas.

24 ft

13 ft   13 ft

24 ft

REVISAR

4 ¿Tiene sentido usar este patrón? Sí, porque necesitas 1 baldosa por cada pie de perímetro, más 4 baldosas para las esquinas.

⭐ La señora López necesita 78 baldosas.

Combinaste hacer un diagrama, usar números más sencillos, hacer una tabla y buscar un patrón.

Destrezas para solucionar problemas

Para jugar básquetbol, fútbol, béisbol o cualquier deporte se requiere más de una destreza. Por ejemplo, en el básquetbol hay que controlar el balón con las manos, lanzar, pelotear y hacer pases. Para solucionar problemas también se requieren muchas destrezas. Cuantas más destrezas tengas, mejor serás para solucionar problemas.

Tomar notas · 410

Cuando investigas para escribir un informe, tomas notas para llevar un registro de todo lo que lees. Esta destreza también te ayuda a solucionar problemas de matemáticas.

MÁS AYUDA

ver 168

EJEMPLO: El señor Ortiz gana $24 la hora arreglando computadoras y aparatos electrónicos en una tienda. Si trabaja más de 40 horas a la semana, puede ganar $1\frac{1}{2}$ veces más por cada hora que trabaje después de 40. La semana pasada trabajó 48 horas. ¿Cuánto ganó?

Tomar notas te ayuda a organizar la información más importante del problema.

Anota las diferentes tarifas.

Anota el tiempo que trabajó y qué necesitas averiguar.

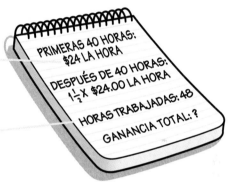

PRIMERAS 40 HORAS: $24 LA HORA
DESPUÉS DE 40 HORAS: $1\frac{1}{2}$ X $24.00 LA HORA
HORAS TRABAJADAS: 48
GANANCIA TOTAL: ?

Tus notas te ayudan a pensar cómo solucionar el problema.

PRIMERAS 40 HORAS: $24 LA HORA
DESPUÉS DE 40 HORAS: $1\frac{1}{2}$ X $24.00 LA HORA
HORAS TRABAJADAS: 48
GANANCIA TOTAL: ?

¿Cuánto por las primeras 40 horas?
$40 \times 24 = 960$

¿Cuánto por las otras 8 horas?
$1\frac{1}{2} \times 24 = 36$ ($36 la hora)
$8 \times 36 = 288$ ($288 por las 8 horas)

Total = $960 + 288 = 1248$

 La semana pasada, el señor Ortiz ganó $1248.

Imagina que encontraste el menú de almuerzo de la escuela en el periódico y tu amigo en la página de Internet de la escuela. Si cada uno encuentra un menú distinto, se dan cuenta de que algo está mal. Así tambien, puedes verificar la respuesta de un problema de matemáticas. Soluciona de nuevo el problema usando otro método para ver si obtienes la misma respuesta.

MÁS AYUDA

ver 398, 403, 418

EJEMPLO: Un postre de yogurt helado tiene 1 sabor de yogurt, 1 cubierta y 1 sabor de salsa. ¿Cuántos postres diferentes puedes hacer con las opciones que ves en el aviso?

¡HAZ TU PROPIO POSTRE DE HELADO!

Sabores de yogurt de helado
Vainilla
Chocolate
Fresa

Cubiertas
Nueces
Dulces
Moras

Salsas
Caramelo caliente
Azúcar glaseado

Estrategia: Haz una lista ordenada.
Solución:
Escribe todos los postres de yogurt helado y cada tipo de salsa.

Vainilla—Nueces—Caramelo caliente	Vainilla—Nueces—Azúcar glaseado
Vainilla—Dulces—Caramelo caliente	Vainilla—Dulces—Azúcar glaseado
Vainilla—Moras—Caramelo caliente	Vainilla—Moras—Azúcar glaseado

Chocolate—Nueces—Caramelo caliente	Chocolate—Nueces—Azúcar glaseado
Chocolate—Dulces—Caramelo caliente	Chocolate—Dulces—Azúcar glaseado
Chocolate—Moras—Caramelo caliente	Chocolate—Moras—Azúcar glaseado

Fresa—Nueces—Caramelo caliente	Fresa—Nueces—Azúcar glaseado
Fresa—Dulces—Caramelo caliente	Fresa—Dulces—Azúcar glaseado
Fresa—Moras—Caramelo caliente	Fresa—Moras—Azúcar glaseado

Cuenta los postres de helado. Hay 18 en la lista.

Estrategia: Usar razonamiento lógico
Solución:
Hay tres sabores de yogurt.

- Con vainilla, puedes escoger 3 cubiertas.
- Con chocolate, puedes escoger 3 cubiertas.
- Con fresa, puedes escoger 3 cubiertas.

Hay 9 formas para pedir yogurt con cubierta.

Por cada yogurt con cubierta, hay dos sabores de salsa: Dado que $9 \times 2 = 18$, puedes hacer 18 moldes diferentes.

Estrategia: Hacer un diagrama.
Solución:

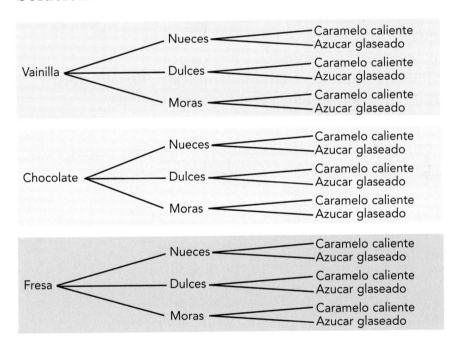

Si ensayas por lo menos dos métodos y obtienes la misma respuesta, puedes estar bastante seguro de que es la correcta.

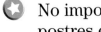 No importa la estrategia que uses, siempre resultan 18 postres de yogurt.

Más de una respuesta

¿Alguna vez has comprado un refresco en una máquina que sólo acepta el dinero exacto? Puedes hallar la cantidad exacta en más de una forma. Para completar 75¢, puedes usar 3 monedas de veinticinco, ó 7 monedas de diez y una de cinco, ó puedes hacer otras combinaciones. Hay muchos problemas de matemáticas que pueden tener más de una respuesta.

EJEMPLO 1: Jenny reparte paquetes. ¿Cuál es la ruta más corta desde la oficina hasta cada casa que aparece en el mapa, y vuelta a la oficina?

Jenny tiene recorrer por lo menos 16 cuadras. Hay varias rutas que puede tomar. El diagrama te muestra dos de ellas, pero el problema tiene muchas respuestas correctas.

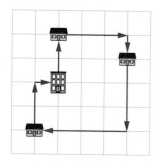 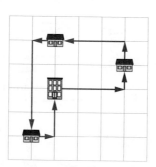 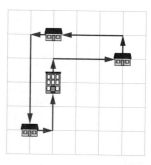

EJEMPLO 2: La siguiente lista indica el peso de 6 paquetes. ¿Cómo puedes distribuir los paquetes en dos grupos para que los dos pesen lo mismo?

3 libras
4 libras
7 libras
8 libras
10 libras
12 libras

Este problema tiene dos respuestas correctas. Puedes distribuirlos así:

3 lb, 7 lb, 12 lb y 4 lb, 8 lb, 10 lb

Ó así: 10 lb, 12 lb y 3 lb, 7 lb, 4 lb, 8 lb

Verificar que sea razonable 413

Cuando ves dibujos animados, sabes que casi todo lo que ves no sucede en la vida real. Es decir, entiendes lo que quiere decir razonable. Puedes usar esa misma idea con los problemas de matemáticas. Cuando encuentras una solución, mírala bien y hazte preguntas sobre ella.

- ¿La respuesta está de acuerdo con la pregunta?
- ¿El tamaño de la respuesta es correcto?
- ¿La respuesta está de acuerdo con lo que conozco del mundo?

EJEMPLO 1: El señor González quiere organizar una fiesta para 26 personas. En cada mesa caben 6 personas. ¿Cuántos puestos desocupados habrá?

Puedes buscar la solución con una división. $26 \div 6 \longrightarrow 4R2$

Supongamos que respondiste que se necesitan 5 mesas (4 no son suficientes). Es cierto, pero aun no respondes la pregunta sobre cuántos puestos desocupados habrá.

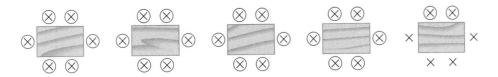

⭐ Habrá 4 puestos desocupados.

EJEMPLO 2: Marisa jugó 3 partidos de boliche. Sus puntajes fueron 97, 109 y 89. ¿Cuál es el puntaje total de sus 3 juegos?

Digamos que sumas 97 + 109 + 89 y obtienes 195. ¿Está bien?

No. No puede estar bien. Cada puntaje es alrededor de 100, de modo que el total debería estar cercano a 300, no a 200.

⭐ El puntaje total de Marisa es 295.

Si vas a encontrarte con tu amigo a las 2:00 P.M. y llegas a las 2:03 P.M., ¿llegaste tarde? ¿Qué pasa si apenas quieren hablar un rato? ¿Qué pasa si piensan ver la película que comienza a las 2:00 P.M.? La exactitud depende de cada situación. Lo mismo sucede con los problemas de matemáticas.

Casi siempre puedes hacer una estimación cuando comparas algo o cuando sólo necesitas saber *aproximadamente cuántos* o *aproximadamente qué cantidad*.

EJEMPLO 1: Tienes $20. ¿Es suficiente para comprar tres libros que cuestan $7.69 cada uno?

Puesto que estás comparando la cantidad que tienes con el costo total, puedes hacer una estimación. Aún si cada libro sólo costara $7, el total sería 3 × $7 igual $21. Es más de lo que tienes.

   No. $20 no es suficiente.

MÁS AYUDA

ver 185

EJEMPLO 2: Vas en auto con tu familia hacia el campamento. Un letrero indica que el pueblo está a 146 millas de distancia. Si el auto viaja a una velocidad aproximada de 50 millas por hora, ¿cuánto tiempo les tomará llegar?

En este caso, sólo necesitas saber *aproximadamente* cuánto tiempo les tomará llegar. Además, no puedes ser exacto porque el auto no viaja *exactamente a 50 millas por hora*. Por eso haces una estimación.

146 es casi 150.
A 50 millas por hora, les tomaría 3 horas recorrer 150 millas.

   Llegar allá les tomará aproximadamente 3 horas.

Escoger un método para calcular

Cuando vas a la casa de una amiga, tal vez tomas la ruta más fácil. Cuando necesitas calcular una respuesta exacta para solucionar un problema, puedes usar el método que te resulte más fácil.

CASO 1   Con números fáciles, haz matemáticas mentalmente

EJEMPLO 1: ¿Cuánto cuesta alquilar tres vídeos a $0.98 cada uno?

Puesto que 98 centavos son casi un dólar, puedes hacer matemáticas mentalmente para calcular $3 \times \$0.98$. Piensa: cada vídeo cuesta 2¢ menos que 1 dólar. Entonces, 3 vídeos cuestan 6¢ menos que 3 dólares.

 Alquilar los 3 vídeos cuesta $2.94.

MÁS AYUDA

ver 071

CASO 2   Con números difíciles, puedes usar una calculadora

EJEMPLO 2: ¿Cuál es el área de un patio de juegos rectangular que mide 162 pies de largo y 118 de ancho?

Estos números son difíciles. Puedes usar una calculadora.

 El área del patio de juegos es 19,116 pies cuadrados.

MÁS AYUDA

ver 301, 446–447

CASO 3   A veces es mejor usar papel y lápiz.

EJEMPLO 3: Tienes 415 láminas de béisbol y pegas 12 en cada página de tu álbum. Si pegas todas las láminas, ¿cuántas habrá en la última página del álbum?

Si usas una calculadora, tal vez obtengas una respuesta que no es fácil para este problema. Si usas papel y lápiz, puedes hallar más fácil el residuo.

 Habrá 7 láminas en la última página.

Estás programando tu videograbadora para grabar esta noche un programa especial sobre ballenas. Para programar el tiempo correcto de inicio, primero tienes que averiguar a qué hora comienza el programa. Para solucionar problemas de matemáticas, es muy útil tener cierta información y saber dónde encontrarla.

- ¿Qué información te ayudaría a solucionar el problema?
- ¿Puedo buscar la información que necesito?
- ¿Puedo preguntarle a alguien?
- ¿Puedo tomar una medida?
- ¿Puedo hacer una estimación?

EJEMPLO: El cumpleaños de tu amiga es el 29 de mayo. El 15 de marzo quieres averiguar cuántos días faltan para su cumpleaños.

Necesitas saber cuántos días tienen marzo y abril. Puedes averiguarlo con un calendario.

Marzo tiene 31 días y abril tiene 30.

15 de marzo a 31 de marzo	⟶	16 días
1 de abril a 30 de abril	⟶	30 días
1 de mayo a 29 de mayo	⟶	<u>29 días</u>
TOTAL		75 días

★ El 15 de marzo faltarían 75 días para el cumpleaños de tu amiga.

Ignorar información innecesaria 417

Los avisos en una tienda te suministran mucha información: cuánto cuestan las cosas, cuándo abre y cierra la tienda, qué cosas hay en cada hilera, qué promociones hay y cosas por el estilo. Pero si lo que necesitas saber es si te alcanza el dinero para comprar un libro, entonces puedes ignorar la otra información. A veces, leer un problema de matemáticas es como caminar por una tienda: hay más información de la que necesitas.

MÁS AYUDA

ver 324

EJEMPLO: ¿Cuánto tiempo dura la película ¡Dinosaurios!?

Evento	Lugar	Comienza	Termina
Alimenta a los pingüinos	Acuario	9:15 A.M.	9:45 A.M.
¡Busca las estrellas!	Planetario	10:30 A.M.	11:30 A.M.
¡Dinosaurios!	Teatro	11:45 A.M.	12:15 P.M.
Wally, la marmota	Escenario en vivo	1:00 P.M.	1:30 P.M.

Dado que necesitas saber cuánto dura la película, sólo tienes que leer cuándo comienza y cuándo termina. Puedes ignorar la otra información.

De las 11:45 A.M. a las 12:15 P.M. son 30 minutos.

 La película dura 30 minutos.

Usar razonamiento lógico

¿Alguna vez has usado tus destrezas de razonamiento para solucionar un misterio, como por ejemplo dónde dejaste tu cuaderno de notas o quién se comió la última galleta? También puedes usar esta destreza para solucionar problemas de matemáticas.

EJEMPLO: Ana está pensando en un número entre 65 y 85. La suma de los dígitos es menor que 12. El producto de los dígitos es mayor que 20. Si divides el número por 3, el residuo es 1. ¿Cuál es el número?

Para solucionar este problema, puedes usar razonamiento lógico para eliminar todos los números posibles, excepto uno de ellos. Ve tachando los números que eliminas para que lleves el control.

❶ Escribe todos los números de 65 a 85.	65 66 67 68 69 70 71 72 73 74 75 76 77 78 79 80 81 82 83 84 85
❷ Mira cada número. Si la suma de los dígitos no es menor que 12, táchalo.	65 ~~66~~ ~~67~~ ~~68~~ ~~69~~ 70 71 72 73 74 ~~75~~ ~~76~~ ~~77~~ ~~78~~ ~~79~~ 80 81 82 83 ~~84~~ ~~85~~
❸ Mira los números que no están tachados. Si el producto de los dígitos es 20 o menos, táchalos.	65 ~~66~~ ~~67~~ ~~68~~ ~~69~~ ~~70~~ ~~71~~ ~~72~~ 73 74 ~~75~~ ~~76~~ ~~77~~ ~~78~~ ~~79~~ ~~80~~ ~~81~~ ~~82~~ 83 84 ~~85~~
❹ Mira los números que no están tachados. Busca uno que de el residuo correcto.	$\begin{array}{r} 21\ R2 \\ 3\overline{)65} \end{array}$ $\begin{array}{r} 24\ R1 \\ 3\overline{)73} \end{array}$ $\begin{array}{r} 24\ R2 \\ 3\overline{)74} \end{array}$ $\begin{array}{r} 27\ R2 \\ 3\overline{)83} \end{array}$

 Ana está pensando en el número 73.

Almanaque

Este almanaque contiene tablas y listas útiles. Contiene sugerencias acerca de cómo tomar notas en clase y cómo estudiar y presentar los exámenes. Te enseña a usar la calculadora y hasta te muestra algunos trucos para usar la computadora.

Prefijos

420

Un prefijo va unido al comienzo de una palabra. Un prefijo le da otro significado a la palabra con la que se une—el sufijo.

Prefijo	Definición	Ejemplo
bi-	dos	bicicleta: de dos ruedas
centi-, cent-	un centésimo	centímetro: un centésimo de un metro
circun-	alrededor	circunferencia: longitud alrededor de un círculo
co-	unido, articulado, junto	coplanario: en el mismo plano
cuad-	cuatro	cuadrilátero: polígono de cuatro lados
dec-, deca-	diez	decaedro: poliedro de diez caras
deci-	un décimo	decilitro: un décimo de litro
des-	sin, o falta de	desigualdad: no igual $6 \neq 7$ ó $6 < 7$
di-	dos, dos veces, doble	diedro: de dos lados
dodeca-	doce	dodecágono: polígono de 12 lados
equi-	igual	equiángulo: que tiene todos los ángulos iguales
giga-	mil millones	gigabite: mil millones de bites
hecto-	100	hectómetro: 100 metros
hemi-	mitad	hemisferio: mitad de una esfera
inter-	mutuo, entre	intersección: cruce o encuentro
iso-, is-	igual	triángulo isósceles: a triángulo que tiene dos ángulos congruentes

Prefijo	Definición	Ejemplo
kilo-	1000	kilogramo: 1000 gramos
medio	en la mitad	punto medio: punto en un segmento de recta que la divide en dos segmentos congruentes
mili-	un milésimo	milímetro: un milésimo de un metro
nona-	noveno, nueve	nonágono: polígono de nueve lados y nueve ángulos
octa-, octo-, oct-	ocho	octágono: polígono de ocho lados y ocho ángulos
para-	junto, al lado	paralelo: todos los puntos separados a la misma distancia
penta-	cinco	pentágono: polígono de cinco lados y cinco ángulos
por-	por cada uno	porcentaje: razón que compara un número con 100
poli-	varios	poliedro: figura tridimensional de varios lados
semi-	medio, mitad	semianual: que sucede una vez cada medio año
septi-, sept-	siete	sieteñal: que sucede cada siete años
sexa-, sex-	seis	sexcentésimo: seis siglos
tri-	tres	triángulo: polígono de tres lados y tres ángulos

Sufijos

Un sufijo va unido al final de una palabra. Le da otro significado a la palabra con la que se une—el prefijo.

Sufijo	Definición	Ejemplo
-centenario	se refiere a un período de 100 años	tricentenario: tres siglos
-gono	figura con cierto número de ángulos internos	polígono: figura con muchos ángulos hexágono: figura con seis ángulos
-edro	figura con cierto número de caras o superficies	diedro: formado por dos caras planas poliedro: sólido con caras poligonales octaedro: poliedro de ocho caras
-látero	se refiere a los lados	equilátero: que tiene todos los lados iguales
-metría	ciencia o procedimiento de medir	geometría: matemáticas de las propiedades, medidas y relaciones de puntos, rectas, ángulos, superficies y sólidos
-secta, -sectar	cortar o dividir	bisectar: cortar o dividir en dos partes iguales

Herramientas de estudio

Hacer y usar organizadores gráficos

Puedes usar diagramas, tablas o gráficas que te ayuden a entender y organizar un tema. Puedes hacer un diagrama para resumir datos o ideas. Por ejemplo, las líneas cronológicas muestran datos en orden temporal. Las rectas numéricas se pueden usar para mostrar sumas o restas. Una gráfica de orden sirve para mostrar diferentes promedios.

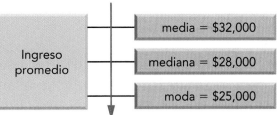

Tomar notas

Tomar notas te ayuda a recordar lo que aprendiste en la clase. Es buena idea escribir todas las notas de matemáticas en un mismo lugar —por ejemplo, en un cuaderno de notas. Allí puedes anotar ejemplos, hechos, nuevas palabras de matemáticas, nuevos signos, diagramas y descripciones sobre cómo se usan las matemáticas en el mundo que te rodea. Siempre que tomes notas, ten a tu lado un par de herramientas importantes: uno o dos lápices y bastante papel rayado.

Cómo tomar notas

Tu cuaderno de notas de matemáticas puede ser diverso. Puedes escribir tus notas en tarjetas y guardarlas en un sobre. Para que sea más fácil usarlo, perfora unos agujeros en el sobre y ponlo en tu carpeta de argollas. También puedes llevar un cuaderno especial para tus notas. Escribe la fecha en que escribiste cada nota. Así recordarás el orden en que aprendiste el tema en la escuela.

El estilo para escribir notas puede variar. Puedes escribir en forma de resumen o también oraciones completas. Incluso puedes dibujar diagramas. No tienes que usar el mismo estilo siempre.

Evalúa tus notas

Si tus notas son difíciles de leer o están incompletas, no te serán de mucha ayuda cuando estudies para los exámenes. Si la forma en que tomas notas no es buena, ensaya algo nuevo.

- Si no te sirve escribir párrafos, escribe resúmenes. Es más fácil resumir los pasos que se usan para sumar números mixtos que escribir oraciones completas para describirlos.

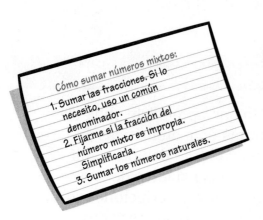

Cómo sumar números mixtos:
1. Sumar las fracciones. Si lo necesito, uso un común denominador.
2. Fijarme si la fracción del número mixto es impropia. Simplificarla.
3. Sumar los números naturales.

- Si no encuentras lo que necesitas en tus notas porque son muy cortas, trata de escribir más detalles la próxima vez.

- Si escribiste demasiados detalles, trata de escribir solamente las cosas más importantes en lugar de anotar todo.

Consejos para tomar notas mejores.

- **Presta atención.** Escucha con cuidado cuando tu maestro explica cómo solucionar un problema o una ecuación. Trata de entender cada paso cuando te enseña un tema nuevo. Lee tu libro de texto o esta guía con cuidado. Anota las ideas principales.

- **Escribe notas sencillas.** Recuerda que tomar notas no significa escribir todo lo que dice el maestro. Escribe sólo aquellas cosas que te ayudan a entender mejor. Usa palabras y no sólo símbolos. Las palabras te ayudarán más adelante a ver el sentido de las cosas. Haz dibujos sencillos para aclarar las ideas.

- **Organízate.** Cuando escribas una lista, ponle un número a cada cosa. Resalta o encierra en un círculo las cosas que no entiendas. Más adelante las puedes investigar o hacer preguntas sobre ellas. Repasa tus notas todos los días o cada dos días. Trata de leer todas tus notas una vez por semana.

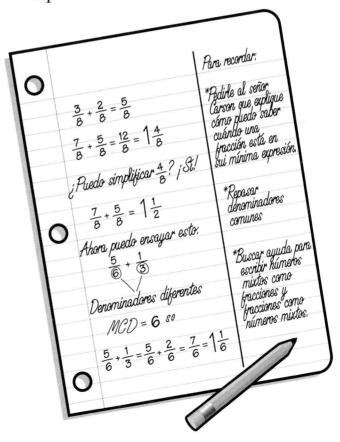

En la escuela, la comunidad, los negocios o la familia, la gente tiene que trabajar junta para solucionar problemas. Por eso es muy importante aprender a trabajar en equipo. Estos son algunos buenos hábitos de trabajo que contribuyen a que los equipos tengan éxito.

● Cooperación

Un equipo sólo puede alcanzar el éxito si hay cooperación. Cooperar significa ser cortés y compartir una meta común. Todos los miembros de un equipo deben participar en el proyecto y nadie debe quedar por fuera. Apoya y felicita a tus compañeros de equipo. Puedes estar en desacuerdo con algo sin necesidad de molestarte. Ensáyalo. Por ejemplo, si crees que los cálculos de alguien están mal, puedes decirle algo así como: "Vamos a verificar eso con la calculadora" en lugar de decir: "No, no. Tú no sabes sumar".

● Responsabilidad

Un grupo hace mejor su trabajo cuando todos colaboran. Haz con cuidado lo que tienes que hacer y ayúdales a los demás a realizar sus labores.

● Escuchar

Una sola persona no lo sabe todo. Siempre hay algo que aprender cuando escuchamos a los demás. A lo mejor una persona de tu grupo sabe otra manera de solucionar un problema o tiene otra manera de verlo. Aun cuando no funcionen, estas ideas te pueden ayudar a producir otra gran idea.

● **Dar ánimo**

Ofrece ayuda y pide ayuda. Además, cuando alguien hace bien su trabajo o tiene una buena idea, díselo. La gente trabaja mejor cuando se siente reconocida.

● **Tomar decisiones**

Los equipos tienen que tomar muchas decisiones. Para comenzar, tienen que saber cómo será el proyecto. Luego tienen que decidir cuándo, dónde y cómo hacerlo. Ayúdale a tu equipo a tomar decisiones, pero no pienses que hay que hacer las cosas como tú quieres. Presenta tus ideas claramente, pero debes estar preparado para seguir otro plan del equipo que puede ser tan bueno como el tuyo.

● **Reparte el trabajo equitativamente**

Trata de que ninguna persona tenga mucho más trabajo que los demás. Si una parte del tema es más larga o más difícil que otra, divídela para que la carga de trabajo sea igual para todos. Asegúrate de hacer bien tu parte del proyecto. Anima a los demás para que conserven su ritmo de trabajo.

Escuchar

Cuando ves al maestro desarrollando un problema, todo parece muy fácil. Pero, ¿de verdad entiendes el problema? Es importante que lo escuches con atención. Trata de solucionar algunos problemas parecidos tú mismo tan pronto puedas.

Escucha con cuidado. Eso significa pensar en lo que está diciendo el maestro o el líder del equipo y en la forma como está solucionando el problema. Si no estás seguro sobre uno de los pasos o una parte de la solución y tienes una pregunta, hazla. No temas hacer preguntas. A lo mejor otras personas quieren hacer la misma pregunta. Si escuchas con atención, estarás listo para responder una pregunta o ayudar a solucionar parte de un problema.

Si ves que no puedes terminar las cosas a tiempo (o simplemente no puedes terminarlas), trata de organizar tu tiempo. ¡Si planificas el tiempo de estudio y el tiempo libre, al final tendrás más tiempo libre!

● Lleva un horario semanal

Un plan semanal te ayuda a organizar las tareas y separar el tiempo que necesitas para terminarlas. También te ayuda a prepararte para los exámenes y completar tus proyectos y tareas a tiempo. Incluso puedes separar algo de tiempo para que tu maestro te explique cosas que no entiendes. Guarda tu horario en tu cuaderno de notas o en tu diario de matemáticas.

● Haz una lista diaria

Escribe las cosas que tienes que hacer hoy y mañana. Numéralas en orden de importancia. Cuelga la lista en algún lugar donde la veas. También puedes guardarla en una sección especial de tu diario de matemáticas. Ve tachando cada cosa a medida que la terminas.

● Haz un horario de tareas

Haz las tareas a la misma hora todos los días. Disfruta de algunos descansos cortos entre asignaturas. Pero para hacerlas bien y terminar rápido, no tomes descansos mayores de 5 minutos.

● Fija metas

Se realista. Asegúrate de que el tiempo que le dedicas a los deberes sea razonable. No te recargues demasiado. Si no logras alcanzar una de tus metas, pregúntate por qué. Así lo harás mejor la próxima vez. Prémiate cada vez que logres alcanzar una meta.

● Completa lo que tienes que hacer a tiempo

Repasa las instrucciones de tu maestro. Lee las instrucciones con cuidado. Revisa tus notas y tu libro de texto o tu guía de matemáticas para que estés seguro de que estás haciendo las tareas lo mejor posible. Haz una lista de las cosas que no entiendes para que le preguntes al maestro. Cuando hayas terminado, revisa de nuevo las instrucciones para que estés seguro de que terminaste la tarea.

Escoge cualquier cosa que sea fácil para empezar.

Guarda tu tarea terminada en un lugar donde no se te olvide llevarla a la escuela:

- ● en el piso junto a la puerta
- ● en el bolsillo principal de tu maletín de libros
- ● en una bolsa de tu bicicleta
- ● con tu almuerzo o el dinero para el almuerzo

Escribir en matemáticas

Cuando escribes en matemáticas, como en otras asignaturas, quieres que tu trabajo sea muy claro. Quieres demostrar que entiendes. Esto parece difícil de lograr porque las matemáticas tienen muchos signos. Sin embargo, los signos ayudan a que las cosas sean claras porque tienen significado, igual que las palabras. También puedes usar palabras, diagramas o cualquier cosa que les ayude a los demás a entender lo que quieres explicar.

Puedes usar el siguiente modelo para organizar tus ideas y escribir con claridad en matemáticas.

Presentación del problema	
Solución	Detalle: Paso 1
	Detalle: Paso 2
	. . .
	. . .
	Detalle: Último paso
Conclusión/Respuesta	

Puedes usar la siguiente **guía de evaluación** para escribir en matemáticas.

MÁS AYUDA

ver 438

Guía de evaluación:

● **Buen trabajo** Lo escrito demuestra total entendimiento del tema. Demuestra cómo piensas en el problema. Cada paso está explicado con ejemplos y con palabras. Los ejemplos están bien desarrollados y detallados. También se pueden usar diagramas. El problema está organizado y los pasos están en orden. Es más que sólo cálculos. Un ejemplo de problema de este nivel se encuentra en la página 438.

- **Adecuado** Lo escrito demuestra buen entendimiento del tema. Incluyes ejemplos, cálculos y tal vez diagramas. Cada paso se desarrolla en orden y explicas cada ejemplo o diagrama. Pueden haber algunos errores de cálculo, pero tus descripciones demuestran que piensas bien los detalles del problema.

- **Débil** Lo escrito no explica bien lo que sucede en el problema. Hay errores de comprensión y de cálculo. Puede haber algunos ejemplos, pero no hay nada que explique qué significan ni por qué se hicieron esos cálculos. Los pasos tal vez no están en orden.

- **Insuficiente** Lo escrito no es claro ni está bien organizado. No hay explicación de los ejemplos ni de los cálculos. Hay muchos errores de comprensión y cálculo.

- **Muy corto para calificar.**

- **En blanco**

Puedes mejorar tu habilidad para escribir en matemáticas, usando la guía de evaluación para calificar tu propio trabajo. Mira qué tanto entiendes tu propio escrito. Decide a qué nivel está alguna de las soluciones que has desarrollado para un problema. Luego, pídele a tu maestro o alguno de tus padres que evalúen tu trabajo. Hablen acerca de sus diferencias de opinión. Recuerda que llegar al nivel más alto requiere mucho esfuerzo. Sigue tratando y lo lograrás.

Destrezas para los exámenes

¡Tu éxito en la escuela depende sólo de ti! Debes estar preparado y concentrado, especialmente antes de un examen. No esperes hasta el último momento para estudiar.

433 Organizar y preparar los materiales para el examen

- **¿Cuál será el tema del examen?** Pídele a tu maestro que sea lo más específico posible.

- **¿Cuándo es el examen?** Si crees que ya casi es tiempo de un examen, pregúntale a tu maestro si habrá alguno pronto.

- **¿Cómo serán las preguntas del examen?** ¿Serán cálculos cortos, problemas de palabras, selección múltiple o verdadero y falso?

- **Asegúrate de que entiendes los temas.** Fíjate que las cosas tengan sentido. Si no es así, busca ayuda.

- **Repasa tus notas con cuidado.** Compara las notas y los ejemplos de clase con tu cuaderno de notas.

- **Recuerda pedir las notas de las clases que hayas perdido.** Tu maestro y tus compañeros y compañeras te pueden ayudar si les preguntas con tiempo.

- **Haz una lista de preguntas.** Si tienes alguna duda, habla con tu maestro varios días antes del examen.

- **Haz una lista de temas.** Busca un ejemplo de cada tema que habrá en el examen.

- **Habla acerca de los temas con los demás estudiantes.** Si hablas con otras personas acerca de los problemas, te darás cuenta de qué tanto los entiendes.

Repasar los materiales para el examen 434

- **Empieza tu repaso con tiempo.** Recordarás más cosas si comienzas a estudiar varios días antes que si comienzas a estudiar la noche anterior.

- **Busca un buen lugar para estudiar.** Busca un lugar callado con suficiente espacio para que extiendas tus papeles.

- **Descansa bien.** Si estás cansado, descansa o duerme un rato. Si estás cansado el día del examen, te costará más trabajo concentrarte.

- **Destina una hora especial para el estudio.** Estudia siempre a esa hora. Repasa tus notas, mira tu libro de texto y ensaya problemas sencillos.

- **Practica, practica, practica.** Repite los problemas de las tareas y exámenes anteriores.

- **Usa ayudas de estudio.** El uso de algunos dichos graciosos —nemotecnia— te puede ayudar a recordar reglas o procedimientos complicados. Usa los que aparecen en esta guía o invéntate los tuyos.

- **Piensa cómo se relacionan las cosas.** Cuanto más entiendas, menos tendrás que memorizar. Por ejemplo, si entiendes por qué funciona una fórmula, será más fácil que la recuerdes.

- **Estudia con otros estudiantes.** Cada vez que puedas, di en voz alta cómo se desarrolla determinado problema.

- **Estudia tú solo.** El examen lo vas a responder tú. Practica solucionar problemas tú solo.

- **Comprueba que tienes todos los materiales necesarios para el examen.** Tal vez necesites una regla, lápices con punta, papel y otras cosas.

- **Lee las reglas del examen.**

> ¿Cuánto tiempo tengo para responder el examen? ¿Todas las preguntas valen lo mismo? ¿Puedo usar mi libro de texto, mi guía, mi calculadora o mis notas? ¿El maestro quiere que expliquemos las respuestas cortas?

- **Lee rápidamente todo el examen.** Luego, empieza a responder. Controla el tiempo de vez en cuando.

- **Lee las instrucciones con cuidado.** Si hay algo que no entiendes, pregúntale a tu maestro. Sigue todas las instrucciones.

- **Responde primero las preguntas que sabes.** Si no puedes responder, pasa a la pregunta siguiente.

- **Si el tiempo se agota, no te asustes.** Responde lo que puedas. Los nervios sólo te hacen perder tiempo que podrías estar usando para terminar un problema o continuar con otro.

- **Vuelve a revisar.** Fíjate que hayas respondido todas las preguntas que puedas. Si te queda tiempo, revisa tu trabajo.

- **Asegúrate de que todas tus respuestas se puedan leer bien.**

- **Si no sabes cómo solucionar un problema, pasa al siguiente.** Una vez que hayas terminado los demás, puedes regresar a los que no sabes.

- **Cambia tus respuestas sólo si estás seguro de que están equivocadas.** No respondas a la carrera. ¡Casi siempre se responde bien la primara vez!

Consejos para exámenes de selección múltiple (436)

Por lo general, en los problemas de selección múltiple sólo hay una respuesta correcta. Casi siempre puedes eliminar por lo menos una de las opciones.

● **Usa sentido numérico para ahorrar tiempo y trabajo.**

EJEMPLO 1: Calcula $5769 + (1921 \times 2 \times 0)$.

A. 3842   **B.** 5769   **C.** 9611   **D.** 15,380

MÁS AYUDA

ver 095, 107, 148, 230

Observa que el producto $(1921 \times 2 \times 0)$ es cero. Entonces, es muy fácil: $5769 + 0 = 5769$. La respuesta es **B**.

● **Estima cuando puedas.**

EJEMPLO 2: ¿Cuál de estas expresiones es verdadera?

A. $28 \times 416 > 54 \times 284$ **B.** $538 + 2805 + 117 = 3459$

C. $400 - 382 < 250 - 229$ **D.** $8 \times 712 < 5600$

Puedes hacer una estimación en este problema.

En **A,** redondea a la decena más cercana: $30 \times 400 = 12,000$ y $50 \times 300 = 15,000$. **A** no es verdadera.

En **B,** suma los dígitos de las unidades: $8 + 5 + 7 = 20$. El dígito de las unidades debe ser un 0, no un 9, entonces **B** no es verdadera.

Redondea de nuevo con **D:** $8 \times 700 = 5600$, y 8×712 es mayor que 8×700, entonces **D** no es verdadera.

La única afirmación que puede ser verdadera es **C**.

● **Elimina las opciones equivocadas.**

EJEMPLO 3: Completa la oración numérica.
$971 \div 9 = 107$ R■

A. 1   **B.** 8   **C.** 10   **D.** 61

C y **D** están equivocadas dado que el residuo no puede ser mayor que el divisor (9). La respuesta puede ser **A** o **B**. Dado que **A** es un número fácil, ensáyalo primero. Si funciona, muy bien. Si no, la respuesta es **B**. (La respuesta es **B**).

Solucionar problemas en exámenes de selección múltiple

- **Lee el problema despacio.** Subraya o encierra en un círculo las palabras que te ayudan a entender lo que tienes que hacer.

- **Piensa qué tan difícil será solucionar ese problema.** Si te parece fácil, hazlo de una vez. Si no, vuelve después.

- **Mira las respuestas posibles para que decidas si puedes eliminar alguna.** Usa claves que te ayuden a solucionar el problema. Por ejemplo, piensa en el tamaño de las unidades. ¿La respuesta debe darse en las mismas unidades, en unidades cuadradas o en unidades cúbicas?

EJEMPLO: Calcula el área de un piso rectangular de 8 pies de largo por 6 pies de ancho.

A. 28 ft **B.** 28 ft^2 **C.** 48 ft **D.** 48 ft^2

⭐ Dado que este es un problema de área, sabes que la respuesta debe estar en pies cuadrados. Por eso, las opciones **A** y **C** no son correctas. La respuesta es **D**.

Consejos para exámenes "explica lo que piensas"

MÁS AYUDA

ver 431

A medida que vas respondiendo un problema que te pide explicar la respuesta, incluye los detalles que le ayudarán a tu maestro a entender tu forma de pensar. Generalmente, la calificación es una combinación de la respuesta que das y cómo explicas cada paso del problema.

Ejemplo de problema: Algunas personas piensan que el verano comienza el Día de los Caídos y va hasta el Día del Trabajo. En 1997, el Día de los Caídos fue el 26 de mayo y el Día del Trabajo fue el 1 de septiembre. En 1998, el Día de los Caídos fue el 25 de mayo y el Día del Trabajo el 7 de septiembre. ¿Qué "verano" fue el más largo, 1997 ó 1998? ¿Cuánto más largo? Explica lo que piensas.

1. Primero, necesitas averiguar qué verano fue más largo. Si paras aquí, sólo recibirás crédito parcial.

Dado que el Día de los Caídos fue primero en 1998 que en 1997, y el Día del Trabajo fue después en 1998 que en 1997, el "verano" fue más largo en 1998.

2. Ahora tienes que averiguar cuanto más largo fue el "verano". Primero, averigua cuántos días tiene cada mes entre junio y agosto.

mayo=31, junio=30, julio=31, agosto=31
Suma el número total de días
junio-agosto=92

3. Busca una manera de sumar los días extras en mayo y septiembre. Tal vez te ayude hacer una tabla o un diagrama.

	Número de días de verano 1997	Número de días de verano 1998
mayo	mayo 26-mayo 31: 6 días	mayo 25-mayo 31 7 días
junio-agosto	92 días	92 días
septiembre	1 de septiembre 1 día	sept. 1-sept. 7 8 días
Total	99 días	107 días

El "verano" fue 8 días más largo en 1998 que en 1997

4. Después de solucionar el problema, usa la pregunta original para redactar tu respuesta.

Consejos para exámenes de respuestas cortas o de llenar el espacio en blanco

- Haz exactamente lo que te indican las instrucciones.
- Por lo general, estas preguntas son verdaderas o falsas. Ten mucho cuidado con tus cálculos.
- Debes conocer bien y saber usar el orden de las operaciones.
- Si las instrucciones te piden reducir una fracción a su mínima expresión, asegúrate de que tu respuesta sea de verdad la mínima expresión.
- Si te piden hacer un diagrama, asegúrate de dibujarlo y rotularlo claramente.

Problema	Solución	Respuesta
A. $36 \times 42 =$ _____	$\begin{array}{r} 36 \\ \times\ 42 \\ \hline 72 \\ +\ 1440 \\ \hline 1512 \end{array}$	1512
B. $85 \div \blacksquare = 7\ R1$	$\blacksquare = 12$ porque $12 \times 7 = 84$ y $84 + 1 = 85$	12
C. Completa la figura para que sea simétrica.	La otra mitad de la figura debe doblarse por el eje de simetría y cazar exactamente con la primera mitad.	
D. Compara. Escribe $>$ ó $<$. $\frac{2}{3}$ _____ $\frac{3}{4}$	$\frac{2}{3} = \frac{8}{12}$ y $\frac{3}{4} = \frac{9}{12}$, $\frac{8}{12} < \frac{9}{12}$, entonces $\frac{2}{3} < \frac{3}{4}$	$<$
E. $3 \times (4 + 2) - 5 =$ ____	$3 \times (4 + 2) - 5$ $\downarrow$ $3 \times 6 - 5$ $\downarrow$ $18 - 5 = 13$	13

Después del examen

- Lleva un registro en tu diario de matemáticas sobre cómo te preparaste para el examen y cómo te fue. Úsalo para planear tus exámenes futuros.

- Describe cómo estudiaste para el examen. Piensa cómo podrías mejorar tus hábitos de estudio, cómo estudias para un examen y cómo tomas los exámenes.

- Edita y corrige tus errores. Examina todos los puntos del examen. Piensa cómo te ayudó el prepararte para las preguntas que respondiste bien. Escribe lo que harás diferente con respecto a las que tuviste mal la próxima vez que estudies para un examen.

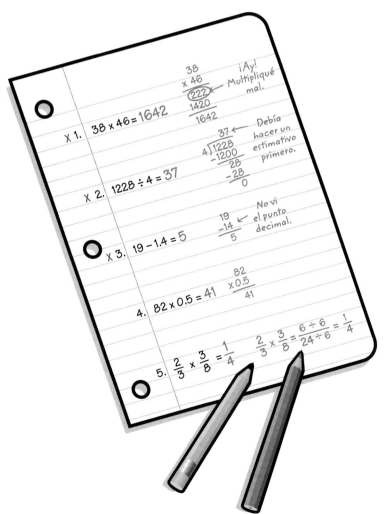

442) ## Orden de las operaciones en la calculadora

Algunas calculadoras siguen las reglas del orden de operaciones automáticamente. Esto se conoce como **sistema de ordenamiento algebraico.** Otras calculadoras desarrollan las operaciones en el orden en el que las tecleas, sin importar si ese orden es diferente al de las reglas.

EJEMPLO: Verifica el orden de operaciones en tu calculadora con esta expresión: $8 + 4 \div 2$.

Si tu pantalla muestra ⌷ 10. ⌷, tu calculadora tiene orden de operaciones. Si muestra ⌷ 6. ⌷, no lo tiene. Una vez que sepas cómo hace cálculos tu calculadora, puedes teclear tus datos para que sean procesados en el orden correcto.

Por ejemplo, para hallar $8 + 4 \div 2$ en una calculadora que no usa el orden de operaciones, puedes teclear:

Ó, usa signos de agrupación:

8 + (4 ÷ 2) = ⌷ 10. ⌷

Cuando tecleas (, la calculadora espera a que tecleas) antes de calcular lo que está entre esos dos signos de agrupación.

¡ATENCIÓN! Tu calculadora puede ser diferente

Tu calculadora puede tener teclas diferentes que hacen lo mismo que las teclas que ves en esta guía. Estudia las instrucciones de tu calculadora.

¡ATENCIÓN! ¿Qué pasa cuando un número no cabe en la pantalla?

A veces la respuesta es muy larga o muy corta y no cabe en la pantalla. Hay varias formas en que tu calculadora puede manejar este problema. Estudia las instrucciones de tu calculadora para averiguarlo.

- ¿Tu calculadora corta (trunca) o redondea la respuesta? (Ensaya tecleando 2 ÷ 3. Si el número termina en 6, la calculadora cortó la respuesta. Si el número termina en 7, la redondeó).

- Algunas calculadoras muestran los números grandes con un exponente.

La función constante

La **tecla constante** almacena una operación y un número. Por ejemplo, si tecleas + 6 Cons, la calculadora recuerda el + 6.

EJEMPLO: Usa la tecla constante para mostrar 15 + 6 + 6 + 6 + 6. Borra la memoria.
Luego teclea: + 6 Cons 1 5 Cons Cons Cons Cons *39.*

Algunas calculadoras te indican cuántas veces oprimiste la tecla Cons.

Puedes usar una calculadora para hacer operaciones con números naturales, decimales, fracciones o enteros.

447

Uso de la calculadora para hacer operaciones con números naturales

Con una calculadora puedes sumar, restar, multiplicar o dividir números naturales.

EJEMPLO 1: Usa una calculadora para sumar. $598 + 654 = $ ■

| 5 | 9 | 8 | + | 6 | 5 | 4 | = | 1252. |

EJEMPLO 2: Usa una calculadora para restar. $4009 - 978 = $ ■

| 4 | 0 | 0 | 9 | – | 9 | 7 | 8 | = | 3031. |

EJEMPLO 3: Usa una calculadora para multiplicar. $36 \times 104 = $ ■

| 3 | 6 | × | 1 | 0 | 4 | = | 3744. |

EJEMPLO 4: Usa una calculadora para dividir. $27 \div 5 = $ ■

| 2 | 7 | ÷ | 5 | = | 5.4 |

El 0.4 del 5.4 también se puede indicar como fracción ($\frac{4}{10}$) ó como residuo ($\frac{4}{10} = \frac{2}{5}$, entonces el residuo es 2.) Tu respuesta depende del problema.

Algunas calculadoras tienen una tecla que muestra el residuo como número natural en lugar de mostrarlo como decimal. La tecla puede parecerse a INT÷.

EJEMPLO 5: Divide. $26 \div 3 = $ ■

| 2 | 6 | INT÷ | 3 | = | Q 8 R 2 |

La Q indica que el número natural del cociente es 8. La R indica que el residuo es 2. La respuesta es 8 R2.

Uso de la calculadora para hacer operaciones con decimales

Puedes usar una calculadora para sumar, restar, multiplicar o dividir decimales.

EJEMPLO 1: Usa una calculadora para sumar. $3.73 + 6.298 =$ ■

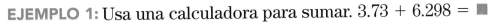

EJEMPLO 2: Usa una calculadora para restar. $12.06 - 4.39 =$ ■

EJEMPLO 3: Usa una calculadora para multiplicar. $7.2 \times 31.6 =$ ■

7 . 2 × 3 1 . 6 = 227.52

EJEMPLO 4: Usa una calculadora para dividir. $8.8128 \div 2.04 =$ ■

Usa una calculadora para calcular porcentajes

Las calculadoras son muy útiles cuando necesitas calcular porcentajes. Algunas tienen una tecla de porcentajes %.

EJEMPLO: Calcula el 15% de 700

7 0 0 × 1 5 % = 105.

Recuerda estudiar cómo funciona tu calculadora. En algunas, el porcentaje debe ser el segundo factor de la multiplicación. En otras no es necesario que teclees = después de usar la tecla %

Uso de la calculadora para calcular fracciones

Teclas especiales

Algunas calculadoras tienen teclas para trabajar con fracciones.

/ crea fracciones.
Para mostrar $\frac{6}{8}$, teclea **6** **/** **8** `6/8.` .

Simp simplifica fracciones.
Para simplificar $\frac{6}{8}$, teclea **6** **/** **8** `6/8.` **Simp** **=** `3/4.`

Ab/c muestra una fracción como número mixto.
Para mostrar $\frac{9}{7}$ como número mixto, teclea **9** **/** **7** **Ab/c** `1u2/7.`

> La u separa el número natural de la parte fraccionaria.

Unit se usa para teclear un número mixto.
Para mostrar $1\frac{3}{8}$, teclea **1** **Unit** **3** **/** **8** `1u3/8.` .

( ) se usan para saber cuál es el orden de las operaciones.

EJEMPLO 1: Suma. $\frac{3}{4} + \frac{1}{12} = \blacksquare$

3 **/** **4** **+** **1** **/** **1** **2** **=** `10/12.` **Simp** **=** `5/6.`

EJEMPLO 2: Resta. $4\frac{2}{5} - 1\frac{1}{3} = \blacksquare$

4 **Unit** **2** **/** **5** **−** **1** **Unit** **1** **/** **3** **=** `3u1/15.`

EJEMPLO 3: Multiplica. $\frac{5}{6} \times \frac{3}{4} = \blacksquare$

5 **/** **6** **×** **3** **/** **4** **=** `15/24.` **Simp** **=** `5/8.`

EJEMPLO 4: Divide. $3\frac{2}{3} \div \frac{4}{5} = \blacksquare$

| 3 | Unit | 2 | / | 3 | ÷ | 4 | / | 5 | = | | 55/12. | Ab/c | | 4 u 7/12. |

> Usa Ab/c cuando la pantalla muestre una fracción mayor que 1.

Cálculo de fracciones sin usar la tecla de fracciones

451

Si tu calculadora no tiene teclas especiales para trabajar con fracciones, no importa. Así también puedes calcular fracciones. Sólo tienes que teclear cada fracción como numerador dividido por el denominador. Luego haz el cálculo. Tu respuesta será un decimal. Si quieres que la respuesta sea una fracción, entonces no uses la calculadora de esta forma.

MÁS AYUDA

ver 043, 212

EJEMPLO 1: Suma. $\frac{5}{8} + \frac{1}{4} = \blacksquare$

| (| 5 | ÷ | 8 |) | + | (| 1 | ÷ | 4 |) | = | | 0.875 |

EJEMPLO 2: Resta. $\frac{7}{16} - \frac{1}{8} = \blacksquare$

| (| 7 | ÷ | 1 | 6 |) | – | (| 1 | ÷ | 8 |) | = | | 0.3125. |

EJEMPLO 3: Multiplica $\frac{3}{4} \times \frac{3}{5} = \blacksquare$

| (| 3 | ÷ | 4 |) | × | (| 3 | ÷ | 5 |) | = | | 0.45. |

EJEMPLO 4: Divide. $\frac{1}{8} \div \frac{1}{2} = \blacksquare$

| (| 1 | ÷ | 8 |) | ÷ | (| 1 | ÷ | 2 |) | = | | 0.25 |

452 Uso de la calculadora para calcular números enteros

MÁS AYUDA

ver 201–211

Algunas calculadoras sirven para sumar, restar, multiplicar o dividir números con signo. Busca esta tecla en tu calculadora. +/−

EJEMPLO: Usa una calculadora para sumar $^-5 + {}^-4 = $ ■

| 5 | +/− | + | 4 | +/− | = | -9. |

453 Uso de la calculadora con exponentes y raíces

MÁS AYUDA

ver 065–067

Puedes usar una calculadora para trabajar con exponentes y para calcular raíces cuadradas de números.

Puedes usar la tecla exponencial. y^x

EJEMPLO 1: Calcula. $15^2 = $ ■

| 1 | 5 | y^x | 2 | = | 225. |

EJEMPLO 2: Halla $\sqrt{25}$.

Puedes usar la tecla para raíz cuadrada. $\sqrt{}$

Teclea:

| 2 | 5 | $\sqrt{}$ | 5 |

454 ¡ATENCIÓN! ¿Tienen sentido los resultados que muestra tu calculadora?

Verifica siempre los resultados que aparecen en la pantalla de tu calculadora para ver si tienen sentido. Es muy fácil oprimir la tecla equivocada. Si haces primero una estimación, te darás cuenta si la respuesta no es razonable.

Uso de la computadora en matemáticas

La Internet

En casa, tu computadora debe tener un **módem** para conectarse a la Internet. El módem y algunos programas especiales (*software*) usan líneas telefónicas o líneas de cable para conectarse a un **servidor** que suministra determinados servicios. Los servidores son otras computadoras que sólo suministran **correo electrónico** (*e-mail*) y acceso a la Internet.

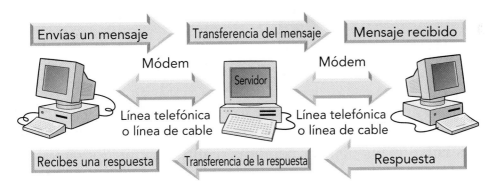

La **Red Mundial** (*World Wide Web*, ó WWW) permite que los usuarios de la Internet interactúen unos con otros. Pueden buscar información de artículos de periódicos y revistas, informes del gobierno y pronósticos sobre el estado del tiempo en las **páginas de red**. El usuario puede seleccionar el tema en la pantalla y se conecta de inmediato con otra página de red.

Hojas de cálculo

Las hojas de cálculo de las computadoras sirven para organizar y calcular datos rápidamente. Si los datos cambian, la hoja de cálculo hace las operaciones de nuevo automáticamente. Las hojas de cálculo de computadora son más rápidas y precisas que las hojas manuales.

458

Terminología

El documento que creas con un programa de hojas de cálculo puede llamarse **hoja de trabajo** o **también hoja de cálculo.**

Una celda es una casilla para ingresar datos. La identificación de la casilla muestra la letra de la columna y el número de hilera de esa casilla. A2 se refiere a la casilla de la columna A hilera 2.

Cada vez que ingresas datos en una casilla de trabajo, aparecen aquí. Cada vez que activas la casilla, lo que escribiste antes aparecerá aquí.

La información se escribe en las casillas de trabajo. Éstas tienen los bordes oscuros o están sombreadas.

Una hilera es una fila horizontal de casillas.

Una columna es una fila vertical de casillas.

- Los **rótulos** pueden ser palabras o abreviaturas. Estos se escriben en las casillas para identificar la información que hay en la hoja.

- Los **valores** son números.

- Las **fórmulas** o **funciones** le dicen a la computadora qué cálculos tiene que hacer. Las funciones son fórmulas que están incorporadas en la hoja de cálculo y que se usan con frecuencia.

B8		= Sum (B1:B6)					
	A	B	C	D	E	F	G
1		89					
2		76					
3		92					
4		85					
5		90					
6		81					
7							
8	Sum:	513					
9							
10							

La ventanilla de ingreso arriba de la hoja de cálculo muestra la función que usa la casilla B8.

Sum es una función que suma una lista de números.

La casilla B8 tiene esta función: = Sum(B1:B6). Esto significa que suma los números de las casillas B1 a B6. Cuando tecleas Enter después de teclear la función, la computadora suma los números y despliega el resultado en la casilla B8.

Análisis "¿Qué pasa si. . . ?"

459

Una de las cosas maravillosas de las hojas de cálculo, es que puedes ver qué sucede cuando cambian los datos. Por ejemplo, si duplicas la longitud del lado de un rectángulo, verás de inmediato cómo cambia el área. Si quieres ver cómo cambia el área si duplicas el ancho, basta con que cambies el ancho. La hoja de cálculo te dirá cuál es el área resultante. Esto te facilita las respuestas cuando te haces preguntas como "¿qué pasa si. . . ?" "¿Qué pasa si cambio esto?" o "¿Qué pasa si modifico aquello?" Por supuesto, tienes que estar seguro de que programaste las fórmulas correctas. La hoja de cálculo desarrolla cualquier fórmula que tú le des, incluso una equivocada.

En las computadoras, el signo * indica multiplicación.

B4		= B1 * B2					
	A	B	C	D	E	F	G
1	Largo	8	16	8	16		
2	Ancho	6	6	12	12		
3							
4	Área	48	96	96	192		
5							
6							
7							
8							

Gráficas

Ya sabes que las gráficas son útiles, pero hacerlas lleva tiempo. Las hojas de cálculo pueden hacer gráficas automáticamente. Puedes hacer gráficas de barras, gráficas de dispersión, gráficas circulares, gráficas lineales y gráficas tridimensionales. Tú decides la que quieres hacer. La hoja de cálculo la hace por ti e incluso crea la leyenda que te explica el significado de los colores de la gráfica.

MÁS AYUDA

ver 279

B2									
	A	B	C	D	E	F	G	H	I
1	Semana	1	2	3	4	5	6	7	8
2	Sólo agua	2	3	6	7	10	11	13	15
3	Alimento para plantas	2	4	6	8	11	12	15	18
4									
5									

Puedes hacer una gráfica lineal doble con los datos de la tabla. Este tipo de gráfica tiene sentido porque las gráficas lineales son útiles para mostrar cambios a lo largo del tiempo.

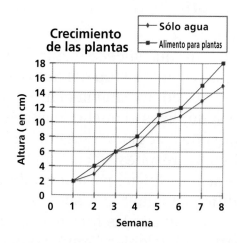

Una base de datos es una colección de información, como un directorio telefónico, un cuaderno de direcciones o tu lista de discos compactos. Lo mejor acerca de las bases de datos de computadora es que son veloces, ordenadas y fáciles de modificar. Tu lista telefónica no quedará llena de tachones como la que tienes en papel.

Puedes usar las bases de datos para reunir y organizar información. Un **archivo** se compone de una colección de carpetas. Piensa que cada **carpeta** es como una tarjeta de archivo que contiene información acerca de un tema específico.

CAMPO Cada unidad de información está almacenada en un campo. Cada campo tiene su propio nombre para mantenerlo separado de otros campos. En una libreta de direcciones hay diferentes campos para el nombre, la dirección, etc.

Carpeta 3
Carpeta 2
Libreta de direcciones   Carpeta 1

Nombre_ _ _ _ _ _ _ _ _ _ _ _ _ _ _ _ _ _ _ _}
Dirección_ _ _ _ _ _ _ _ _ _ _ _ _ _ _ _ _ _ _
Ciudad_ _ _ _ _ _ _ _ _ _ _ _ _ _ _ _ _ _ _.
Estado_ _ _ _ _ _ _ Código postal_ _ _ _ _}
Teléfono_ _ _ _ _ _ _ _ _ _ _ _ _ _ _ _ _

TAMAÑO El tamaño de cada campo es limitado. Sólo puedes ingresar la cantidad de letras o números que el campo permite. Si el nombre es muy largo para el campo, a lo mejor recortará algunas letras.

ESTILO Si programas un campo en estilo **numérico,** sólo puedes ingresar dígitos de 0–9. Esto garantiza que no escribirás nombres accidentalmente en campos que sólo son para números.

Herramientas de dibujo

¡Los programas de dibujo son muy divertidos! Sirven para diseñar planos, crear diagramas o experimentar patrones.

Los programas de dibujo tienen su propia paleta. También tienen una paleta con diseños de relleno. Estos son algunos ejemplos.

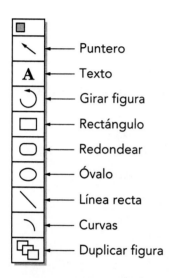

— Puntero
— Texto
— Girar figura
— Rectángulo
— Redondear
— Óvalo
— Línea recta
— Curvas
— Duplicar figura

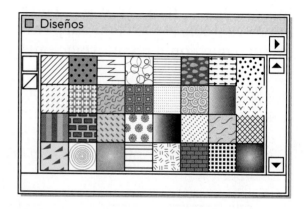

Diseños

Para seleccionar una herramienta de la paleta, sólo tienes que hacer "clic" encima. Luego mueves el cursor hasta el dibujo y usas la herramienta. Por ejemplo, sin quieres hacer un óvalo, haz "clic" en el óvalo. Luego, haz "clic" en el espacio de dibujo mientras aprietas el botón del ratón. Arrastra la figura hasta que el óvalo quede del tamaño que quieres. Luego suelta el botón del ratón. Incluso, puedes usar un diseño de la paleta para rellenar tu óvalo.

Hay otros programas que funcionan de forma parecida a los programas de dibujo. Algunos tienen herramientas para pintar y otros combinan herramientas de pintura y dibujo.

Uso del teclado de la computadora

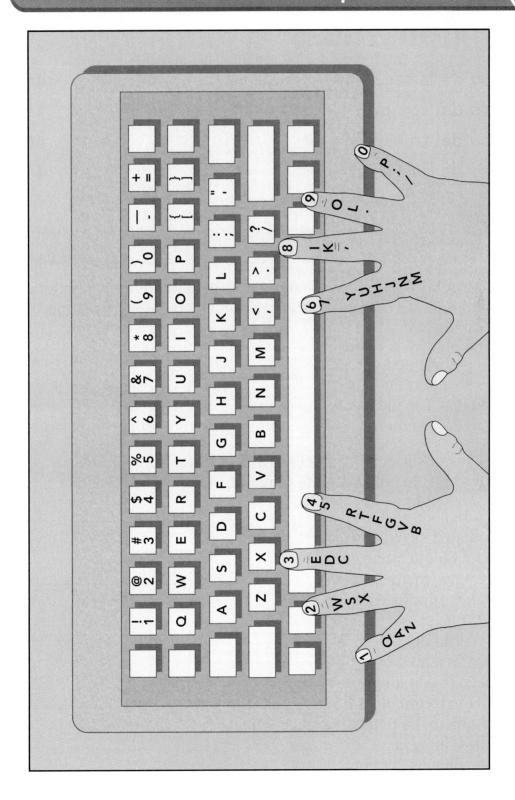

465

Uso de la regla

Una **regla** es una herramienta recta (generalmente de madera, metal o plástico) que se usa para medir longitudes y dibujar líneas rectas.

Las reglas pueden tener dos sistemas de medidas. Las pulgadas

aparecen en un borde y los centímetros en el borde opuesto.

Puedes medir cualquier objeto a la pulgada más cercana, $\frac{1}{2}$ pulgada, $\frac{1}{4}$ de pulgada, $\frac{1}{8}$ de pulgada, incluso $\frac{1}{16}$ de pulgada, dependiendo de la escala de tu regla.

Para medir la longitud de un objeto, alinea el extremo izquierdo de la regla (donde estaría el 0) con el extremo izquierdo del objeto que vas a medir. Luego, lee la longitud en el extremo derecho del objeto. La pluma mide 3 in., a la pulgada más cercana.

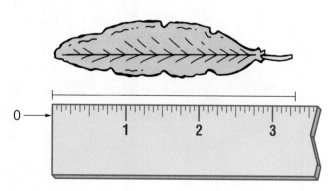

Si el objeto que quieres medir es más largo que tu regla,

● usa una regla más larga o una cinta métrica, o

● haz una marca junto al extremo final de la regla. Levanta la regla y coloca el 0 en la marca para que puedas seguir midiendo. Escribe todas las medidas y súmalas.

Uso del compás y la guía recta 466

Una **guía recta** es una herramienta que sirve para dibujar líneas rectas. Una regla es una guía recta, pero para dibujar una recta no necesitas las medidas que tiene la regla.

MÁS AYUDA

ver 367, 469

Un **compás** es una herramienta para dibujar círculos o arcos. Dado que puedes fijar el compás para que dibuje un radio de cierto tamaño, puedes usarlo para copiar segmentos y ángulos. Con ellos puedes hacer otras construcciones geométricas.

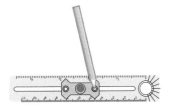

Puedes fijar el compás a la longitud del radio que deseas.

También puedes fijar el compás colocando la punta en uno de los extremos del segmento, moviendo el lápiz hasta que concuerde con el otro extremo del segmento.

Para trazar un círculo o un arco, mantén firme la punta donde quieres tener el centro del círculo. Luego gira el extremo del compás con el lápiz alrededor de ese punto.

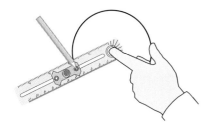

MÁS AYUDA

ver 344–346

El **transportador** se usa para medir ángulos. Algunos transportadores son semicirculares y otros son circulares, pero los dos funcionan igual. Casi todos los transportadores tienen dos escalas. Para decidir qué escala debes usar, piensa si vas a medir un ángulo agudo o un ángulo obtuso.

EJEMPLO 1:

1. Para medir este ángulo obtuso, escoge un rayo para la parte baja.

2. Coloca el transportador encima del ángulo. Si los rayos no son lo suficientemente largos, extiéndelos con la guía recta. Si no puedes escribir en tu libro, traza el ángulo en una hoja de papel y extiende los rayos. Coloca el punto del centro en el vértice. Coloca la marca 0° en el rayo de abajo.

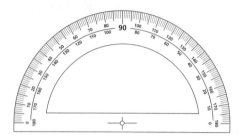

punto central en el vértice

el rayo pasa por 0°

Este ángulo obtuso mide 145°.

EJEMPLO 2:

1. Para medir este ángulo agudo, escoge un rayo para la parte baja.

2. Coloca el transportador sobre el ángulo. Si los rayos no son lo suficientemente largos, extiéndelos con la guía recta o traza el ángulo en una hoja de papel y extiende los rayos. Coloca el punto central del transportador sobre el vértice. Coloca la marca 0º en el rayo de abajo.

Este ángulo agudo mide 70º.

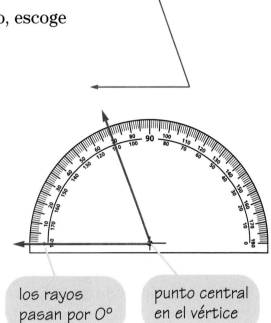

los rayos pasan por 0º

punto central en el vértice

EJEMPLO 3:

1. También puedes medir el mismo ángulo agudo desde el otro rayo.

2. Coloca el transportador sobre el ángulo. Si los rayos no son lo suficientemente largos, extiéndelos con la guía recta o traza el ángulo en una hoja de papel y extiende los rayos. Coloca el punto central sobre el vértice. Coloca la marca 0º en el rayo de abajo.

La medida del ángulo agudo es la misma: 70º.

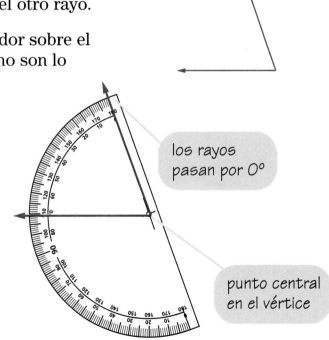

los rayos pasan por 0º

punto central en el vértice

Uso de balanzas y pesas

Las balanzas y las pesas son instrumentos diseñados para pesar.

Las balanzas tienen una barra apoyada en el centro. A lado y lado de la barra hay dos bandejas idénticas. Cuando las bandejas contienen el mismo peso, la barra está en equilibrio. Está *balanceada*.

Puedes usar una balanza para averiguar cuánto pesa un objeto. Imagina que tienes una bolsa de manzanas y una balanza con unas pesas.

1. Si colocas las manzanas en uno de los extremos de la balanza, ese lado se inclinará hacia abajo. Para equilibrar la balanza, debes colocarle pesas al otro lado.

2. Si las pesas no pesan lo suficiente, la balanza seguirá inclinada hacia el lado de las manzanas.

3. Si las pesas son muy pesadas, la balanza se inclinará hacia el lado de las pesas.

4. La barra estará en equilibrio cuando el peso de las pesas sea igual al peso de las manzanas.

La bolsa de manzanas pesa 1 libra y 7 onzas.

Una **pesa** es otra herramienta que se usa para pesar.

Puedes leer el peso de un objeto directamente de la pesa. La pesa puede tener una pantalla digital o puede ser graduada, como una regla.

La pesa indica que esta persona pesa 85 libras.

Esta persona pesa 103 libras

A menudo, la gente compra pesas más pequeñas para pesar objetos en casa, como alimentos.

Esta manzana pesa 6 onzas.

469 Construcciones geométricas

470 Copiar un segmento de recta

1. Dibuja un segmento más largo que $\overline{AB}$. Marca el punto A' en el segmento.

2. Para copiar el segmento $\overline{AB}$, pon tu compás en la longitud $\overline{AB}$.

MÁS AYUDA

ver 515

3. Luego coloca la punta del compás en A' y dibuja un arco que intersecte el segmento. Marca el punto de intersección como B'.

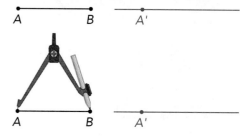

Dado que fijaste tu compás en la longitud de $\overline{AB}$, la longitud de $\overline{A'B'}$ es la misma que la longitud de $\overline{AB}$. Entonces, $\overline{AB} \cong \overline{A'B'}$.

471 Bisectriz de un segmento de recta

1. Coloca la punta del compás en A. Abre el compás a una longitud que sea más de la mitad del segmento $\overline{AB}$. Usa esta medida para dibujar un arco arriba y abajo de $\overline{AB}$.

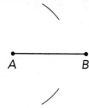

2. Coloca la punta del compás en B y usa la misma longitud del paso 1. Dibuja dos arcos más, uno arriba de $\overline{AB}$ y otro abajo de $\overline{AB}$.

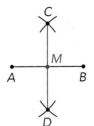

3. Usa la guía recta y dibuja $\overline{CD}$.

Dado que los dos extremos del segmento $\overline{CD}$ se encuentran a la misma distancia de A y de B, el punto M es bisectriz del segmento $\overline{AB}$.

Copiar un ángulo 472

1. Para construir un ángulo congruente con el $\angle MNO$, dibuja un rayo. Rotula el punto extremo Z.

2. Coloca la punta del compás en N y dibuja un arco intersectando los dos rayos del ángulo. Conserva esta medida. Coloca la punta del compás en Z y dibuja un arco largo que intersecte el rayo Z.

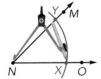 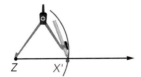

3. Ahora coloca la punta en X y el lápiz en Y y fija el compás. Coloca la punta en X' y dibuja un arco. Usa tu guía recta para dibujar un rayo de Z hasta Y'.

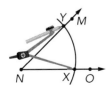 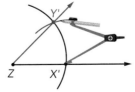

El punto Y' se relaciona con $\overrightarrow{ZY}'$ exactamente del mismo modo que el punto Y se relaciona con $\overrightarrow{NY}$. Eso hace que $\angle Y'ZX'$ sea congruente con $\angle MNO$.

1. Coloca la punta del compás en *C*. Abre el compás y dibuja un arco.

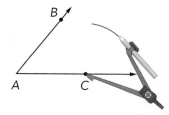

2. Coloca la punta del compás en *B* y usa la misma abertura que usaste en el Paso 1. Dibuja otro arco que intersecte el primero que hiciste.

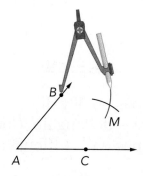

3. Usa la guía recta y traza $\overrightarrow{AM}$.

Dado que el punto *M* está a la misma distancia del punto *C* y del punto *B*, $\overrightarrow{AM}$ es bisectriz del ∠*BAC*.

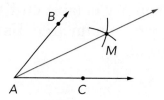

Dibujar figuras sólidas

Dibujar cubos y prismas rectangulares

475

❶ Dibuja dos rectángulos superpuestos con los lados correspondientes paralelos y congruentes.

❷ Conecta los vértices correspondientes. Usa líneas punteadas para las aristas que no se podrían ver a simple vista.

 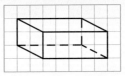

Dibujar pirámides

476

❶ Dibuja un cuadrado parado en un vértice. Dibuja un punto arriba del cuadrado.

❷ Conecta cada vértice del cuadrado con el punto. Usa líneas punteadas para las aristas que no se podrían ver a simple vista.

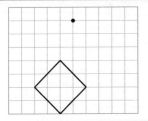 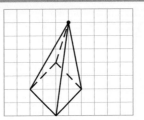

477 Dibujar cilindros

❶ Dibuja dos óvalos (como si estuvieras mirando un par de círculos de lado).	❷ Conecta las bases. Usa líneas punteadas para indicar la parte que no se podría ver a simple vista.

478 Dibujar conos

❶ Dibuja un óvalo para mostrar la base circular como se vería de lado. Dibuja un punto arriba de la base.	❷ Dibuja dos segmentos de reccta para conectar la base con el punto. Usa líneas punteadas para mostrar la parte de la base que no se podría ver a simple vista.

479 Dibujar esferas

❶ Dibuja un círculo.	❷ Dibuja un óvalo dentro del círculo. Usa líneas punteadas para la parte que no se podría ver a simple vista.

Tablas útiles

Tabla de suma y restar

+	0	1	2	3	4	5	6	7	8	9
0	0	1	2	3	4	5	6	7	8	9
1	1	2	3	4	5	6	7	8	9	10
2	2	3	4	5	6	7	8	9	10	11
3	3	4	5	6	7	8	9	10	11	12
4	4	5	6	7	8	9	10	11	12	13
5	5	6	7	8	9	10	11	12	13	14
6	6	7	8	9	10	11	12	13	14	15
7	7	8	9	10	11	12	13	14	15	16
8	8	9	10	11	12	13	14	15	16	17
9	9	10	11	12	13	14	15	16	17	18

● Puedes usar esta tabla para sumar.

Por ejemplo, para sumar 4 y 7: Mira la hilera de arriba. Busca el 4. El resultado de la suma estará en esta columna. Ahora mira la primera columna. Busca el 7. Muévete hacia la derecha por esa hilera. El cuadrado donde se encuentran la columna del 4 y la hilera del 7 es el resultado de la suma: $4 + 7 = 11$.

● Puedes usar esta tabla para restar.

Para restar $11 - 4$: Mira la hilera de arriba. Busca el 4. Baja por esta columna y busca el cuadrado con el número 11. Sigue la hilera del 11 hasta la columna que está más a la izquierda de todas. El número que ves ahí es la diferencia: $11 - 4 = 7$.

Tabla de multiplicar y dividir 482

×	1	2	3	4	5	6	7	8	9	10
1	1	2	3	4	5	6	7	8	9	10
2	2	4	6	8	10	12	14	16	18	20
3	3	6	9	12	15	18	21	24	27	30
4	4	8	12	16	20	24	28	32	36	40
5	5	10	15	20	25	30	35	40	45	50
6	6	12	18	24	30	36	42	48	54	60
7	7	14	21	28	35	42	49	56	63	70
8	8	16	24	32	40	48	56	64	72	80
9	9	18	27	36	45	54	63	72	81	90
10	10	20	30	40	50	60	70	80	90	100

● Puedes usar esta tabla para multiplicar.

Por ejemplo, multiplica 6 por 8. Mira la hilera de arriba. Busca el 6. El producto de la multiplicación estará en esta columna. Ahora mira la primera columna. Busca el 8. Muévete hacia la derecha por esa hilera. El cuadrado donde se encuentran la columna 6 y la hilera 8 es el producto de la multiplicación: $6 \times 8 = 48$.

● También puedes usar esta tabla para dividir.

Por ejemplo, divide $48 \div 6$. Mira la hilera de arriba. Busca el 6. Baja por esa columna. y busca el cuadrado con el número 48. Sigue la hilera del 48 hasta la columna que está más a la izquierda de todas. El número que ves ahí es el cociente: $48 \div 6 = 8$

Fracción	Decimal	Fracción	Decimal
$\frac{1}{2}$	0.5	$\frac{1}{10}$	0.1
$\frac{1}{3}$	$0.\overline{3}$	$\frac{2}{10}$	0.2
$\frac{2}{3}$	$0.\overline{6}$	$\frac{3}{10}$	0.3
$\frac{1}{4}$	0.25	$\frac{4}{10}$	0.4
$\frac{2}{4}$	0.5	$\frac{5}{10}$	0.5
$\frac{3}{4}$	0.75	$\frac{6}{10}$	0.6
$\frac{1}{5}$	0.2	$\frac{7}{10}$	0.7
$\frac{2}{5}$	0.4	$\frac{8}{10}$	0.8
$\frac{3}{5}$	0.6	$\frac{9}{10}$	0.9
$\frac{4}{5}$	0.8	$\frac{1}{16}$	0.0625
$\frac{1}{8}$	0.125	$\frac{2}{16}$	0.125
$\frac{2}{8}$	0.25	$\frac{3}{16}$	0.1875
$\frac{3}{8}$	0.375	$\frac{4}{16}$	0.25
$\frac{4}{8}$	0.5	$\frac{5}{16}$	0.3125
$\frac{5}{8}$	0.625	$\frac{6}{16}$	0.375
$\frac{6}{8}$	0.75	$\frac{7}{16}$	0.4375
$\frac{7}{8}$	0.875	$\frac{8}{16}$	0.5
		$\frac{9}{16}$	0.5625
		$\frac{10}{16}$	0.625
		$\frac{11}{16}$	0.6875
		$\frac{12}{16}$	0.75
		$\frac{13}{16}$	0.8125
		$\frac{14}{16}$	0.875
		$\frac{15}{16}$	0.9375

EXPRESIONES EQUIVALENTES

1

$\frac{1}{2}$ ó 0.50	$\frac{1}{2}$ ó 0.50

$\frac{1}{3}$ ó $0.\overline{3}$	$\frac{1}{3}$ ó $0.\overline{3}$	$\frac{1}{3}$ ó $0.\overline{3}$

$\frac{1}{4}$ ó 0.25	$\frac{1}{4}$ ó 0.25	$\frac{1}{4}$ ó 0.25	$\frac{1}{4}$ ó 0.25

$\frac{1}{5}$ ó 0.2	$\frac{1}{5}$ ó 0.2	$\frac{1}{5}$ ó 0.2	$\frac{1}{5}$ ó 0.2	$\frac{1}{5}$ ó 0.2

$\frac{1}{8}$ ó 0.125	$\frac{1}{8}$ ó 0.125	$\frac{1}{8}$ ó 0.125	$\frac{1}{8}$ ó 0.125	$\frac{1}{8}$ ó 0.125	$\frac{1}{8}$ ó 0.125	$\frac{1}{8}$ ó 0.125	$\frac{1}{8}$ ó 0.125

$\frac{1}{10}$ ó 0.1	$\frac{1}{10}$ ó 0.1	$\frac{1}{10}$ ó 0.1	$\frac{1}{10}$ ó 0.1	$\frac{1}{10}$ ó 0.1	$\frac{1}{10}$ ó 0.1	$\frac{1}{10}$ ó 0.1	$\frac{1}{10}$ ó 0.1	$\frac{1}{10}$ ó 0.1	$\frac{1}{10}$ ó 0.1

$\frac{1}{16}$ ó 0.0625	$\frac{1}{16}$ ó 0.0625	$\frac{1}{16}$ ó 0.0625	$\frac{1}{16}$ ó 0.0625	$\frac{1}{16}$ ó 0.0625	$\frac{1}{16}$ ó 0.0625	$\frac{1}{16}$ ó 0.0625	$\frac{1}{16}$ ó 0.0625	$\frac{1}{16}$ ó 0.0625	$\frac{1}{16}$ ó 0.0625	$\frac{1}{16}$ ó 0.0625	$\frac{1}{16}$ ó 0.0625	$\frac{1}{16}$ ó 0.0625	$\frac{1}{16}$ ó 0.0625	$\frac{1}{16}$ ó 0.0625	$\frac{1}{16}$ ó 0.0625

Cuadrados y raíces

n	n^2	$\sqrt{n}$	n	n^2	$\sqrt{n}$
1	1	1.000	51	2601	7.141
2	4	1.414	52	2704	7.211
3	9	1.732	53	2809	7.280
4	16	2.000	54	2916	7.348
5	25	2.236	55	3025	7.416
6	36	2.449	56	3136	7.483
7	49	2.646	57	3249	7.550
8	64	2.828	58	3364	7.616
9	81	3.000	59	3481	7.681
10	100	3.162	60	3600	7.746
11	121	3.317	61	3721	7.810
12	144	3.464	62	3844	7.874
13	169	3.606	63	3969	7.937
14	196	3.742	64	4096	8.000
15	225	3.873	65	4225	8.062
16	256	4.000	66	4356	8.124
17	289	4.123	67	4489	8.185
18	324	4.243	68	4624	8.246
19	361	4.359	69	4761	8.307
20	400	4.472	70	4900	8.367
21	441	4.583	71	5041	8.426
22	484	4.690	72	5184	8.485
23	529	4.796	73	5329	8.544
24	576	4.899	74	5476	8.602
25	625	5.000	75	5625	8.660
26	676	5.099	76	5776	8.718
27	729	5.196	77	5929	8.775
28	784	5.292	78	6084	8.832
29	841	5.385	79	6241	8.888
30	900	5.477	80	6400	8.944
31	961	5.568	81	6561	9.000
32	1024	5.657	82	6724	9.055
33	1089	5.745	83	6889	9.110
34	1156	5.831	84	7056	9.165
35	1225	5.916	85	7225	9.220
36	1296	6.000	86	7396	9.274
37	1369	6.083	87	7569	9.327
38	1444	6.164	88	7744	9.381
39	1521	6.245	89	7921	9.434
40	1600	6.325	90	8100	9.487
41	1681	6.403	91	8281	9.539
42	1764	6.481	92	8464	9.592
43	1849	6.557	93	8649	9.644
44	1936	6.633	94	8836	9.695
45	2025	6.708	95	9025	9.747
46	2116	6.782	96	9216	9.798
47	2209	6.856	97	9409	9.849
48	2304	6.928	98	9604	9.899
49	2401	7.000	99	9801	9.950
50	2500	7.071	100	10,000	10.000

(Las raíces están redondeadas al milésimo más cercano).

El sistema métrico

MEDIDAS LINEALES

1 centímetro	0.01 metro	0.3937 pulgadas
1 decímetro	0.1 metro	3.937 pulgadas
1 metro		39.37 pulgadas
1 decámetro	10 metros	32.8 pies
1 hectómetro	100 metros	328 pies
1 kilómetro	1000 metros	0.621 millas

MEDIDAS DE CAPACIDAD

1 centilitro	0.01 litro	0.338 onza líquida
1 decilitro	0.1 litro	3.38 onza líquida
1 litro		1.056 cuartos
1 decalitro	10 litros	2.642 galones
1 hectolitro	100 litros	26.42 galones
1 kilolitro	1000 litros	264.2 galones

MEDIDAS DE VOLUMEN

1 centímetro cúbico	1000 milímetros cúbicos	0.06102 pulgadas cúbicas
1 decímetro cúbico	1000 centímetros cúbicos	61.02 pulgadas cúbicas
1 metro cúbico	1000 decímetros cúbicos	35.31 pies cúbicos

MASA

1 centigramo	0.01 gramos	0.0003527 onza
1 decigramo	0.1 gramos	0.003527 onza
1 gramo	10 decigramos	0.03527 onza
1 decagramo	10 gramos	0.3527 onza
1 hectogramo	100 gramos	3.527 onza
1 kilogramo	1000 gramos	2.2046 libras
1 tonelada métrica	1,000,000 gramos	2204.6 libras

MEDIDAS DE SUPERFICIE

1 centárea	1 metro cuadrado	1.196 yardas cuadradas
1 área	100 metros cuadrados	119.6 yardas cuadradas
1 hectárea	10,000 metros cuadrados	2.471 acres
1 kilómetro cuadrado	1,000,000 metros cuadrados	0.386 milla cuadrada

El sistema inglés

MEDIDAS LINEALES

1 pulgada		2.54 centímetros
1 pie	12 pulgadas	0.3048 metros
1 yarda	3 pies	0.9144 metros
1 milla	5280 pies	1609.3 metros

MEDIDAS CUADRADAS

1 pie cuadrado	144 pulgadas cuadradas	929.0304 centímetros cuadrados
1 yarda cuadrada	9 pies cuadrados	0.83761 metros cuadrados
1 acre	43,560 pies cuadrados	4046.86 metros cuadrados

MEDIDAS DE CAPACIDAD PARA ÁRIDOS

1 pinta		33.60 pulgadas cúbicas	0.5505 litros
1 cuarto	2 pintas	67.20 pulgadas cúbicas	1.1012 litros
1 peck	16 pintas	537.61 pulgadas cúbicas	8.8096 litros
1 bushel	64 pintas	2150.42 pulgadas cúbicas	35.2383 litros

MEDIDAS DE VOLUMEN

1 taza	8 onzas líquidas	14.438 pulgadas cúbicas	0.2366 litros
1 pinta	16 onzas líquidas	28.875 pulgadas cúbicas	0.4732 litros
1 cuarto	32 onzas líquidas	57.75 pulgadas cúbicas	0.9463 litros
1 galón	128 onzas líquidas	231 pulgadas cúbicas	3.7853 litros

PESO (AVOIRDUPOIS)

1 onza	0.0625 libra	28.3495 gramos
1 libra	16 onzas	453.59 gramos
1 tonelada	2000 libras	907.18 kilogramos

TIEMPO

60 segundos	1 minuto	168 horas	1 semana
60 minutos	1 hora	12 meses	1 año
24 horas	1 día	52 semanas	1 año
7 días	1 semana	365.25 días	1 año

Medidas generales

MEDIDAS DE REFERENCIA

1 pulgada	≈	la punta de tu dedo pulgar
1 centímetro	≈	ancho de la punta de tu dedo índice
1 pie	≈	longitud de tu cuaderno de notas
1 kilogramo	≈	masa de tu libro de texto de matemáticas
1 minuto	≈	tiempo que te demoras contando hasta 60, diciendo *un mil* entre número y número
1 libra	≈	peso de un pan de molde
1 onza	≈	peso de una tajada de pan
1 gramo	≈	masa de un cordon de zapato

ABREVIATURAS COMUNES

tz	taza	mg	miligramo
cm	centímetro	mi	milla
d	día	min	minuto
dm	decímetro	mL	mililitro
fl oz	onza líquida	mm	milímetro
ft	pie	mo	mes
gal	galón	oz	onza
g	gramo	pt	pinta
h	hora	qt	cuarto
in.	pulgada	s	segundo
kg	kilogramo	t	tonelada
L	litro	wk	semana
lb	libra	yd	yarda
m	metro	y	año

FACTORES DE CONVERSION

Para convetir	a	multiplica por	Para convetir	a	multiplica por
centímetros	pulgadas	0.3937	kilómetros	millas	0.6214
centímetros	pies	0.03281	litros	galones	0.2642
pies	metros	0.3048	metros	pies	3.2808
pies	millas	0.0001894	metros	yardas	1.0936
galones	litros	3.7853	millas	kilómetros	1.6093
gramos	onzas	0.0353	onzas	gramos	28.3495
gramos	libras	0.002205	onzas	libras	0.0625
horas	días	0.04167	libras	kilogramos	0.3782
pulgadas	centímetros	2.54	libras	onzas	16
kilogramos	libras	2.2046	yardas	metros	0.9144

Mapas

Cómo leer un mapa

En la mayoría de mapas, el norte está arriba. Sin embargo, es mejor que siempre mires la **rosa de los vientos** o **indicador de dirección** para estar seguro. Si el mapa no tiene símbolos, puedes asumir que el norte queda arriba.

rosa de los vientos

Los símbolos y marcas más importantes de un mapa están explicados en la leyenda o clave. Por lo general, la **leyenda** es un recuadro en el mapa. Puede indicar los símbolos que representan ciudades capitales, fronteras, ríos o diferentes tipos de carreteras.

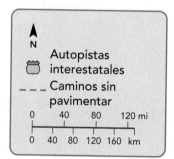

La escala te ayuda a ver la distancia que hay entre un lugar y otro. Por ejemplo, la escala puede indicar que una pulgada en el mapa equivale a 50 millas. Las escalas no siempre son iguales en todos los mapas. Estudia siempre la escala del mapa que estás usando para que veas las distancias reales.

Latitud y longitud

Latitud y longitud son líneas imaginarias que usan los cartógrafos. Ambas miden en grados. Las líneas imaginarias que recorren la Tierra de este a oeste se llaman líneas de **latitud.** A veces los números de latitud están impresos en los bordes de la izquierda y abajo en los mapas.

Las líneas imaginarias que van del polo norte al polo sur se llaman líneas de **longitud.** Los números de longitud también pueden venir impresos arriba y abajo en un mapa.

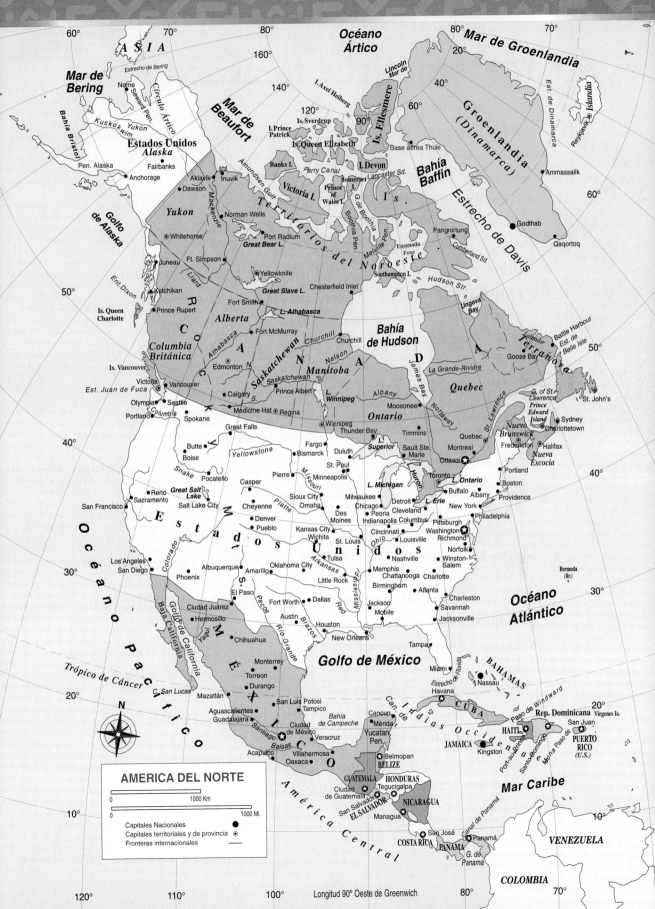

AMERICA DEL NORTE

0   1000 Km
0   1000 Mi.

Capitales Nacionales   ●
Capitales territoriales y de provincia   ◉
Fronteras internacionales   —

Longitud 90° Oeste de Greenwich

Matemáticos famosos

- **Al-Khwarizmi** (c.680–750) La palabra *álgebra* viene del título de su antiguo libro sobre álgebra, *Un breve recuento de los métodos de al-Jabar y al-Muqabala*.

- **Arquímedes** (287?–212 A.C.) Matemático de la Antigua Grecia. Hizo descubrimientos importantes de mecánica.

- **Charles Babbage** (1792–1781) Inventó la máquina diferencial: fue primera computadora de uso general.

- **George Boole** (1815–1864) Inventó una nueva álgebra para expresar afirmaciones lógicas.

- **René Descartes** (1596–1650) Rehizo la geometría. Hizo posible la geometría moderna proponiendo el plano de coordenadas.

- **Euclides** (siglo III A.C.) Filósofo de la Antigua Grecia. Investigaba las relaciones aritméticas.

- **Omar Khay Yám** (1048–1122) Hizo la distinción entre álgebra y aritmética.

- **Sofía Kovalevskaia** (1850–1891) Solucionó el problema de por qué los anillos de Saturno no tienen forma elíptica.

- **Ada Lovelace** (1815–1852) Se le otorga el crédito de haber escrito el primer programa de computadora que se haya publicado. El lenguaje de computadora ADA fue nombrado así en su honor.

- **Benoit Mandelbrot** (1924–) Utilizó el término fractal para describir el patrón de agrupación de datos aleatorios y "descubrió" la geometría fractal.

- **Emma Noether** (1882–1935) Hizo una contribución importante a la teoría de anillos.

- **Julia Bowman Robinson** (1919–1985) Utilizó la teoría de números para solucionar problemas lógicos.

Temas de matemáticas para ferias de ciencias

Temas de investigación

- Números de Fibonacci en la naturaleza
- Sistemas numéricos para computadoras
- Aproximaciones a pi en diferentes culturas
- La razón áurea
- Patrones en huellas digitales
- Fechas de radiocarbono y vida media
- Matemáticas en máquinas simples
- Matemáticas de las burbujas de jabón
- Números grandes de verdad (como un googol) o muy pequeños y sus aplicaciones.
- Simetría en la naturaleza

Cosas para fabricar o para hacer

- Hacer una tira de Moebius e investigar sus aplicaciones en la vida diaria.
- Hacer una balanza con pajillas; pensar en las pesas que puede sostener y discutir su precisión.
- Hacer un galvanómetro con un limón y averiguar cómo calibrarlo.
- Hacer un medidor de luz; usar la distancia para medir la brillantez.
- Hacer un reloj con un péndulo.
- Demostrar que el aire pesa.
- Medir el tamaño de las gotas de lluvia.
- Hacer una estación meteorológica y explicar cómo se leen los instrumentos.
- Usar palillos y plastilina para hacer e investigar figuras tridimensionales.

493 Patrones numéricos

494 Números triangulares

El siguiente patrón de puntos te indica cómo hacer los primeros cinco números triangulares. Se llaman **números triangulares** porque le dan el nombre a dibujos triangulares de puntos.

Súmale el número de puntos de la nueva hilera al total de puntos del triángulo anterior. Así obtienes el próximo número triangular.

495 Números cuadrados

El siguiente patrón de puntos te indica cómo hacer los primeros cinco números cuadrados. Se llaman números cuadrados porque le dan el nombre a dibujos cuadrados de puntos.

Para hallar otros números cuadrados, multiplica el número del cuadrado por sí mismo.

El triángulo de Pascal

Blaise Pascal fue un matemático, científico y filósofo francés que vivió de 1623 a 1662. Pascal, junto con otro matemático francés llamado Pierre de Fermat (1601–1665), estudió teoría de la probabilidad y exploró sus aplicaciones.

Este patrón se llama triángulo de Pascal porque él lo estudió, aunque es posible que el matemático chino Omar Khay Yám lo haya inventado 500 años antes. Con el paso de los años, se han hallado muchos patrones en el triángulo. Se puede usar para calcular probabilidades y para solucionar problemas albergaicos.

Hilera 0									1								
Hilera 1								1		1							
Hilera 2							1		2		1						
Hilera 3						1		3		3		1					
Hilera 4					1		4		6		4		1				
Hilera 5				1		5		10		10		5		1			
Hilera 6			1		6		15		20		15		6		1		
Hilera 7		1		7		21		35		35		21		7		1	
Hilera 8	1		8		28		56		70		56		28		8		1
Hilera 9	1	9		36		84		126		126		84		36		9	1

Para hallar los números de una hilera, mira la hilera que está encima. La suma de dos números que están juntos va justo en medio de los dos números, pero en la hilera de abajo.

497   Números de Fibonacci

Este patrón lo descubrió Leonardo Fibonacci, un matemático italiano que vivió alrededor de 1180 a 1250. Los matemáticos continúan hallando cosas en la naturaleza que se pueden describir con esta serie numérica.

0, 1, 1, 2, 3, 5, 8, 13, 21, 34, 55, 89, 144, 233, 377, 610, . . .

Cada número de la serie resulta de la suma de los dos números anteriores.

498   La razón áurea

Los artistas usan con frecuencia la razón áurea porque da como resultado figuras que son agradables a la vista. Uno de los edificios más famosos de la Antigua Grecia —el Partenón— fue diseñado usando la razón áurea.

La razón áurea corresponde a la estatura total de una persona comparada con la altura de la cintura.

Razón áurea ≈ 1.618

La razón áurea aparece en lugares sorprendentes, incluso en la sucesión de Fibonacci. Si divides el tercer número de la sucesión de Fibonacci por el segundo, el cuarto por el tercero, el quinto por el cuarto y así sucesivamente, los cocientes se van aproximando a la razón áurea.

2 ÷ 1 = 2.0
3 ÷ 2 = 1.5
5 ÷ 3 = 1.$\overline{6}$
8 ÷ 5 = 1.6
13 ÷ 8 = 1.625
21 ÷ 13 ≈ 1.61538

Sistemas numéricos

Números egipcios

Los antiguos egipcios usaron estos números hace más de 5000 años.

| | 1 |||| 4 |||| 7 ||| 9   ∩| 11   ⌐ 10,000

|| 2 ||| 5   ⏜ 100

||| 3 |||| 6 |||| 8   ∩ 10   1000

Los egipcios no usaban el valor de posición. De modo que ellos escribirían nuestro número 1999 así:

501 Números babilónicos

Más o menos al mismo tiempo que los egipcios, los antiguos habitantes de Babilonia usaban otros números.

V 1	VVVV 4	VVVV VVV 7	< 10
VV 2	VVV VV 5	VVVV VVVV 8	V 60
VVV 3	VVV VVV 6	VVVVV VVVV 9	

Pero, al igual que los egipcios, los babilonios tampoco usaban valor de posición. De modo que ellos escribían nuestro número 75 así:

502 Números romanos

Los romanos inventaron unos números que siguen en uso hoy.

I	1	VIII	8	XXV	25	D	500
II	2	IX	9	XL	40	M̄	1,000
III	3	X	10	XLV	45	V̄	5,000
IV	4	XI	11	L	50	X̄	10,000
V	5	XII	12	LX	60	L̄	50,000
VI	6	XIX	19	XC	90	C̄	100,000
VII	7	XX	20	C	100	D̄	500,000

Los romanos tampoco usaron valor de posición, pero sí usaron la suma y la resta en su sistema numérico. El símbolo para 12 es XII (10 + 2). Cuando el símbolo de un número menor está a la izquierda de otro símbolo, representa una diferencia. Entonces, IV es $5 - 1 = 4$.

Así se escribiría nuestro número **1999** en números romanos: **MCMXCIX**

Números mayas 503

Los indígenas mayas de América Central tenían un sistema numérico de base 20. Usaron los conceptos de cero y valor de posición.

○ 0

• 1

•• 2

••• 3

•••• 4

▬ 5

▬ con • 6

•• sobre ▬ 7

••• sobre ▬ 8

•••• sobre ▬ 9

▬▬ 10

• sobre ▬▬ 11

Entonces, los mayas escribirían nuestro número 19 así:

Números hindúes 504

Antes de que los romanos usaran letras como números, los hindúes de la India usaron nueve símbolos numéricos con los cuales podían escribir cualquier número. Estos números tienen valor de posición, como los nuestros.

૧ 1

૨ 2

૩ 3

૪ 4

૫ 5

૬ 6

૭ 7

૮ 8

૯ 9

Al comenzar su historia, los hindúes escribían ૩ ૩ para 303. Luego inventaron el cero y escribieron ૩ • ૩.

505 — Números arábicos

Los árabes adoptaron las ideas de los hindúes con algunas modificaciones. Aunque han cambiado muchas veces, los números que usamos hoy se basan en los siguientes:

○ 0	1 1	⊂ 2	३ 3	⊥ 4
५ 5	৬ 6	7 7	8 8	୨ 9

506 — Números binarios

Las computadoras son aparatos electrónicos. Sólo saben si un micocircuito esta ENCENDIDO (*ON*) o APAGADO (*OFF*). *ON* se puede representar con el dígito 1. *OFF* se puede representar con 0. Este es un **sistema binario,** es decir, **de base dos**.

Decimal	Binario	Computadora
1	1	ON
2	10	ON-OFF
3	11	ON-ON
4	100	ON-OFF-OFF
5	101	ON-OFF-ON
6	110	ON-ON-OFF
7	111	ON-ON-ON
8	1000	ON-OFF-OFF-OFF
9	1001	ON-OFF-OFF-ON
10	1010	ON-OFF-ON-OFF

En el sistema binario, cada vez que te mueves una posición a la izquierda, el valor de posición se duplica.

128	64	32	16	8	4	2	1
2^7	2^6	2^5	2^4	2^3	2^2	2^1	2^0

Entonces:
$$20_{diez} = 10100_{dos}$$
$$40_{diez} = 101000_{dos}$$
$$75_{diez} = 1001011_{dos}$$
$$100_{diez} = 1100100_{dos}$$

El "$_{dos}$" significa que el número está escrito en el sistema binario (base dos). El "$_{diez}$" significa que el número es de base diez. Si ves un número en el que no se indica la base, puedes asumir que es de base diez.

Páginas amarillas

Los números de referencia al final de una entrada, te llevan a la página donde encontrarás ese tema. No indican números de páginas. Hallarás los números de los temas en la parte de arriba de cada página. También los verás indicando la sección de cada tema en tu guía de *Matemáticas en mano*.

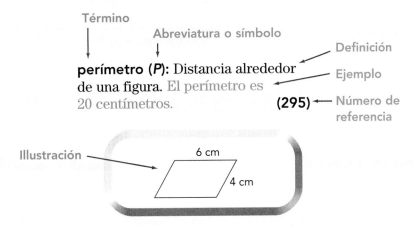

Término

Abreviatura o símbolo

Definición

perímetro (*P*): Distancia alrededor de una figura. El perímetro es 20 centímetros.

Ejemplo

(295) ← Número de referencia

Illustración

6 cm

4 cm

Glosario de fórmulas matemáticas

Perímetro: Es la distancia que hay alrededor de una figura plana.

MÁS AYUDA

ver 295–298

Figura	Fórmula	Variables	Ejemplo
Polígono	$P = s_1 + s_2 + s_3 + \ldots$ Triángulo: $P = s_1 + s_2 + s_3$ Cuadrilátero: $P = s_1 + s_2 + s_3 + s_4$ Paralelogramo: $P = s_1 + s_2 + s_3 + s_4$ Pentágono: $P = s_1 + s_2 + s_3 + s_4 + s_5$	P: Perímetro s_1: longitud de un lado s_2: longitud de otro lado s_3: longitud del tercer lado … y así sucesivamente.	 $P = s_1 + s_2 + s_3 + s_4$ $P = 5 + 3 + 3 + 6$ $P = 17$ cm
Rectángulo o paralelogramo	$P = 2l + 2a$	P: Perímetro l: largo a: ancho	 $P = 2l + 2a$ $P = (2 \times 5) + (2 \times 3)$ $P = 16$ ft
Cuadrado	$P = 4s$	P: Perímetro s: longitud de un lado	 $P = 4s$ $P = 4 \times 9$ $P = 36$ in.
Círculo	$C = \pi d$ ó $C = 2\pi r$	C: Circunferencia π: pi (aprox. 3.14 ó $\frac{22}{7}$) d: diámetro r: radio	 $C = 2\pi r$ $C \approx 2 \times 3.14 \times 4$ $C \approx 25.12$ m

Área: Es el número de unidades cuadradas que tiene una figura.

Figura	Fórmula	Variables	Ejemplo
Triángulo	$A = \frac{1}{2}bh$	A: Área b: longitud de la base h: altura **La altura es el segmento de recta perpendicular que va desde la base hasta el vértice opuesto. Puedes usar cualquier lado como base, siempre y cuando la altura sea perpendicular a ese lado.**	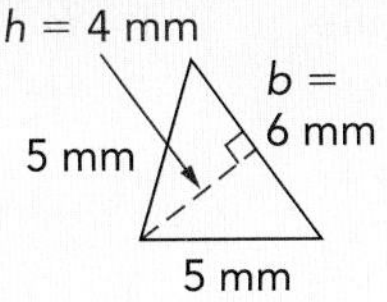 $h = 4$ mm $b = 6$ mm 5 mm 5 mm $A = \frac{1}{2}bh$ $A = \frac{1}{2} \times 6 \times 4$ $A = 12$ mm^2
Paralelogramo	$A = bh$	A: Área b: longitud de la base h: altura **Puedes usar cualquier lado como base, siempre y cuando uses la altura que es perpendicular a ese lado.**	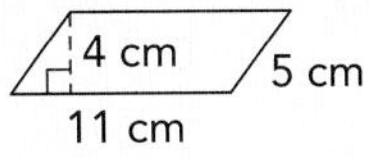 4 cm 5 cm 11 cm $A = bh$ $A = 11 \times 4$ $A = 44$ cm^2

MÁS AYUDA

ver 299–305

Área (continuación)

Figura	Fórmula	Variables	Ejemplo
Rectángulo	$A = la$	A: Área l: longitud a: ancho	 $A = la$ $A = 5 \times 3$ $A = 15$ m^2
Cuadrado	$A = s^2$	A: Área s: longitud de un lado	 $A = s^2$ $A = 7 \times 7$ $A = 49$ m^2
Trapecio	$A = \frac{1}{2} \times h \times (b_1 + b_2)$	A: Área h: altura b_1: longitud de una base b_2: longitud de otra base **Las bases son dos lados paralelos y la altura es perpendicular a ambas.**	 $A = \frac{1}{2} \times h \times (b_1 + b_2)$ $A = \frac{1}{2} \times 6 \times (8 + 16)$ $A = 72$ ft^2
Círculo	$A = \pi r^2$	A: Área π: pi (aprox. 3.14 ó $\frac{22}{7}$) r: radio	 $A = \pi r^2$ $A \approx \frac{22}{7} \times (7)^2$ $A \approx \frac{22}{7} \times 49$ $A \approx 154$ in.^{2}

Área total: Es el área de todas las caras de una figura sólida (inclusive las bases).

MÁS AYUDA

ver 306–308

Figura	Fórmula	Variables	Ejemplo
Prisma rectangular	$AT = 2la + 2lh + 2ah$ ó $2 \times (la + lh + ah)$	AT: Área total l: largo a: ancho h: altura	3 cm, 8 cm, 12 cm $AT = (2 \times 12 \times 8)$ $\quad + (2 \times 12 \times 3)$ $\quad + (2 \times 8 \times 3)$ $AT = (192 + 72 + 48)$ $AT = 312 \text{ cm}^2$
Cubo	$AT = 6s^2$	AT: Área total s: largo de un lado	3 m, 3 m, 3 m $AT = 6 \times 3^2$ $AT = 6 \times 9$ $AT = 54 \text{ m}^2$
Cilindro	$AT = 2\pi r^2 + 2\pi rh$ **$2\pi r^2$ es el área de las 2 bases circulares.** **$2\pi r$ es la circunferencia de la base circular.**	AT: Área total π: pi (aprox. 3.14 ó $\frac{22}{7}$) r: radio h: altura	3 cm, 8 cm $AT \approx (2 \times 3.14 \times 3^2)$ $\quad + (2 \times 3.14 \times 3 \times 8)$ $AT \approx 56.52 + 150.72$ $AT \approx 207.24 \text{ cm}^2$
Esfera	$A = 4\pi r^2$	AT: Área total π: pi (aprox. 3.14 ó $\frac{22}{7}$) r: radio	5 ft $AT \approx 4 \times 3.14 \times 5^2$ $AT \approx 4 \times 3.14 \times 25$ $AT \approx 314 \text{ ft}^2$

Volumen: Es la cantidad de espacio que ocupa una figura sólida. El volumen se mide en unidades cúbicas.

Figura	Fórmula	Variables	Ejemplo
Prisma rectangular	$V = lah$	V: Volumen l: largo a: ancho h: altura	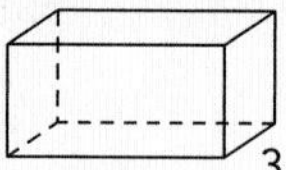 4 cm · 3 cm · 8 cm $V = lah$ $V = 8 \times 3 \times 4$ $V = 96 \text{ cm}^3$
Cubo	$V = s^3$	V: volumen s: largo de un lado	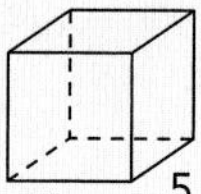 5 m · 5 m · 5 m $V = s^3$ $V = 5^3$ $V = 125 \text{ m}^3$

MÁS AYUDA

ver 309–312

Estadística: Reunir, representar, resumir, comparar e interpretar datos.

Estadística	Fórmula	Ejemplo
Media	$\dfrac{\text{suma de números}}{\text{cantidad de números}}$	Halla la media de las calificaciones de los exámenes: 85, 92, 84, 89, 95 $(85 + 92 + 84 + 89 + 95) \div 5$ Media = 89

MÁS AYUDA

ver 255–263

Estadística (continuación)

Estadística	Fórmula	Ejemplo
Mediana	**(a)** dato intermedio de un conjunto de datos cuando los números están ordenados de menor a mayor	Halla la mediana de la temperatura máxima diaria: **(a)** 38℃, 24℃, 34℃, 29℃, 26℃ Ordena los datos: 24, 26, <u>29</u>, 34, 38 La mediana es el dato intermedio: 29°C
	(b) Cuando un conjunto tiene dos datos intermedios, la mediana está en medio de los dos.	**(b)** 41℃, 35℃, 46℃, 41℃, 38℃, 39℃ Ordena los datos: 35, 38, <u>39, 41,</u> 41, 46 La mediana está en medio de los dos valores intermedios: $(39 + 41) \div 2 = 80 \div 2$ Mediana = 40℃
Moda	dato más frecuente de un conjunto de datos	Halla la moda de las siguientes temperaturas: **(a)** 56°F, 64°F, 48°F, 56°F, 63°F Moda: 56°F **(b)** 72°F, 68°F, 80°F, 68°F, 75°F, 80°F Moda: 68°F y 80°F (llamada bimodal) **(c)** 92°F, 89°F, 85°F, 94°F Moda: no hay
Rango	diferencia entre el valor máximo y mínimo de un conjunto de datos	Halla el rango de las siguientes temperaturas: 86°F, 72°F, 88°F, 80°F Rango = maxima − mínima $88 - 72 = 16$ Rango = 16°F

Glosario de signos matemáticos

Signo	Significado	Ejemplo
+	más (suma)	$6 + 7 = 13$
+	positivo	$^{+}3$: entero que está 3 unidades a la derecha de cero en una recta numérica
–	menos (resta)	$15 - 7 = 8$
–	negativo	$^{-}6$: entero que está 6 unidades a la izquierda de cero en una recta numérica
$\times$, $\cdot$, $a(b)$	multiplicado por	$4 \times 5 = 20$; $8 \cdot 3 = 24$; $3(4) = 12$
$\div$ ó $\overline{)}$	dividido por	$4 \div 2 = 2$ $\quad 2\overline{)4}^{\,2}$
=	igual a	$3 + 2 = 5$
$\neq$	no es igual a	$8 - 5 \neq 8$
$\cong$	es congruente con	En un triángulo equilátero, todos los lados son congruentes: lado $AB \cong$ lado $BC \cong$ lado CA
~	es semejante a	$\triangle ABC \sim \triangle DEF$
$\approx$	es aproximadamente igual a	$\pi \approx 3.14$
<	menor que	$7 + 6 < 15$
$\leq$	menor o igual a	$3 \leq 4$
>	mayor que	$8 > 2$
$\geq$	mayor o igual a	$6 \geq 6$
( )	paréntesis: se usan como sígnos de agrupación	$(3 + 4) - (3 - 1) \longrightarrow$ $7 \quad - \quad 2 \quad = 5$
%	por ciento	50%: 50 por ciento
¢	centavos	35¢: 35 centavos
$	dólares	$5.25; di: *5 dólares y 25 centavos*
°	grado(s)	360°
°F	grados Fahrenheit	60°F
°C	grados Celsius	36°C

Signo	Significado	Ejemplo
'	minuto(s)	4': 4 minutos
'	pie (o pies)	8': 8 pies
"	segundo (segundos)	35": 35 segundos
"	pulgada (pulgadas)	9": 9 pulgadas
:	es a	4:3; *4 es a 3*
π	número irracional pi	por lo general se usa $\pi \approx 3.14$ ó $\pi \approx \frac{22}{7}$
| |	valor absoluto	$|{-3}| = 3$ y $|3| = 3$
$\sqrt{}$	raíz cuadrada	$\sqrt{16} = 4$
$2.\overline{3}$	decimal periódico	$2.\overline{3} = 2.333333\ldots$
$\angle$	ángulo	$\angle S$
$\triangle$	triángulo	$\triangle QRS$
$\overleftrightarrow{AB}$	recta AB	
$\overline{JK}$	segmento de recta JK	
$\overrightarrow{LM}$	rayo LM	
$\overset{\frown}{QR}$	arco QR	
⌐	ángulo recto	$\angle ABC$ es un ángulo recto.
$\perp$	perpendicular a	$\overline{AB} \perp \overline{CD}$
$\parallel$	paralelo a	$\overline{AB} \parallel \overline{CD}$
!	factorial	$5! = 5 \times 4 \times 3 \times 2 \times 1 = 120$
a^0	1	$3^0 = 17^0 = 1$
a^n	n es el número de veces que a es factor	$10^3 = 10 \times 10 \times 10 = 1000$
∞	infinito	

Glosario de términos matemáticos

A

ábaco: Aparato para hacer cálculos, generalmente un marco con varillas con diferentes valores de posición para deslizar cuentas

abscisa: Ver *coordenada-x*

adyacente: Junto a. El ∠A y el ∠B son ángulos adyacentes. El ∠A y el ∠C no son ángulos adyacentes. **(353)**

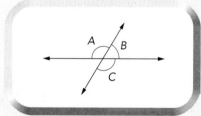

aleatorio: Que sucede al azar, ningún posible resultado más probable que otros.

álgebra: El álgebra usa variables para expresar reglas generales de los números, relaciones numéricas y operaciones. **(198)**

algoritmo: Método para hacer cálculos paso a paso.

altura (*h*): (1) Longitud de una perpendicular desde un vértice hasta el lado opuesto de una figura plana. (2) Longitud de una perpendicular desde el vértice hasta la base de una pirámide o cono. (3) Longitud de una perpendicular entre las bases de un prisma o las de un cilindro. Si una figura tiene más de un lado o arista que pueda usarse de base, entonces la figura puede tener más de una altura. **(359)**

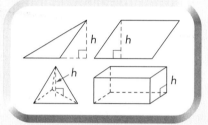

altura inclinada: Altura de una de las caras triangulares de una pirámide.

ancho (*a*): Una de las dimensiones de una figura bidimensional o tridimensional.

ángulo (∠): Dos rayos que comparten un punto de unión. **(344)**

ángulo agudo: Ángulo que mide menos de 90°. **(347)**

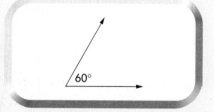

ángulo central: Ángulo que tiene su vértice en el centro de un círculo. ∠CDE es un ángulo central. **(335)**

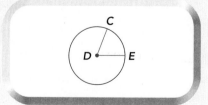

ángulo cóncavo: Ángulo que mide más de 180° (347)

ángulo llano: Ángulo que mide 180°. (347)

ángulo obtuso: Ángulo que mide más de 90° y menos de 180°. (347)

ángulo recto (⌐): Ángulo que mide exactamente 90°. (347)

ángulos alternos: Parejas de ángulos que se forman cuando una recta se cruza con otras dos rectas. Los ángulos 1 y 7 son alternos externos (también los ángulos 2 y 8). Los ángulos 3 y 5 son alternos internos (también los ángulos 4 y 6).

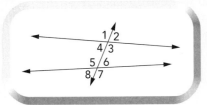

ángulos complementarios: Dos ángulos que sumados dan 90°. (351)

ángulos opuestos: (1) Ángulos en un cuadrilátero que no comparten lados comunes. El ∠A y el ∠C son ángulos opuestos.

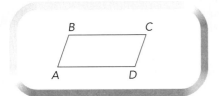

(2) *Ver también ángulos verticales*

ángulos suplementarios: Dos ángulos cuyas medidas sumadas son 180°. (350)

ángulos verticales: Ángulos congruentes que se forman cuando dos rectas se intersectan. Los ángulos 1 y 3 son ángulos verticales. También lo son los ángulos 2 y 4. (353)

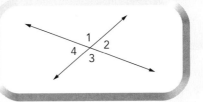

ápice: Punto de una figura geométrica más alejado de la base. (385)

arco (⌒): Parte de una curva entre dos puntos cualesquiera de la curva.

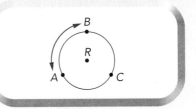

área (A): Medida en unidades cuadradas de la región interna de una figura bidimensional, o la superficie de una figura tridimensional. El área del rectángulo es 8 unidades cuadradas. (299)

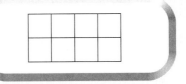

área total: Es toda el área de las caras (las bases inclusive) y las superficies curvas de una figura sólida. (306)

arista: Segmento de recta donde se Cruzan dos caras de una figura sólida. **(382)**

arista

caras

aritmética: Cálculos mediante suma, resta, multiplicación y división.

 B

base de una figura sólida (B): Cara especial de una figura sólida. Si el sólido es un cilindro o un prisma, tiene dos bases que son paralelas y congruentes. **(382)**

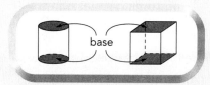

base

base de un exponente: Número que se usa como factor en forma exponencial. En 3^2, la base es 3 y el exponente es 2. **(065)**

base de un polígono (b): Lado de un polígono donde llega uno de los extremos de la altura. **(359)**

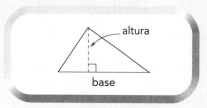

altura

base

base del porcentaje: Número del cual se busca el porcentaje. En 10% de 55, la base es 55.

base diez: Sistema numérico en el que cada dígito vale diez veces más que el mismo dígito una posición a su derecha. $77 = 70 + 7$ **(002)**

bidimensional: Que tiene largo y ancho. **(356)**

bisectar: Cortar o dividir en dos partes iguales. El punto medio de un segmento de recta bisecta la recta. **(470)**

bisectriz perpendicular: Línea que divide un segmento de recta por la mitad y que se cruza con el segmento formando ángulos rectos. CD es la bisectriz perpendicular de $\overline{AB}$. **(471)**

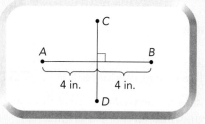

C

A   B

4 in.   4 in.

D

bit: Abreviación para dígito binario —un cero ó un 1 en el sistema numérico binario. En el sistema binario, 110 tiene tres bits (dos unos y un cero).

calcular: Proceso de realizar un cómputo o cálculo. **(117)**

cancelar: Eliminar factores iguales a ambos lados de una ecuación o del numerador y denominador de una fracción.

$\frac{6}{8} = \frac{\not2 \times 3}{\not2 \times 4}$ Dado que tanto el numerador y el denominador tienen 2 como factor, los 2 se pueden cancelar para simplificar la fracción a $\frac{3}{4}$. **(169)**

cantidad: Lo que puede medirse o numerarse.

capacidad: Cantidad máxima que puede contener un objeto. **(313)**

cara: Figura plana que sirve de lado a una figura sólida. Las caras de un cubo son cuadrados. **(282)**

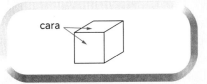

cateto: En un triángulo rectángulo, los lados que forman el ángulo recto.

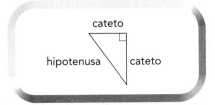

Celsius (C): Escala del sistema métrico para medir la temperatura. **(321)**

centígrado: *Ver Celsius*

centro: (1) Punto que está a la misma distancia de todos los puntos en un círculo o una esfera. (2) Punto que está a la misma distancia de todos los vértices de un polígono regular. (3) Que ocupa una posición en la mitad. **(367)**

centro de giro: Punto alrededor del cual gira una figura. **(377)**

cilindro: Figura tridimensional con dos círculos paralelos congruentes como bases, una superficie curva y sin vértices. **(388)**

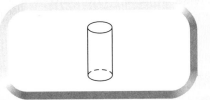

círculo: Curva cerrada con todos sus puntos en un plano a la misma distancia de un punto fijo (el centro). **(367)**

circunferencia (C): Perímetro de un círculo **(298)**

cociente: El resultado de la división.
dividendo ÷ divisor = cociente

$$\text{divisor)}\overline{\text{dividendo}}^{\text{cociente}}$$ **(144)**

colineal: En la misma línea. Los puntos A, B y C son colineales. Los puntos A, B y D no son colineales.

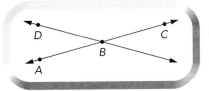

519

combinación: Un grupo de cosas o sucesos. Colocar estas cosas o sucesos en diferente orden no produce una nueva combinación. Una moneda de cinco centavos, una de diez y una de un centavo es una combinación de monedas. Una moneda de diez centavos, una de cinco y una de un centavo es la misma combinación.

combinación de términos semejantes: En una expresión, es la combinación de términos que tienen la misma variable y el mismo exponente. $4x + 3y + 8x^2 - x + y$ es lo mismo que $8x^2 + 3x + 4y$.

compuesto: Que está formado de cosas diferentes.

cómputo: Hallar un resultado numérico sumando, restando, multiplicando o dividiendo. **(117)**

común: Compartido. Estos dos triángulos tienen un vértice común.

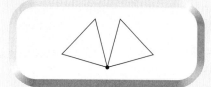

congruente (≅): Que tienen exactamente el mismo tamaño y forma. El $\triangle ABC$ es congruente con el $\triangle QRS$. **(372)**

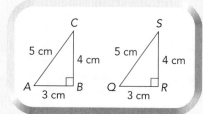

conjunto: Una colección de objetos específicos.

conmutatividad: *Ver propiedad conmutativa*

cono: Figura tridimensional con una superficie curva, una superficie plana (por lo general circular), y un vértice. **(390)**

consecutivo: En orden, sin que falte alguno. 8, 9, 10 son números naturales consecutivos. 2, 4, 6 son números pares consecutivos.

coordenada-x: En un par ordenado, el valor que está escrito primero. En $(2, 3)$, 2 es la coordenada-x. **(265)**

coordenada-y: En un par ordenado, el valor que está escrito segundo. En $(2, 3)$, 3 es la coordenada-y. **(265)**

coordenadas: Par ordenado de números que dan la ubicación de un punto en una cuadrícula de coordenadas. Las coordenadas del punto A en la cuadrícula de coordenadas son $(2, 3)$. La coordenada-x 2 indica cuántas unidades horizontales comenzando en el origen. La coordenada-y 3 indica cuántas unidades verticales. **(265)**

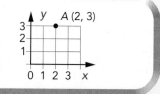

coplanario: En el mismo plano.

cuadrado: Paralelogramo que tiene cuatro lados congruentes y cuatro ángulos rectos. **(365)**

cuadrado perfecto: Es el producto de un entero multiplicado por sí mismo. 36 es un cuadrado perfecto porque $6 \times 6 = 36$ **(070)**

cuadrantes: Las cuatro secciones de un plano de coordenadas separadas por los ejes.

cuadrilátero: Polígono de cuatro lados. **(364)**

cuadrícula: Patrón de líneas horizontales y verticales formando cuadrados. **(265)**

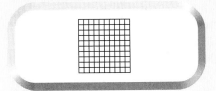

cuadrícula de coordenadas: Sistema bidimensional para ubicar un lugar a partir del punto donde se intersectan dos rectas perpendiculares llamadas ejes. **(266)**

cuarto de giro: Cuarta parte de una revolución (90°) alrededor de un punto (centro de giro). **(378)**

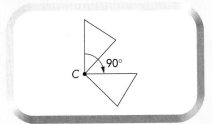

cubo: (1) Sólido rectangular que tiene seis caras cuadradas congruentes. (2) La tercera potencia de un número.
$10^3 = 10 \times 10 \times 10 = 1000$ **(383)**

cuerda: Segmento de recta que une dos puntos cualesquiera en un círculo. **(367)**

curva: Línea continua pero no recta. **(343)**

D

datos: Información—especialmente información numérica. Por lo general ordenada. **(248)**

decimal mixto: Número decimal que tiene una parte entera y una parte decimal. 3.9

decimal periódico: Decimal que tiene un número infinito de dígitos que se repiten.
$5.2424 \ldots = 5.\overline{24}$ **(021)**

decimal exacto: Decimal con un número finito de dígitos.

denominador: Es la cantidad de abajo en una fracción. Indica el número de partes iguales en las que se divide un todo. En la fracción $\frac{5}{8}$, 8 es el denominador. **(028)**

desigualdad: Enunciado matemático que compara dos expresiones desiguales usando uno de los signos <, >, ≤, ≥, ó ≠

desigualdad triangular: En un triángulo dado, ningún lado puede ser mayor que la suma de las longitudes de los otros dos lados. **(360)**

diagonal: Segmento de recta que une dos vértices de un polígono pero que no es un lado del polígono. $\overline{AC}$, $\overline{AD}$, y $\overline{AE}$ son algunas de las diagonales de este hexágono. **(357)**

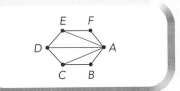

diagrama: Dibujo que representa una situación matemática. **(398)**

522

diagrama de Venn: Dibujo que muestra relaciones entre conjuntos de objetos. **(283)**

ESTUDIANTES CON PERROS   ESTUDIANTES CON GATOS

Cristina
Daniel
Samuel
Ana

Carlos
Betty

Juan
Camilo
Raúl

diámetro: Cuerda que pasa por el centro de un círculo. **(367)**

diferencia: Cantidad que queda después de restar dos números. **(100)**

dígito: Cualquiera de los diez símbolos 0, 1, 2, 3, 4, 5, 6, 7, 8 ó 9. **(002)**

dimensiones: (1) Longitud de los lados de una figura geométrica. (2) Número de maneras en que se puede medir una figura. Un segmento de recta es unidimensional; los polígonos, círculos y otras figuras bidimensionales se encuentran en un plano; los conos, prismas y otras figuras tridimensionales ocupan más de un plano.

dividendo: Cantidad que se quiere dividir.

dividendo ÷ divisor = cociente

$$\text{divisor}\overline{)\text{dividendo}}^{\text{cociente}}$$ **(144)**

dividir (÷): Separar en grupos iguales. **(144)**

divisible: Un número es divisible por otro si el cociente es un entero. 16 es divisible por 2, pero no es divisible por 3. **(062)**

división: Operación para obtener grupos iguales. **(144)**

divisor: Cantidad por la cual se divide otra cantidad.

dividendo ÷ divisor = cociente

$$\text{divisor}\overline{)\text{dividendo}}^{\text{cociente}}$$ **(144)**

E

ecuación: Es una afirmación de que dos expresiones matemáticas son iguales. $n + 50 = 75$ significa que $n + 50$ debe tener el mismo valor que 75. **(235)**

eje: Línea de referencia desde la cual se miden distancias o ángulos en un plano cartesiano. **(270)**

eje de simetría: Línea que divide una figura en dos mitades congruentes que son imágenes de espejo. **(380)**

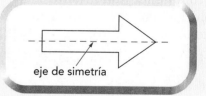

eje de simetría

ejes: plural de *eje*

eje-x: En un plano de coordenadas, el eje horizontal. **(265)**

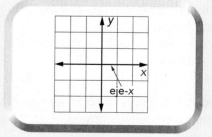

eje-y: En un plano de coordenadas, el eje vertical. **(265)**

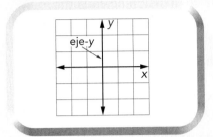

enteros: Números naturales y sus opuestos.

. . . ⁻2, ⁻1, 0, 1, 2, . . . **(046)**

equiángulo: Con todos los ángulos de la misma medida. En un triángulo equiángulo, cada ángulo mide 60°. **(361)**

equidistante: A la misma distancia.

equivalente: Que tienen el mismo valor. 4.6 y 4.60 son decimales equivalentes. $\frac{2}{3}$ y $\frac{4}{6}$ son fracciones equivalentes. 2:6 y 1:3 son razones equivalentes. **(015, 035, 181)**

escala: (1) Razón de longitud que se usa al dibujar un mapa o un modelo para representar la longitud que tiene en realidad. (2) Sistema de marcas colocadas a intervalos que se utilizan para medir o graficar.

esfera: Figura tridimensional formada por todos los puntos que se encuentran a la misma distancia de un punto llamado centro. **(392)**

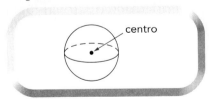

estimación: Buscar un número que esté cercano a una cantidad exacta. Un estimativo indica más o menos *cuánto* o *cuántos*. **(393)**

estimación por la izquierda: Estimación que se hace calculando con los primeros dígitos. **(103)**

evaluar: Hallar el valor de una expresión matemática.

exponente: Número que indica cuántos factores iguales hay. $10 \times 10 \times 10 \times 10 = 10^4$; el exponente es 4. **(007)**

expresión: Variable o combinación de variables, números y signos que representan una relación matemática. $4r^2$; $3x + 2y$; $\sqrt{25}$ **(235)**

expresión algebraica: Grupo de números, signos y variables que expresan una operación o una serie de operaciones. 3×2 es una expresión de tres veces dos. **(235)**

expresión variable: Expresión que representa una cantidad que puede tener diferentes valores. $8r$ tiene un valor diferente por cada valor que se le asigne a r.

extremo: punto que marca cualquiera de los extremos de un segmento de recta. **(338)**

factor: (1) Entero que se divide por otro en partes iguales. $2 \times 6 = 12$. (2) *Ver factorizar* **(050)**

factor común: Número que es factor de dos o más números. Los factores de 18 son 1, 2, 3, 6, 9, 18. Los factores de 24 son 1, 2, 3, 4, 6, 8, 12, 24. Los números 1, 2, 3 y 6 son los factores comunes de 18 y 24. **(058)**

factor común mayor: *Ver máximo común divisor*

factorial (!): Producto de un número natural por todos los números naturales menores que sí mismo.
4 factorial = 4!
$4! = 4 \times 3 \times 2 \times 1 = 24$ **(052)**

factorización prima: Forma de escribir un número como producto de factores primos. La factorización prima de 12 es $2 \times 2 \times 3$ **(056)**

factorizar: (1) Hallar los factores de un número o expresión. (2) Escribir un número o expresión como producto de sus factores.

Fahrenheit (F): Escala de temperatura. 32°F es el punto de congelación del agua a nivel del mar. 212°F es el punto de ebullición del agua a nivel del mar. **(320)**

figura: Forma cerrada en 2 ó 3 dimensiones. **(382)**

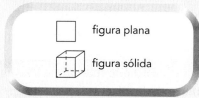
figura plana

figura sólida

figura compuesta: Figura formada por dos o más figuras.

figura en el espacio: Figura tridimensional.

figura sólida: Figura geométrica de 3 dimensiones. **(382)**

figura plana: Cualquier figura bidimensional. Los círculos, polígonos y ángulos son figuras planas. **(356)**

figuras semejantes: (∼): Figuras que tienen la **misma forma,** pero no necesariamente el mismo tamaño. **(369)**

finito: Contable.

forma desarrollada: Forma de escribir números que muestra el valor de posición de cada dígito.
$789 = (7 \times 100) + (8 \times 10) + (9 \times 1)$ **(006)**

forma estándar: Número que se escribe con un dígito en cada valor de posición. La forma estándar del número tres mil tres es 3003. **(006)**

forma exponencial: Forma de escribir un número usando exponentes.
$425 = (4 \times 10^2) + (2 \times 10^1) + (5 \times 10^0)$ **(007)**

fórmula: Ecuación general o regla. **(246)**

fracción impropia: Fracción de valor mayor que 1 ó menor que ⁻1 que no está escrita como número mixto. $\frac{5}{3}$ es una fracción impropia. **(034)**

fracción propia: Fracción cuyo numerador es un entero menor que el entero del denominador.

fracción unitaria: Fracción con numerador 1.

fracción: Forma de representar parte de un todo o parte de un grupo, indicando el número de partes iguales del todo y el número de partes que se están mostrando.
$\underline{4}$ ← numerador (4 partes)
5 ← denominador (5 partes iguales del todo) **(028)**

fracción común: Cualquier fracción cuyo numerador y denominador sean números naturales. $\frac{4}{5}$ y $\frac{8}{3}$ son fracciones comunes.

fracción mixta: Número que consiste de una parte entera y una parte fraccionaria. $4\frac{2}{3}$. **(034)**

frecuencia: Número de veces que sucede una cosa en un intervalo o conjunto de datos. **(268)**

 G

geométrico: Relativo a la geometría

geometría: Matemática de las propiedades y relaciones de puntos, rectas, ángulos, superficies y sólidos. **(334)**

giro: *Ver rotación*

grado (medida de ángulos): Unidad para medir ángulos **(346)**

grado Celsius (°C): Unidad métrica para medir la temperatura. *Ver también Celsius* **(321)**

grado centígrado: *Ver grado Celsius*

grado Fahrenheit (°F): Unidad inglesa para medir la temperatura. *Ver también Fahrenheit* **(320)**

gráfica: Ilustración que muestra relaciones entre conjuntos de datos. **(269)**

diagrama de puntos: Diagrama que muestra una frecuencia de datos en una recta numérica. **(282)**

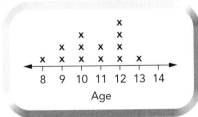

guía de evaluación: Regla, instrucción o explicación. **(431)**

 H

hexágono: Polígono de seis lados.

hipotenusa: Lado más largo de un triángulo rectángulo. Es el lado opuesto al ángulo recto.

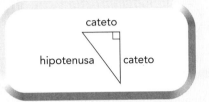

histograma: Gráfica de barras en la cual los rótulos de las barras son grupos consecutivos de números.

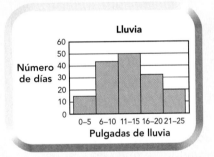

horizontal: Paralelo al plano del horizonte. En una cuadrícula de coordenadas, el eje-x es una recta horizontal.

 I

igual (=): Que tiene el mismo valor.

igual posibilidad: Que tiene la misma probabilidad. Si lanzas una moneda, los dos resultados posibles —que caiga cara o cruz—tienen la misma probabilidad de ocurrir. **(286)**

imagen de espejo: *Ver reflexión*

infinito: Sin límites. Las rectas son infinitamente largas.

inscrito: Una figura cuyos vértices forman parte de otra figura está inscrita en esa figura. Una figura tangente a todas las superficies de otra figura está inscrita en esa figura.

cuadrado inscrito — triángulo inscrito — esfera inscrita

integral: Hace referencia a un entero

intersectar: Encontrarse con o cruzar **(340)**

L

lado: (1) Segmento de recta que se conecta con otros segmentos para crear un polígono. (2) Arista de un poliedro.

latitud: Distancia al norte y al sur del ecuador. Se mide en grados desde 0° en el ecuador hasta 90° en los polos. **(049)**

ley asociativa: *Ver propiedad asociativa*

longitud (*l*): (1) Distancia a lo largo de una línea o una figura entre un punto y otro punto. (2) Una de las dimensiones de una figura bidimensional o tridimensional. **(362)**

longitud: Distancia alrededor de la Tierra por una línea que va de norte a sur y que pasa por Greenwich, Inglaterra. Se mide en grados a este y oeste de Greenwich, que es 0°.
(490)

LL

llevar: Mover un dígito extra de una columna de valor de posición a la siguiente. *Ver reagrupar*

lógica: Uso matemático del razonamiento para solucionar problemas.

M

malla de Eratóstenes: Forma para hallar números primos en una secuencia de números naturales.

masa: Cantidad de materia que hay en un objeto. Por lo general se mide en una balanza con un objeto de masa conocida. La gravedad influye en el peso, pero no en la masa. **(316)**

matemáticas mentales: Calcular una respuesta exacta sin usar lápiz, papel ni otras ayudas físicas. **(071)**

matriz: Distribución de objetos en hileras iguales.

máximo común divisor (MCD): Número mayor que se divide por igual en dos o más números. El máximo común divisor de 12, 18 y 30 es 6. **(058)**

media: Número que resulta de dividir la suma de dos o más sumandos por el número de sumandos. Generalmente se le llama promedio. **(260)**

mediana: Cuando los números están ordenados de menor a mayor, la mediana es el número que está en la mitad de ese conjunto de números; ó la media entre dos números intermedios cuando el conjunto tiene dos números intermedios. **(261)**

medida: Dimensión, cantidad, longitud o capacidad de una cosa.

medida cuadrada: Unidad, por ejemplo un metro cuadrado, o sistema de unidades que se usa para medir área. **(299)**

medida cúbica: *Ver unidad cúbica*

medida indirecta: Método para hallar una medida, midiendo otra cosa primero para luego basarse en relaciones para hallar la medida que se necesita.

medio giro: Rotación de 180° (media revolución) alrededor de un punto.

medir: Hallar el tamaño de una cosa.

mínima expresión: Fracción cuyo numerador y denominador no tienen factor mayor que 1. La mínima expresión de $\frac{4}{8}$ es $\frac{1}{2}$. **(037)**

mínimo común denominador (MCD): El mínimo común múltiplo de los denominadores de dos o más fracciones. El MCD de $\frac{1}{4}$ y $\frac{5}{6}$ es 12. **(036)**

mínimo común múltiplo (MCM): Es el múltiplo común más pequeño de dos o más números. El MCM de 4 y 6 es 12. **(061)**

minuendo: En la resta, el minuendo es el número al cual se le resta una cantidad.

$$\begin{array}{r} 1496 \leftarrow \text{minuendo} \\ -647 \leftarrow \text{sustraendo} \\ \hline 849 \leftarrow \text{diferencia} \end{array}$$ **(127)**

minuto ('): (1) Un sesentavo de una hora. (2) Un sesentavo de grado de medida angular.

moda: Número que aparece con mayor frecuencia en un conjunto de números. Puede haber una moda, más de una moda o ninguna moda. **(262)**

muestra: Cierto número de personas, objetos o sucesos de una población que se escogen para que representen a todo el grupo. **(249)**

muestra aleatoria: Muestra en la cual toda persona, objeto o suceso de una población tiene la misma probabilidad de quedar incluida en ella. **(252)**

multiplicación: Es una operación de suma repetitiva. 4×3 es lo mismo que $4 + 4 + 4$

multiplicación cruzada: Método para hallar un numerador o denominador que falta en razones o fracciones equivalentes, haciendo que los productos cruzados sean iguales. Si $\frac{2}{3} = \frac{\blacksquare}{9}$, entonces con *multiplicación cruzada*:

$3 \times \blacksquare = 2 \times 9$
$3 \times \blacksquare = 18$
Dado que $3 \times 6 = 18$, $\blacksquare = 6$.

multiplicador: En multiplicación, el multiplicador es el factor que multiplica.

$$\begin{array}{l} 75 \leftarrow \text{multiplicando} \\ \underline{\times 3} \leftarrow \text{multiplicador} \\ 225 \leftarrow \text{producto} \end{array}$$

multiplicando: En multiplicación, el multiplicando es el factor que se está multiplicando.

$$\begin{array}{l} 75 \leftarrow \text{multiplicando} \\ \underline{\times 3} \leftarrow \text{multiplicador} \\ 225 \leftarrow \text{producto} \end{array}$$

multiplicar (× ó ·): *Ver multiplicación*

múltiplo: Producto de un número natural con cualquier otro número natural. **(050)**

múltiplo común: Número que es múltiplo de dos o más números. Los números 6, 12, 24 y 30 son algunos de los múltiplos comunes de 2 y 3. **(061)**

N

notación científica: Forma de escribir números como producto de una potencia de 10, y un número decimal mayor o igual a 1 y menor que 10. En notación científica, 2600 se escribe 2.6×10^3.

numerador: Es el número que indica la cantidad de partes iguales que están expresadas en una fracción. En $\frac{3}{5}$, el numerador es 3. **(028)**

número: Símbolo (no variable) que representa una cantidad.

número abundante: Número cuyos factores (excepto él mismo) suman más que el número. 20 es un número abundante porque $1 + 2 + 4 + 5 + 10 > 20$

número aproximado: Número que describe a otro número, sin expresarlo exactamente. $3.14 \approx \pi$.

número cardinal: Número natural que dice *cuántos* objetos hay en un grupo.

número compuesto: Número que tiene más de dos factores. 8 es un número compuesto porque tiene cuatro factores. **(055)**

número natural: Cualquier número 0, 1, 2, y sucesivos. **(033)**

números con signo: Números positivos o negativos. $^+25$ y $^-30$ son números con signo.

número cuadrado: Número de puntos en una matriz cuadrada. Los primeros dos números cuadrados son 4 y 9. *Ver también cuadrado perfecto* **(495)**

número dirigido: Número con signo positivo o negativo que muestra su dirección desde cero. Las temperaturas y las alturas son números dirigidos. El área y el volumen siempre son positivos. No son números dirigidos.

número decimal: (1) Número escrito en base diez. (2) Número que tiene un punto decimal. **(011)**

número deficiente: Número cuyos factores (exceptuando el número mismo) suman menos que el número. 10 es un número deficiente porque $1 + 2 + 5 < 10$.

número denominado: Número que se usa con una unidad. 24 pulgadas ó 95°

número impar: Número natural que no es divisible por 2. Todos los números impares tienen 1, 3, 5, 7 ó 9 en la posición de las unidades. **(063)**

número mixto: *Ver decimal mixto y fraccionario mixto*

número ordinal: Número natural que da la posición de un objeto en secuencia. Primero, segundo, tercero son números ordinales.

número par: Número natural divisible por 2. Los números pares tienen 0, 2, 4, 6 ó 8 en la posición de las unidades. 138 es un número par. **(063)**

número perfecto: Número natural igual a la suma de sus factores (exceptuando el número mismo). 6 es un número perfecto, porque $1 + 2 + 3 = 6$.

número primo: Número que tiene exactamente dos factores positivos diferentes: el número mismo y 1. *7 es un número primo. 1 no es un número primo.*

número racional: Número que se puede expresar como razón de dos números enteros.

números arábigos: Números usados en nuestro sistema numérico de base diez: 0, 1, 2, 3, 4, 5, 6, 7, 8, 9 **(505)**

números compatibles: Pareja de números con los cuales es fácil trabajar mentalmente. *25 y 70 son números compatibles para hacer la estimación de 22 + 73.* **(105)**

números irracionales: Números que no se pueden escribir como la razón de dos enteros. Los dígitos de un número irracional nunca terminan y nunca se repiten. *0.10110111011110 . . . ó 3.14159 . . .* **(022)**

números naturales: Son los números de conteo: 1, 2, 3, 4, 5 . . .

números negativos: Son los números menores que cero. **(045)**

números positivos: Son los números mayores que cero. **(045)**

números reales: Es el conjunto combinado de números racionales e irracionales.

número romanos: Símbolos numéricos del antiguo sistema romano. **(502)**

número triangular: Número de puntos de una distribución triangular. *Los primeros tres números triangulares son 1, 3 y 6.* **(494)**

O

octágono: Polígono de 8 lados.

operación: Suma ($+$), resta ($-$), multiplicación ($\times$), división ($\div$), elevar a una potencia y sacar una raíz ($\sqrt{}$) son operaciones matemáticas.

opuesto: (1) Directamente en frente de. (2) El mismo número con signo diferente. $^-6$ es el opuesto de $^+6$.

oración (enunciado) numérica: Ecuación o desigualdad expresada con números. $6 + 3 = 9$ $8 + 1 < 12$

orden de las operaciones: Reglas que describen la secuencia que se debe usar para resolver una expresión: (1) Calcular adentro de los signos de agrupación. (2) Calcular potencias y raíces. (3) Multiplicar o dividir de izquierda a derecha. (4) Sumar o dividir de izquierda a derecha. **(212)**

origen: Es la intersección de los ejes x- y y- en un plano de coordenadas. Está definido por el par ordenado (0, 0). **(265)**

P

paralelo (‖): Siempre a la misma distancia. **(340)**

paralelogramo: Cuadrilátero con dos pares de lados paralelos y congruentes. **(365)**

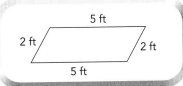

pares primos: Dos números primos que a la vez son números impares consecutivos. 3 y 5 son pares primos, pero 2 y 3 no lo son.

par nulo: Dos números cuya suma es cero. ⁻4 + 4 = 0 **(201)**

par ordenado: Pareja de números que indican las coordenadas de un punto en un plano de coordenadas, en ese orden: coordenada horizontal y coordenada vertical. El punto *A* está en (3, 2). El punto *B* está en (2, 3). **(265)**

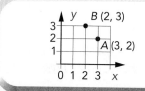

pentágono: Polígono de cinco lados.

pentomino: Figura plana formada por cinco cuadrados congruentes, con cada cuadrado compartiendo por lo menos uno de sus lados con otro cuadrado. Existen 12 pentominos diferentes.

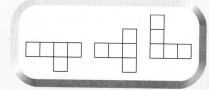

perímetro (*P*): Distancia alrededor de una figura. **(295)**

permutaciones: Orden o agrupación posible de un conjunto de sucesos u objetos. Si los colocas en un orden diferente, creas una nueva permutación. RAT, TAR y ART son tres posibles permutaciones de las letras A, R y T.

perpendicular (⊥): Que forma ángulos rectos. **(341)**

peso: Medida de la fuerza que atrae a un objeto. **(316)**

pi (π): Es la razón de la circunferencia de un círculo a su diámetro, aproximadamente 3.14, ó $\frac{22}{7}$. **(298)**

pirámide: Poliedro cuya base es un polígono y cuyas otras caras son triángulos que comparten un vértice común. **(385)**

plano: Superficie plana que se extiende hasta el infinito en todas direcciones. **(336)**

plano de coordenadas: *Ver cuadrícula de coordenadas*

población: Grupo de personas, objetos o sucesos que corresponden a una descripción determinada. **(250)**

poliedro: Figura tridimensional que tiene todas las superficies poligonales.

poliedro regular: Figura sólida cuyas caras están formadas por polígonos regulares congruentes

polígono: Figura plana cerrada, formada de segmentos de recta que sólo se encuentran en sus puntos extremos. **(357)**

polígono cóncavo: Polígono con una o más diagonales que tienen puntos por fuera del polígono. *Ver también polígono convexo*

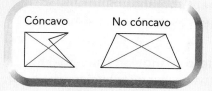

polígono convexo: Polígono cuyos ángulos internos miden menos de 180°. Todas las diagonales de un polígono convexo están adentro de la figura. *Ver también polígono cóncavo*

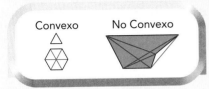

polígono irregular: Polígono cuyos lados son desiguales.

polígono regular: Polígono que tiene todos los lados iguales y todos los ángulos iguales. Un cuadrado es un polígono regular. **(357)**

porcentaje: Número que es tanto por ciento de otro número. 25% de 60 es 15.

por ciento (%): Razón especial que compara un número con 100 y lo indica con el signo %. El término *por ciento* significa centésimo de cien. 40% de 200 es 80. **(020)**

posibilidad de ocurrencia: Razón de resultados favorables a resultados desfavorables.

potencia: Un exponente. 8 a la segunda potencia es 8^2. **(064)**

potencia de 10: Número de base 10 con un número natural como exponente. 10^3 y 10^5 son potencias de 10. **(075)**

prestar: Reagrupar un valor de posición a otro valor de posición más bajo para poder restar. *Ver reagrupar*

primo relativo: Dos números son primos relativos si no tienen otro factor común que 1. 5 y 12 son primos relativos. **(058)**

principio de contar: Método de multiplicación para hallar de cuántas maneras diferentes pueden ocurrir juntos dos sucesos. Si un suceso puede ocurrir de 3 maneras diferentes y un segundo suceso puede ocurrir de 5 maneras diferentes, los dos pueden ocurrir juntos de $3 \times 5 = 15$ maneras diferentes. **(292)**

prisma: Figura tridimensional que tiene dos caras congruentes y paralelas que son polígonos. Las otras caras son paralelogramos. **(383)**

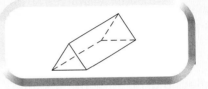

prisma hexagonal: Prisma con bases de seis lados.

prisma rectangular: Prisma con seis caras rectangulares. **(383)**

probabilidad: Posibilidad de que ocurra un suceso. Si todos los posibles resultados de un suceso son iguales, la probabilidad de que ocurra un suceso es igual al número de resultados favorables dividido por el número de resultados posibles. **(285)**

$$P(\text{suceso}) = \frac{\text{número de resultados favorables}}{\text{número de resultados posibles}}$$

probabilidad experimental: Afirmación de probabilidad basada en la experimentación.

probabilidad teórica: Razón de la cantidad de maneras en que puede ocurrir un suceso a el total de resultados.

producto: El resultado de la multiplicación.

$$\begin{array}{r} 4 \leftarrow \textbf{factor} \\ \underline{\times 3} \leftarrow \textbf{factor} \\ 12 \leftarrow \textbf{producto} \end{array}$$ **(106)**

producto cruzado: Es el producto de un numerador con el denominador opuesto de una pareja de fraccionarios equivalentes. $\frac{3}{6} = \frac{4}{8}$; $3 \times 8 = 24$ y $6 \times 4 = 24$. **(184)**

promedio: Número que describe a todos los números de un conjunto. Generalmente, el promedio es la media, pero algunas veces es la mediana o la moda. Ver también media, mediana, moda **(259)**

propiedad asociativa de la multiplicación: El producto permanece igual cuando cambia la **agrupación** de factores.
$(6 \times 4) \times 2 \longrightarrow 24 \times 2 = 48$
$6 \times (4 \times 2) \longrightarrow 6 \times 8 = 48$ **(222)**

propiedad asociativa de la suma: La suma permanece igual cuando cambia la **agrupación** de sumandos.
$(6 + 4) + 2 \longrightarrow 10 + 2 = 12$
$6 + (4 + 2) \longrightarrow 6 + 6 = 12$ **(221)**

propiedad conmutativa de la suma: La suma permanece igual cuando cambia el **orden** de los sumandos. $6 + 4 = 4 + 6$ **(217)**

propiedad conmutativa de la multiplicación: El producto permanece igual cuando cambia el **orden** de los factores.
$8 \times 5 = 5 \times 8$ **(218)**

propiedad de identidad de la multiplicación: Si multiplicas un número por 1, el producto es el mismo número. **(227)**

propiedad de identidad de la suma: Si le sumas cero a un número, la suma es igual al número.
$8 + 0 = 8$ y $0 + 8 = 8$ **(227)**

propiedad del cero: El producto de cualquier número por cero es cero.
$6 \times 0 = 0$ y $0 \times 6 = 0$ **(230)**

propiedad distributiva: Cuando uno de los factores de un producto está escrito como suma, multiplicar cada sumando antes de sumar no altera el producto.
$3 \times (4 + 5) = (3 \times 4) + (3 \times 5)$
$3 \times 9 = 12 + 15$
$27 = 27$ **(224)**

proporción: Ecuación que muestra dos razones equivalentes. **(181)**

proporción de la escala: Razón de las longitudes de los lados correspondientes de dos figuras similares.

proporcional: Que tiene razones equivalentes.

punto: Ubicación exacta en el espacio. **(335)**

punto medio: Punto en un segmento de recta que lo divide en dos segmentos congruentes.

radio (*r*): Es el segmento, o longitud del segmento, que va del centro de un círculo hasta cualquier punto en el círculo. **(367)**

raíz cuadrada ($\sqrt{}$): Longitud de un lado de un cuadrado cuya área es un número dado. $\sqrt{81} = 9$ **(067)**

rango: Diferencia entre el valor máximo y el mínimo de un conjunto de datos. **(257)**

rayo (—): Parte de una recta que tiene un punto extremo y se extiende hasta el infinito en una dirección. **(338)**

razón: Comparación entre dos números o medidas usando división. La razón de vocales a consonantes en la palabra *números* es de 3 a 4, 3:4 ó $\frac{3}{4}$. **(178)**

razones iguales: *Ver proporción*

reagrupar: Usa el valor de posición para pensar en otro número que facilite sumar y restar.

Puedes pensar en

$$43 \quad \text{como} \quad 30 + 13$$
$$\underline{-27} \qquad \qquad \underline{-(20 + 7)}$$

De cualquier forma, la diferencia es 16. **(121)**

recíprocos: Dos números cuyo producto es 1. $\frac{3}{4}$ y $\frac{4}{3}$ son recíprocos porque $\frac{3}{4} \times \frac{4}{3} = 1$. **(171)**

recta (↔): Conjunto infinito de puntos que forman un recorrido recto en dos direcciones. **(337)**

recta tangente: Recta que toca un círculo exactamente en un solo punto. **(367)**

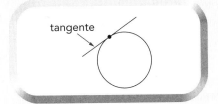

rectángulo: Cuadrilátero con dos pares de lados paralelos y congruentes, y cuatro ángulos rectos. **(365)**

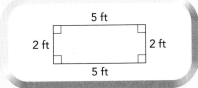

recta numérica: Diagrama que representa números como puntos en una recta. **(046)**

red: Una figura bidimensional que se puede doblar en figura tridimensional es la red de esa figura. **(384)**

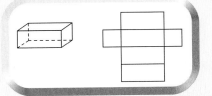

redondear: Hallar la decena, centena, millar, décimo, centésimo, milésimo etc., más cercano usando las siguientes reglas:

- Mira una posición a la derecha del dígito que quieres redondear.
- Si el dígito es 5 ó mayor, agrégale 1 al dígito en la posición de redondeo.
- Si el dígito es menor que 5, no cambies el número en la posición de redondeo. Eso sería redondear hacia abajo. **(094)**

reducir: Convertir una fracción a su mínima expresión. $\frac{4}{8} = \frac{1}{2}$.

reflexión: Transformación que produce la imagen de espejo de una figura al lado opuesto de una recta. **(379)**

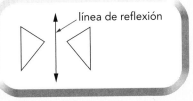

región: Parte de un plano.

renombrar: *Ver reagrupar*

resta: Operación cuyo resultado es la diferencia entre dos números. La resta se usa también para comparar dos números. **(127)**

restar (−): *Ver resta*

residuo: En la división entre números naturales, cuando has dividido lo que puedes sin decimales, lo que queda sin dividir es el residuo. **(148)**

resultado: Uno de los sucesos posibles de una probabilidad. **(286)**

resultado favorable: En probabilidad, es el resultado que se busca medir. Digamos que los posibles resultados de sacar una canica de una bolsa son rojo, azul y amarillo. Si necesitas saber la probabilidad de sacar azul, entonces azul es el resultado favorable. **(287)**

revolución: Giro de 360° alrededor de un punto.

rombo: Paralelogramo que tiene sus cuatro lados iguales. **(365)**

rotación (giro): Transformación en la cual una figura gira en un ángulo y dirección dados alrededor de un punto. **(377)**

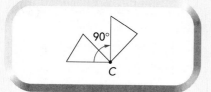

S

sección transversal: Figura que se forma cuando un plano atraviesa una figura tridimensional.

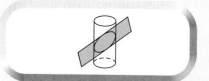

secuencia: Conjunto de números organizados en cierto orden o patrón.

secuencia de Fibonacci: Serie especial de números en la cual cada número es el resultado de la suma de los dos anteriores.
1, 1, 2, 3, 5, 8, 13, . . . **(497)**

segmento: (1) *Ver segmento de recta* (2) Parte de un círculo limitado por una cuerda y el arco que forma.

segmento de recta (—): Parte de una recta definida por dos puntos extremos. **(339)**

segundo ("): (1) Un sesentavo de un minuto angular (un trescientos sesentavo de grado). (2) Un sesentavo de minuto de tiempo (un trescientos sesentavo de hora). (3) Posición dos en una recta numérica.

semicírculo: Arco que es exactamente la mitad de un círculo. Un diámetro intersecta a un círculo en los puntos extremos de dos semicírculos.

sentido de las agujas del reloj: Se refiere a la misma dirección en que se mueven las agujas de un reloj. **(377)**

sentido contrario de las agujas del reloj: Se refiere a la dirección opuesta en que se mueven las agujas de un reloj. **(377)**

signo: (1) Signo ($^+$) ó ($^-$) que indica si un número es mayor o menor que cero. (2) Algo que se usa para representar alguna cosa. $+$ significa suma, $-$ significa resta y $<$ significa menor que. **(514)**

simetría: *Ver simetría lineal, circular y central*

simetría central: Propiedad geométrica. Una figura que se puede girar exactamente 180° alrededor de un punto y que cabe exactamente en sí misma, tiene simetría central. Un paralelogramo tiene simetría central. **(378)**

simetría de rotación: Figura que se puede girar menos de 360° alrededor de un punto y que cabe exactamente en sí misma. Un cuadrado tiene simetría de rotación. **(378)**

simetría lineal: Propiedad geométrica. Una figura que se puede doblar a lo largo de un eje para que forme dos mitades exactas, tiene simetría lineal. **(387)**

simplificación de fracciones: Dividir el numerador y el denominador de una fracción por un factor común. *Ver también mínima expresión*

simplificar: Combinar términos semejantes y aplicar propiedades a una expresión para que sea más fácil calcularla. $3n + 12 + 2n - 5$ se puede simplificar como $5n + 7$.

sistema de coordenadas cartesianas: *Ver cuadrícula de coordenadas*

sistema inglés: Sistema de medidas usado en los Estados Unidos. El sistema comprende unidades para medir longitud, capacidad, peso y temperatura. Ejemplos de estas unidades de medida son: pulgadas, cucharadas y libras. **(486)**

sistema métrico: Sistema de medidas de base diez. La unidad básica de capacidad es el litro. La unidad básica de longitud es el metro. La unidad básica de peso es el gramo. **(485)**

sistema numérico binario: sistema numérico con valores de posición que son potencias de 2. Los únicos dígitos que usa el sistema son cero y 1. 110 en sistema binario es 6 (un 4, un 2 y ningún 1) con base diez. **(506)**

sobrestimación: Estimación más grande que la respuesta exacta. **(107)**

sólido: *Ver figura sólida*

sólido regular: *Ver poliedro regular*

solución: Cualquier valor de una variable que hace verdadera una ecuación. Una solución para $2x = 24$ es $x = 12$

subestimar: Una estimación menor que la respuesta real.

suceso: Un resultado posible en probabilidad. Si lanzas una moneda al aire, un suceso es que la moneda caiga "cruz" **(286)**

suceso imposible: Suceso cuya probabilidad es cero. Si lanzas un cubo numérico marcado 1–6, sacar 7 es un suceso imposible. **(286)**

suceso seguro: Suceso que ocurrirá con *absoluta seguridad*. La probabilidad de un suceso seguro es 1.

suma: Resultado de la adición. La suma de 32 y 46 es 78. **(100)**

sumando: Cualquier número que se agrega **(118)**

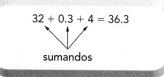

$$32 + 0.3 + 4 = 36.3$$

sumandos

sumar (+): Combinar **(118)**

sustraendo: En la resta, el sustraendo es el número que se resta.

$1496 \leftarrow$ minuendo
$- \ 647 \leftarrow$ sustraendo
$849 \leftarrow$ diferencia **(127)**

T

tangente: Que toca exactamente un punto. **(367)**

tasa: Razón que compara dos unidades diferentes. Millas por hora es una tasa. **(185)**

tasa unitaria: Tasa con denominador 1. Una rapidez de 50 millas por hora es una tasa unitaria.

teorema de Pitágoras: La suma de los cuadrados de las longitudes de los dos catetos de un triángulo rectángulo es igual al cuadrado de la longitud de su hipotenusa. $3^2 + 4^2 = 5^2$

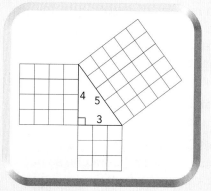

término: Número, variable, producto o cociente en una expresión. Un término no es una suma ni una diferencia. En $6x^2 + 5x + 3$, hay tres términos: $6x^2$, $5x$ y 3.

términos de una fracción: Cada elemento de una fracción es un término. En $\frac{4}{5}$, los términos son 4 y 5.

términos semejantes: Términos que tienen las mismas variables con los mismos exponentes. En $3x + 2x + 5y + 6$, $3x$ y $2x$ son términos semejantes.

teselado: Plano totalmente cubierto con combinaciones de figuras congruentes que no sobresalen ni dejan espacios. **(381)**

topología: Estudio de las propiedades de una figura que no cambian cuando la figura cambia de forma.

transformación: Regla para mover todos los puntos de una figura plana a otra posición. **(375)**

transversal: Línea que intersecta una o más líneas.

trapecio: Cuadrilátero que no tiene lados paralelos.

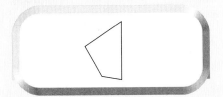

trapezoide: Cuadrilátero que tiene dos lados exactamente paralelos. **(365)**

traslación: Transformación que hace que una figura se deslice cierta distancia en una dirección determinada. **(376)**

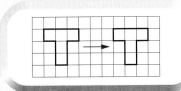

triángulo: Polígono con tres ángulos y tres lados. **(358)**

triángulo agudo: Triángulo que no tiene ningún ángulo de 90° o más. **(361)**

triángulo equilátero: Triángulo que tiene sus tres lados del mismo largo. **(362)**

triángulo escaleno: Triángulo que no tiene lados congruentes. **(362)**

triángulo isósceles: Triángulo que tiene dos lados congruentes. **(362)**

triángulo obtuso: Triángulo cuyo ángulo mayor mide más de 90°. **(361)**

triángulo rectángulo: Triángulo que tiene un ángulo de 90°. **(361)**

tridimensional: Que existe en tres dimensiones; que tiene largo, ancho y altura. **(382)**

truncar: (1)Ignorar todos los dígitos a la derecha de una posición dada. $7.0668 \rightarrow 7.06$ (2) Cortar parte de una figura geométrica.

unidad: Cantidad fija que se usa para medir.

unidad cuadrada: *Ver medida cuadrada*

unidad cúbica: Unidad, tal como un metro cúbico, que se usa para medir volumen o capacidad. **(309)**

valor absoluto (||): Distancia de un número a cero en una recta numérica. Siempre positivo.
$|{-}4| = 4$; $|4| = 4$

valor de posición: Valor que tiene la posición que ocupa un dígito en un número. En 7863, el 8 está en la posición de las centenas, es decir, representa 800. **(004)**

valor extremo: Número de un conjunto de datos que es mucho más grande o mucho más pequeño que la mayoría de los números del conjunto.

1, 52, 55, 55, 57, 59, 125 **(258)**

variable: (1) Cantidad que puede tener varios valores. (2) Símbolo que representa una variable. En $5n$, la variable es n. **(236)**

vertical: En ángulos rectos respecto del horizonte. Una línea vertical es una recta de arriba abajo.

vértice: (1) Punto en el cual dos segmentos de recta o rayos se encuentran formando un ángulo. (2) Punto en un poliedro donde se intersectan tres o más caras. **(345)**

volumen (V): Cantidad de unidades cúbicas que se necesitan para llenar un sólido. **(309)**

Índice

Este índice contiene números de temas, no de páginas. Encontrarás los números de los temas en la parte superior de cada página y en cada parte del libro que te suministra esa información.

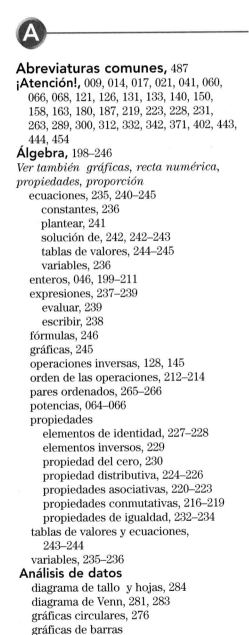

R

S

Créditos de las ilustraciones

Teresa Anderko: 007, 008, 009, 013, 014, 028, 030, 033, 041, 042, 053, 054, 055, 062, 063, 065, 075, 079, 080, 084, 086, 088, 093, 098, 099, 113, 120, 130, 133, 139, 143, 148, 149, 150, 159, 160, 165, 168, 173, 178, 181, 182, 184, 185, 187, 188, 193, 194, 195, 196, 197, 213, 218, 233, 234, 238, 241, 242, 244, 252, 254, 255, 257, 259, 261, 275, 276, 281, 282, 292, 295, 296, 297, 298, 314, 315, 316, 317, 318, 319, 321, 369, 375, 379, 394, 398, 402, 403, 404, 405, 408, 409, 411, 416, 417, 428, 430, 465, 468, 480, 498

Michael Gelen: 001, 012, 024, 025, 026, 027, 032, 034, 046, 048, 072, 076, 077, 087, 101, 107, 111, 113, 115, 123, 136, 149, 168, 177, 179, 186, 190, 193, 200, 246, 251, 253, 260, 265, 268, 280, 286, 287, 290, 294, 307, 310, 315, 323, 325, 360, 370, 378, 380, 383, 388, 389, 397, 398, 399, 401, 410, 425, 426, 427, 430, 440, 456

Joe Spooner: 001, 049, 071, 117, 156, 177, 198, 247, 293, 333, 335, 393

Robot: Michael Gelen

Arte técnico: Burmar Technical Corporation

Mapa: The Write Source development group

Ilustración de la portada: Dan Hubig